부산은
넓 다

부산은 넓다

항구의
심장박동 소리와
산동네의
궁핍함을
끌어안은 도시

유승훈 지음

글
항
아
리

머리말
인문학의 바다에서 잡아올린 부산 이야기

　　부산은 넓다. '부산' 하면 언제나 넓고 푸른 바다가 떠오른다. 출항하는 컨테이너선 앞으로 넓은 바다가 펼쳐져 있고, 끼룩끼룩 하늘로 나는 갈매기 아래에도 넓은 바다가 있다. 해운대, 광안리, 송도 해수욕장에 몰린 피서객들 사이에도 넓은 바다가 넘실거리고 있다. 생명을 탄생시킨 어머니와 같은 바다가 도시를 감싸고 있다는 것은 그 자체가 행운이다.

　　그러나 바다만으로 넓은 부산을 설명하기에는 뭔가 부족하다. 눈치 빠른 독자들은 이미 알아차렸겠지만 부산이 넓은 것은 자연환경 때문만은 아니다. 부산의 역사적 품이 넓다는 것이며, 부산의 문화적 너비가 광대하다는 것이다. 항구도시인 부산은 해양 문화와 내륙 문화가 서로 교류하고 충돌하는 곳이었기에 그 역사적 품은 장대할 수밖에 없었다. 그래서인지 부산 사람들의 가슴과 아량도 넓었다. 조선을 침략했던 일본에게 교린의 관점에서 왜관을 제공해주었고, 해방된 고국으로 들어온 동포들을 먼저 맞이해준 곳도 부산이었다. 전쟁을 피해 남으로 내려온 북한 피란민들이 정착할 수 있었던 땅도 다름 아닌 부산이었다. 부산 사람들은 바깥의 문화를 배척하지 않고 담대하게 받아들이면서 웅숭깊은 부산을 만들어갔다.

그런데 '넓은 부산'의 발전을 옥죄었던 관념이 있었다. 그것은 다름 아닌 '부산은 제2의 도시'라는 별 볼일 없는 카드였다. 여기에는 전쟁 이후 급격한 산업, 인구, 무역의 성장 속에서 빛을 발했던 '경제 신화'가 자리 잡고 있다. 부산이 이처럼 '제2의 도시'라는 카드를 만지작거리며 만족하거나 혹은 과거 회상에 연연하고 있을 때 상황은 크게 바뀌었다. 냉정하게 따져보자. 현재 부산은 과연 우리나라 제2의 도시인가? 이미 여러 통계로 볼 때 서울은 따라잡을 수 없을 만큼 앞섰고, 뒤에 있던 도시들도 부산을 앞지르거나 바짝 쫓아오고 있다. 그렇다면 이 상황에서 어떻게 대처해야 할까?

다행히 시대정신이 달라졌다. 지금은 도시의 독자적 가치와 삶의 질을 따지는 시대다. 경제개발과 토건 시대에 유행했던 산술적 수치를 들이대며 순위를 따져본들 별 도움이 안 된다. 더욱이 벤치마킹이라는 명목으로 앞서가는 서울을 계속 따라 해봤자 별 재미를 못 보는 시대다. 따라 하는 사람은 잘해도 언제나 2위가 아니던가. 부산이 지닌 가치를 살리며 부산만의 특징이 무엇인가를 먼저 살펴봐야 할 때이다. 부산이 걸어온 길 속에서 부산의 정체성을 찾는 것이 유일한 해답일 것이다.

개항 이후 부산은 한국사의 전면에서 높은 파도를 맞아온 탓에 수많은 역사적 경험을 지니고 있다. 부산에 내재해 있는 근현대사의 기억은 다른 도시에서는 찾아볼 수 없는 것들이다. 물론 당시에는 갈등과 모순, 슬픔과 고통을 안겨줬던 역사도 있다. 하지만 이처럼 어둡고 슬픈 역사도 우리가 간직해야 할 역사인데, 부산은 아직 이런 점에서 서툴다. 인천에서는 서민들이 살았던 과거의 달동네를 문화 콘텐츠로 삼아 달동네박물관을 만들었다. 뿐만 아니라 지방자치단체들은 저마다 나서서 자기 지역의 역사 소재를 문화 콘텐츠와 이야깃거리로 만들어 그들만의 역사를 꾸려나가고 있다. 비단 역사 전쟁은 중국의 동북공정과 일본의 역사 왜곡을 두고 일어나는 것만은 아니다. 우리나라의 각 지방 역시 '자신의 역사화'라는 전쟁을 펼치고 있다.

오해는 말자. 부산이 역사문화 콘텐츠 '원조 싸움'의 전면에 나서라는 이야기가 아니다. 이따금 나는 부산의 근현대 생활사와 관련된 문의를 받거나 자문 의뢰를 받을 때가 있다. 그럴 때마다 실망감을 감추기 힘들었다. 대부분 부산의 역사문화 원천 소스를 발굴하는 사업을 외면한 채 이미 잘 알려진 역사문화 콘텐츠에 겉옷만 갈아입혀 무대에 등장시키려 하기 때문이다. 예를 들어 산복도로 르네상스 사업에서는 문화 창조를 외치면서 실제 산복도로 사람들의 삶과 생활문화에 대한 진지한 발굴조사는 한 번도 이뤄지지 않았다.

그러하니 여러 지방자치단체가 15년 전부터 표방했던 '역사문화 도시'라는 개념조차 부산에서는 낯설기만 하다. 부산의 근현대사에서 한국전쟁과 피란민들이 미친 영향만큼 큰 것은 없다. 당시 실향민들은 이제 연로해 세상을 하나둘 떠나고 있지만 이들의 역사적 기억을 기록하여 보존하는 데 예산과 인력은 마련되지 않고 있다. 오래전 속초시가 피란민 기록조사에 나선 것과는 크게 대조된다. 진지하게 기록과 조사를 진행하지 않고 성급히 역사문화 콘텐츠를 말하려는 것은 그저 공중누각을 쌓으려는 것일 뿐이다. 하지만 이런 열악한 상황을 남의 탓으로 돌릴 일은 아니다. 나부터 성찰해야 하지 않을까? 어쭙잖게 이 책을 생각해낸 것도 이런 연유에서다.

10여 년 전 부산의 한 대학에 있는 선생님으로부터 자신의 전공은 '지역학'이라는 말을 들었다. 고개를 갸우뚱했다. 역사학, 국문학, 철학, 민속학, 인류학 등과 같은 대학의 학적 편제에 익숙한 나로서는 이해하기 어려운 말이었다. 하나의 학문이 성립하기 위해서는 다른 학문과 차별성을 지닌 방법, 성격, 내용 등으로 채워져야 하는데 지역학은 과연 무엇인가라는 의문이 들었다. 10년이 지난 지금은 학적 명칭을 떠나 지역의 인문학이 매우 필요하다고 여겨진다. 우리나라의 모든 영역에 뿌리내린 중앙 중심의 사고는 심각함을 넘어섰다. 책 또한 예외가 아니다. 대형 서점에 가보면 서울의 역사문화를 소개하는 책은 넘쳐나지만 다른 어느 소도시나 지방에 관한 책은 찾을 수가 없다. 인문학에서조차 중앙 편중이 이렇듯 심한데 다른 영역은 어떨까. 부족한 내가 용기를 내서 이 책을 쓰게 된 이유다.

　　나는 인문학의 바다에서 부산의 이야기를 거둬 올리고자 했다. 그런데 인문학이란 무엇일까? 문학, 사학, 철학을 통칭하는 단어가 인문학일까? 요즘 들어 인문학이 호기를 맞은 것 같지만 내막을 들여다보면 다르다. 정부와 기업은 인문학을 강조하면서도 인문학을 배운 사람은 기용하지 않는다. 대학의 인문학 관련 학과 중 퇴출 위기에 몰린 곳이 한둘이 아니다. 인문학을 강조하는 정치가, 기업인들의 말을 잘 살펴보면 그들 대부분은 '시장과 경제의 논리'에 서 있다. 즉, 경제 효용의 시각에서 인문학을 보고 있다. 그들이 인문학을 주목하는 이유는 인문학이 창의력과 아이디어를 샘솟게 하고, 이것이 곧 새로운 상품 개발과 이윤 획득에 도움을 줄 수 있기 때문이다. 경영과 이윤을 뒤따르는 인문학이 그 자체의 존재 가치를 지닐 수 있을까.

인문학은 사람을 중심에 두고 생각한다. 즉 사람의 생각과 말, 시간과 공간을 연구하면서 궁극적으로 인간의 본질을 탐구하는 인간학이다. 그러므로 인문학이야말로 휴머니즘을 지향하는 학문이며, 인문학자라면 소외된 사람들의 생활과 문화에 관심을 가질 수밖에 없다. 내가 가능한 한 낮은 자세에서 부산을 바라보고, 거시적인 것보다 미시적인 것에 관심을 둔 것도 그런 이유에서다. 부산의 산동네, 노래방, 부산 밀면, 조내기 고구마, 영도 할매와 같은 소재는 제도권 학문에서는 변방으로 밀려나 있지만, 이처럼 부산의 문화를 잘 비춰주는 거울도 없다.

화두참선과 마찬가지로 인문학은 엉뚱한 질문을 던지고 답을 구하는 과정에서 탄생한다. 나는 이를 '생각의 옥(玉)'이라 부른다. '생각의 옥'을 끊임없이 굴리며 묻고 대답하는 과정을 거치다보면 생각이 정리되고 비로소 글로 풀어 쓸 수 있다. 그리하여 이 책에서는 기왕에 잘 알려진 역사적 사실들에 대해서 새로운 질문을 던져보고자 했다. 예컨대 왜관에서는 '조선과 일본인의 만남', 동래온천에서는 '농심호텔에 서 있는 노인상', 영도다리에서는 '수많은 투신자살 사건', 임시수도에서는 '번창했던 다방들', 부산항에서는 조용필의 '돌아와요 부산항에'에 대해서 질문을 던지고 답을 구해봤다. 하지만 내 노력이 결실을 거두었는지를 판단하는 것은 전적으로 독자의 몫이다.

부산에 대해 무지했던 내가 지역문화에 관심을 갖고 연구를 시작할 수 있었던 것은 부산박물관에서 일하면서다. 10년 전 부산박물관은 서울내기인 나를 따뜻하게 맞아주었고, 박물관에서 유물 구입, 전시, 조사 등을 하면서 점차 부산의 역사문화와 그 매력을 하나둘 알게 되었다. 알면 알수록 호기심을 불러일으키는 역사문화가 곳곳에 흩어져 있는 곳이 바로 부산이다. 이 자리를 빌려 부산의 멋을 깨닫게 해준 부산박물관과 함께 일하는 동료들에게도 감사를 드린다.

또한 이 원고를 읽어보고 선뜻 출판하겠다고 응해준 글항아리 출판사와 이은혜 씨에게도 감사를 전한다. 그는 중앙 편중 시대에 지역의 역사가 소중하다는 생각으로 보잘것없는 내 원고를 책으로 출간하는 용기를 내주었다. 그의 용기에 보답을 해줘야 하는데 독자들이 얼마나 화답해줄지 걱정이 앞선다. 마지막으로 나의 인터뷰에 성실히 답변해준 부산 사람들에게도 감사를 드린다. 그들은 거칠어 보였지만 내면은 따뜻하고 너그러웠다. 바다를 품은 부산이 그렇듯이······.

2013년 9월
부산항을 생각하면서
유승훈

차례

머리말 인문학의 바다에서 잡아올린 부산 이야기 _005

제1부 '돌아와요 부산항에'—부산은 항구다

제1장 조용필은 왜 '돌아와요 부산항에'를 불렀을까: 부산항과 부산다움 _017

부산은 항구다 | '충무항에'서 '부산항에'로 | 1960년대 '잘 있거라 부산항' |
다시 돌아올 수 있을까 | '그리운 내 형제'는 누구일까 | '돌아와요 부산항에' 이후 |
바운스 조용필, 바운스 부산

제2장 왜관에서의 만남은 '잘못된 만남'이었을까: 왜관과 한일 교류 _061

후쿠오카에서의 회식 | 교린의 뜻으로 세운 왜관 | 초량 왜관의 동관과 서관 |
왜관에서의 특별한 만남 | 개시대청의 무역과 잘못된 만남? |
만남과 경계의 파괴: 왜관에서 전관 거류지로

제3장 영도 할매는 어디에서 왔을까: 영도 신의 탄생기 _095

신석기인들의 조개 가면 | 영도 할매 해코지설 | 영도는 목마장이다 |
신선동 아씨당 전설 | 작은 제주, 영도 | 영도 할매, 영등 할매, 봉래산 산신 |
영도 할매의 속신을 푸는 열쇠

제4장 기장군의 동해안별신굿은 풍어제일까: 기장 사람들의 마을 축제 _131

살아서 꼭 봐야 할 곳 | 골맥이신과 동해안별신굿 | 부산에 축제가 있을까 |
신이 살아 있는 『갯마을』 | 굿당에서의 샌 위 댄스 | 풍어제의 위기 | 까꾸리 할매의 기원

제2부 '굳세어라 금순아' — 피란과 실향의 부산

제5장 · 밀다원 시대는 어떻게 열렸을까 :
임시수도의 다방과 문학 _169

커피의 시대, 커피전문점의 시대 | 밀다원 시대의 개막 | 다방의 역사, 예술인들의 아지트 |
임시수도 부산, 다방의 번창 | 다방의 가십: 레지와 커피 양생이질 |
문인들에게 좌석을 파는 다방 | 시인 자살 사건 | 밀다원 시대의 진화

제6장 · 그들은 왜 영도다리에서 몸을 던졌을까 :
부산 사람들의 자살과 운명 _197

영도다리에서 빠져 죽자 | '들리는 다리'의 탄생 | 영도다리에서 울고 웃는 사람들 |
영도다리 투신자살 미수 사건 | 불안과 기대, 점바치 골목 | 영도다리는 죽음의 다리? |
248명을 구해낸 박을룡 경사 | 노쇠한 영도다리 운명은 어디로

제7장 · 부산 밀면은 어떻게 탄생했을까 :
부산의 맛과 누들 문화 _235

아버지의 밀가루 | 밀면의 원조, 내호 냉면 | 冬냉이냐, 夏냉이냐 | 냉면집 배달부 |
동래시장의 누들맨 | 우암동 밀면의 탄생 | 추억으로 먹는 밀면

제8장 · 「1번가의 기적」은 부산 산동네의 기적일까 :
부산 산동네와 영화 _263

윤제균 감독의 화려한 변신 | 「1번가의 기적」을 촬영한 산동네 | 그들이 산으로 간 까닭은? |
「1번가의 기적」은 물만골의 기적이었나 | 일본 귀신이 출현하는 비석마을로 |
까치고갯길을 넘어 감천동 산동네로 | 산동네의 '똥'과 도시 재생 | 부산 산동네의 사소한 기적

제3부 '~라구요' — 부산 문화의 탄생

제9장 · 부산 노래방에서 부르는 '~라구요':
부산의 '방' 문화와 노래 _303

노래방의 첫 추억 | 피란민 2세대의 '~라구요' | '라구요'의 배경 가요 '굳세어라 금순아' |
트로트와 왜색의 주홍글씨 | 가라오케 문화의 상륙 | 노래방의 진화론 |
방 문화의 실험실, 부산 | '~라구요'에서 '삐따기'로

제10장 · 조내기 고구마가 주는 '처음처럼':
조선통신사의 선물 _333

겨울은 달다 | 영가대에 선 조엄 | 애민정신이 있었기에 | 고구마의 대항해 |
조내기 고구마를 찾아서 | 강필리와 이광려 | 목화와 고구마의 '처음처럼'

제11장 · '동래 온천의 노인상'은 누구일까:
온천에서 찜질방으로 _359

농심호텔의 노인상 | 동래온정의 온정개건비 | 동래온천을 향한 일본인의 욕망 |
욕조에 몸을 담근 두 여인 | 물싸움이 나다 | 때 미는 탕에서 노는 광장으로

제12장 · 해운대 해수욕장에서 헤엄을 칠 수 있을까:
물놀이와 유혹의 역사 _385

해운대 해수욕장의 만화경 | 조선시대의 물놀이법, 천렵과 탁족 |
납작 가슴을 두드러지게 하는 수영 | 우리나라 제1호 해수욕장, 송도 |
활활 벗어버린 몸뚱이들 | 근대 해수욕장의 고민 | 그러나, 바다는 위험하다 |
동해남부선의 개통 | 거북 할머니의 출현과 해상 청와대 | 해운대의 역전과 송도의 운명

주註 _429

제1부

'돌아와요 부산항에'

부 산 은   항 구 다

1

조용필은
왜
'돌아와요 부산항에'를
불렀을까:

부산항과 부산다움

부산은 항구다

부산의 정체성은 무엇인가? 새삼스런 '정체성' 질문에 심드렁해질 수 있지만, 인문학의 시선으로 부산의 속모습을 꿰뚫으려면 비껴갈 수 없는 질문이다. 언젠가 나는 한 자리에서 '부산의 정체성은 무엇인가'라는 질문을 받았을 때 '부산은 항구다'라는 답변을 내놓았다. 이렇게 말해놓고 아차, 싶었다. 엄청나게 몰려올 질문의 후폭풍이 뇌리를 스친 것이다. '부산은 항구다'라는 말 속에 얼마나 숱한 역사적 사실과 문화적 의미가 농축되어 있던가. 내 후회는 맞아떨어졌다. 이후 나는 항구에 대한 지식의 궁색한 밑천을 드러냈고, 이를 메우기 위해서 갖은 노력을 다해야 했다. 적어도 한일관계와 해양의 역사, 그리고 근대 항구도시의 문화를 알고 있어야 '부산은 항구다'라고 말할 수 있지 않을까.

하지만 참선과 마찬가지로 공부도 깨지면서 배우는 것이다. 알량한 지식 수준을 드러내는 것이 두려워 답하지 않는다면 그건 인문학자의 자세가 아니다. 우리나라 최고의 가왕 자리에 오른 조용필도 이렇게 말하지 않았는가. "뭐든 열심히 부딪혀야 한다. 바위를 치더라도, 머리가 깨지든 바위가 깨지든 우선 들이대야 한다."[1]

조선시대에 부산은 오늘날 좌천동에 있는 증산甑山을 가리켰다. 『신증동국여지승람』에서는 부산이 "가마솥釜 모양과 같아서 이름이 지어졌으며, 아래에는 바로 부산포釜山浦가 있고, 상주하는 왜인들의 집이 있다"고 했다.[2] 항구로서 부산의 역사를 추적한다면 이 부산포까지 거슬러 올라갈 수 있다. 조선시대의 부산포는 좌천동 인근의 바닷가로 수군이 머무는 진지이자 고깃배가 출어하는 어촌이었으며, 왜인들의 출입이 있었던 작은 포구였다.

오늘의 부산은 곧 부산광역시를 일컫는다. 하나의 산과 작은 포구에 불과했던 부산이라는 지명은 이제 인구 356만 명, 면적 768제곱킬로미터로 우리나라 제2대 도시를 가리킨다. 시대가 흐르면서 부산항구의 공간 변화와 이동도 커졌다. 개항 이후에는 용두산 주변에 일본인들의 전관 거류지가 형성되었고, 용미산 아래를 매립하고 항구로 개발하기 시작했다. 배가 닿을 수 있도록 만든 시설인 제1잔교와 제2잔교는 오늘날 중앙동 일대에 만들어졌다. 그리하여 근대의 부산항구는 중앙동 쪽 바닷가를 상징하게 되었다.

일제가 주도하여 개발한 부산항은 동아시아를 제패하기 위한 전초기지였다. 대륙 침탈의 야욕을 품었던 일본인들에게 부산항은 일제 철도와 내륙 철도의 연결 지점이었다. 일제의 산요山陽 철도와 조선의 경부선을 연결하기 위해서는 뱃길을 뚫어야 했다. 일본 시모노세키下關에서 출발해 부산에 도착하는 관부연락선關釜連絡船을 운항시킨 것도 이런 이유에서다. 여객선이 아닌 '연락선'이라 이름 붙인 것도 철도와 철도 사이를 이어주기 때문이다.[3] 수많은 일본인이 관부연락선을 타고 부산항으로 들어와 경부선을 타고 조선으로 뻗어갔다. 일제의 의도대로 조선은 식민지의 어두운 역사를 쓰기 시작했고, 부산항은 바닷길로 넘어온 제국주의의 관문이 되었다. 그러므로 일제강점기 부산항의 역사는 치욕이고, 관부연락선의 뱃고동 소리는 애달프다. 토지를 잃고 떠돌다가 광부

「동래부고산지도」, 133.4×82.7cm, 국립중앙도서관. 중앙에 동래읍성이 있고 여기서 남쪽으로 20리쯤 내려가면 왜관이 있다. 또한 여기서 동남쪽으로 산줄기를 넘어가면 해군 기지인 수영水營이 있다. 그 외에도 포구 주변에 여러 군사시설이 있으며 왜인들을 감시하고 있다.

나 막노동 일꾼이 되려고 관부연락선을 탄 조선인들이 몇이던가. 가난하지만 배우겠다는 일념으로 관부연락선에 몸을 실은 유학생들의 사연은 무엇이었던가.

그래서인지 1940년 남인수가 부른 '울며 헤진 부산항'(조명암 작사, 박시춘 작곡)을 들으면 눈물을 감출 수 없다. 오로지 기타 반주에만 실려 떠도는 그의 노래는 구슬프고 애절해서 마음을 흔들어 놓는다.

> 울며 헤진 부산항을 돌아다보는
> 연락선 난간머리 흘러온 달빛
> 이별만은 어렵더라 이별만은 슬프더라
> 더구나 정 들인 사람끼리 음음

일제강점기 막바지에 관부연락선은 더욱 부산히 움직였다. 강제 징용, 강제 징병, 정신대로 끌려가는 조선인들을 일본으로 송출하기 위해서였다. 일본의 침략 전쟁터로 끌려가는 조선인들이 가진 것은 울음과 분노뿐이었다. 그들은 연락선 난간머리에 기대서 부산항이 점이 되어 사라질 때까지 지켜보았다. 마치 망부석처럼. 어느새 흘러온 달빛이 처연히 비칠 때면 부산항에 마중 나왔던 정든 가족들의 얼굴이 떠오른다. 다시 눈물이 주르륵 흐른다. '울며 헤진 부산항'은 일제강점기 부산항의 이별이 그토록 어렵고 슬펐음을 보여준다.

1970년 6월 17일 부관 페리호 취항식. 1967년 한일 각료 회담에서 한국과 일본을 오가는 정기 연락선을 개설하자는 논의가 시작되었다. 이후 엑스포 개최를 계기로 부관 페리호의 운항이 타결되었으며, 1970년 6월 대한해협을 건너는 페리호가 부산을 출항했다.

일제강점기 관부연락선 덕수환德壽丸. 일본 시모노세키에서 출발해 부산에 도착한 모습이다. 관부연락선을 타고 부산항에 들어온 일본인들은 경부선 철도로 갈아탄 뒤 내륙으로 이동했다.

'충무항에'서 '부산항에'로

1990년대까지만 하더라도 대중가요는 인문학자들의 눈길을 거의 끌지 못했다. 한 예로 역사학자들이 관심을 둔 영역은 정치사, 경제사, 사상사 등 거시적이고 무게 있는 주제였다. 1990년대 역사학계에서 대중가요를 통해 시대를 읽는 글을 썼다면 '학술적'이지 못하다는 평가를 받았을 터이다. 그런데 학술적이란 의미는 무엇일까? 학술성 있는 주제는 무엇이며, 학술성 없는 주제는 무엇인가? 근대를 넘고 국경을 초월하는 현재에는 그 '학술적'이란 의미도 상당히 달라졌다. 역사는 생활사에서 정치사까지, 문화사에서 경제사까지 다양한 스펙트럼으로 존재한다. 그 층에 대한 연구가 모두 두텁게 쌓일 때만이 온전한 역사가 되는 것이다. 지금은 역사에서 존재했던 모든 것이 '학술적' 주제가 되고 있다.

패러다임의 변화로 인해 인문학도 대중을 향해 마음을 열게 되었다. 그동안 학술의 벽을 공고히 쌓고 대중과 거리를 두었던 인문학은 이제 대중문화에 대해 고민하고 있다. 인문학의 지향점은 결국 그 시대의 보편적인 사람이다. 이때의 사람은 역사적 인간, 사회적 인간, 문화적 인간 등 매우 다양한 시각에서 접근이 가능하다. 하지만 여러 갈래의 입장이 궁극적으로 인간의 본질을 탐구하고, 인간을 존중하는 휴머니즘으로 귀결된다는 점에서 인문학으로 통칭할 수 있다. 근대 이후 대중가요는 대중의 정서와 마음이 잘 표현된 문화다. 인문학이 대중의 마음과 시대 정서를 이해하기 위해서 대중가요에 주목하는 것도 이 때문이다.

대중가요에 등장하는 장소는 매우 각별한 의미를 지니고 있다. 시대를 풍미한 대중가요는 당시 사람들의 관심과 마음이 집중되어 나타난 결과다. 대중가요에서 부산이 본격적으로 등장하는 때는 1950년대. 앞서 언급했던 가수 남인수의 '이별의 부산정거장', 현인의 '굳세어라 금순아', 박재홍의 '경상도 아가씨', 손인호의 '해운대 엘레지' 등 주옥같은 노래들이 모두 부산을 배경으로 삼고 있다. 한국전쟁 이후 너나없이 전쟁을 피해 부산으로 밀려들어왔다. 그때 부산에서의 아픈 기억은 대중의 마음을 잠식했다. 전쟁이 끝난 후 12열차를 타고 부산으로 출발했던 피란민들은 지금도 '이별의 부산정거장'을 들노라면 눈시울이 붉어진다. 그때의 기억이 되살아올라 사람의 정서를 자극하고 마음을 끌어잡기 때문이다.

우리나라 대중가요사를 통틀어 최고의 인기가수는 조용필이다. 가왕, 전설이라는 수식어가 늘 따라붙는 그는 1970년대에 데뷔한 이후로 지금까지 최고의 인기를 누리고 있다. 조용필은 1975년경 '돌아와요 부산항에'라는 노래를 불러 가요 무대에 화려하게 등장했다. 물론 위대한 스타의 탄생 뒤에는 밤무대와 기지촌을 전전했던 무명의 시기가 있었다. 하지만 가수치고 이름 없는 서

1952년 부산 피란지의 천막촌 모습이다. 한국전쟁 이후 너나없이 전쟁을 피해 부산으로 밀려들어왔다. 당시 피란 경험이 대중의 마음에 강하게 남겨졌다. 1950년대 대중가요는 이런 피란의 아픔과 대중의 정서를 담아냈다.

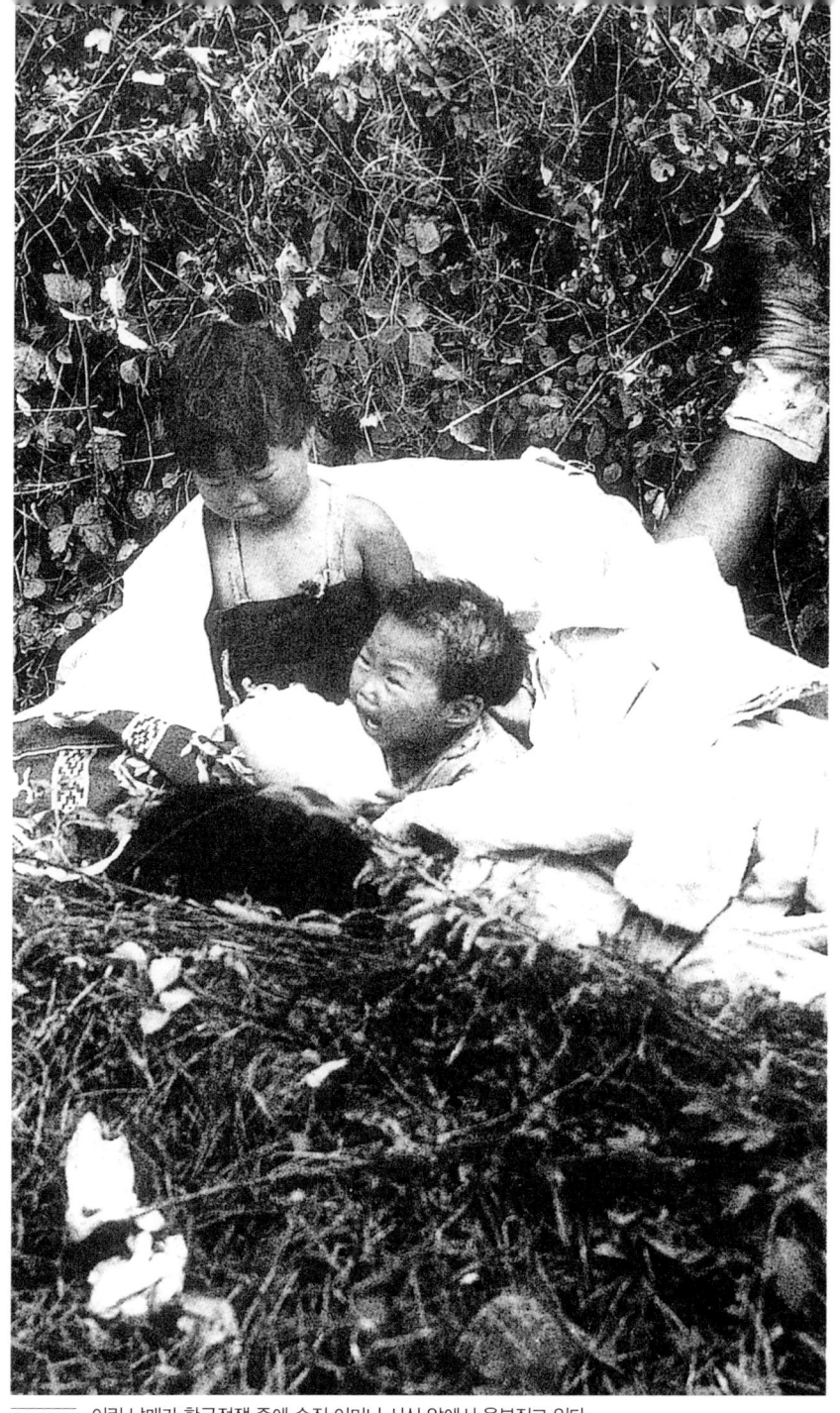

─── 어린 남매가 한국전쟁 중에 숨진 어머니 시신 앞에서 울부짖고 있다.

러움의 세월을 살아보지 않은 이가 있던가? 이 점에서 조용필을 일약 스타덤에 올린 '돌아와요 부산항에'는 비상한 관심을 불러일으킨다. '돌아와요 부산항에'의 인기를 견인한 시대 정서는 과연 무엇일까? 한국전쟁 피란살이 설움이 1950년대 '이별의 부산정거장'과 '굳세어라 금순아'를 탄생시켰듯이 1970년대가 '돌아와요 부산항에'를 태어나게 한 뒷막에는 또 다른 시대 정서가 있을 것이다.

그런데 이런 물음을 던지기 전에 살펴봐야 할 안타까운 사연이 있다. 실은 '돌아와요 부산항에'는 요절 가수 김성술이 부른 '돌아와요 충무항에'를 재취입한 곡이었다. 이 때문에 조용필 자신도 그의 첫 번째 히트곡인 '돌아와요 부산항에'를 바라보는 속내가 복잡했다. '돌아와요 충무항에'는 1970년 통영 출신의 가수인 고故 김성술(예명 김해일)이 가사를 쓰고, 작곡가 황선우가 곡을 붙인 노래다. 그런데 김성술은 음반을 발표한 이듬해인 1971년 대연각 호텔 화재로 26세의 젊은 나이에 그만 유명을 달리하고 말았다.[4] 김성술이 숨지자 그의 유가족은 음반을 전부 회수해 불사르면서 그의 노래는 점차 잊혀갔다. 이 노래의 1절 가사는 '돌아와요 부산항에'와 비슷하다.

꽃 피는 미륵산에 봄이 왔건만
님 떠난 충무항은 갈매기만 슬피 우네
세병관 둥근 기둥 기대어 서서
목메어 불러봐도 소리 없는 그 사람
돌아와요 충무항에 야속한 내 님아

'돌아와요 충무항에'는 실연으로 끝난 첫사랑을 회상하는

─── '창밖의 여자' '돌아와요 부산항에' '단발머리' 등 조용필 히트 가요가 실린 음반이다. 조용필은 우리나라의 가왕이라 불린 대중가수로서 1975년경 '돌아와요 부산항에'를 불러 크게 히트시키면서 가요계에 등장했다.

노래였는데, 대중에게 큰 인기를 끌지 못했다. 통영(과거 충무)의 대표적 고건축물인 세병관(국보 제305호) 기둥에 기대서 옛 애인을 목메어 불러본다는 내용이다. 과연 첫사랑은 충무항을 떠나 어디로 갔는가? 그런데 2절에서는 "무정한 부산 배는 님 실어가고 소리쳐 불러봐도 간곳없는 그 사람"이라는 가사가 들린다. 아마도 야속한 그 님은 통영과 부산을 왕래하는 연안 여객선을 타고 부산으로 떠나버린 듯하다. 아, 2절의 가사는 미래의 암시였을까? 그가 죽은 뒤 '충무항에'를 대신한 것은 '부산항에'였다. 김성술의 '돌아와요 충무항에'가 개작과 편곡을 거쳐 조용필의 '돌아와요 부산항에'로 바뀐 것이다. '충무항에'가 '부산항에'로 진화하면서 사람들은 열광했다. '돌아와요 부산항에'에 대한 대중의 환호는 단지 노래 개사 때문만은 아니었다. 거기에는 부산항을 둘러싼 시대 정서가 스며 있었다.

　'돌아와요 부산항에'를 부른 가수는 조용필 외에도 많았다. 1970년대 중반 조용필의 '돌아와요 부산항에'라는 노래가 큰 인기를 얻자 1977년 작곡가 황선우는 여러 음반사에 저작권을 양도했다. 저작권을 가진 음반사는 앞 다퉈 당대 인기 가수들에게 '돌아와요 부산항에'를 부르게 해 음반으로 냈다. 이미자, 나훈아, 조미미, 송대관, 장미화, 이은하, 김연자 등 15명의 솔로 가수가 '돌아와요 부산항에'를 취입한 것이다.[5] 이름만 들어도 쟁쟁한 가수들이 부른 '돌아와요 부산항에'였건만 조용필의 벽은 넘지 못했다. 이미 대중은 이 노래를 조용필의 것으로 새겨넣었고, 조용필 특유의 창법이 갖는 매력은 그들 마음속에서 떠나지 못했다. 다만 여러 가수가 '돌아와요 부산항에'를 부른 덕에 시너지 효과가 나이 노래는 1970년대 불세출의 톱 가요로 올랐다.[6]

1960년대 '잘 있거라 부산항'

1970년대에 조용필의 '돌아와요 부산항에' 파고에 묻혔지만 1960년대에도 부산항을 소재 삼은 가요들이 꽤 인기를 얻었다. '돌아와요 부산항에'는 바다에서 불쑥 솟아난 것이 아니다. 1960년대에 유행한 부산항 노래의 흐름을 타면서 선풍적인 인기를 끈 것이다. 때문에 그 시기 부산항 노래의 맥락을 돌아볼 필요가 있다. 1970년대 조용필의 '돌아와요 부산항에'가 있었다면 1960년대는 백야성의 '잘 있거라 부산항'(손로원 작사, 김용만 작곡)이 있었다.[7]

1950년대 부산항은 전쟁과 원조 물자가 들어오는 항구였다. 일제강점기에 세워졌던 1·2·3·4부두의 형태도 그대로 유지되었으며, 수출입항으로 부산항의 발전을 기대하기 어려운 상황이었다. 우리나라에서 생산해 수출하는 제품들도 적거니와 해외로 떠나는 사람들도 거의 없었다. 부산항을 쥐락펴락하는 것은 오직 미군과 군수품들이었다.

1960년대에 접어들면서 부산항은 새로운 전기를 맞는다. 군사쿠데타로 권력을 장악한 박정희 정부는 수출주도형 경제정책을 강력히 추진했다. 이에 따라 부산항을 수출형 항구로 개발하기에 이른 것이다. 바다로, 해외로 뻗어나가는 부산항에는 수출 기업들이 모여들었고, 선박을 만드는 조선업도 기지개를 켰다. 또 먼 바다로 나가는 상선과 어선을 타는, 외항 선원들을 육성하는 대학들도 성장했다. 부산항은 단지 가만히 앉아서 들어오는 사람과 물품을 받는 수입 항구가 아니었다. 대양으로 떠나가는 자들과 제품들을 내보내는 수출입 항구가 되었다. 1961년 백야성이 부른 '잘 있거라 부산항'은 부산항에도 '멀리 떠나는 자'들이 생겨났음을 말해준다.

아! 잘 있거라 부산항구야
미스 김도 잘 있어요 미스 리도 안녕히
온다는 기약이야 잊으랴마는
기다리는 순정만은 버리지 마라
버리지 마라 아!
또 다시 찾아오마 부산항구야

― 1960년대 수정산 쪽에서 본 부산항 전경. 1·2·3·4부두가 뚜렷이 나타나 있고, 많은 배가 부산항 바다 위에 떠 있다. 일제강점기에 설치된 4부두 체제는 1970년대까지 이어졌다.

이 노래의 화자는 부산항을 떠나는 마도로스다. 네덜란드어 matroos에서 변화된 마도로스는 주로 외항선을 타는 선원을 뜻한다. 마도로스는 당연히 육지보다 바다에서 생활하는 시간이 많다. 그들에게 바다는 진정한 삶의 공간이며, 항구는 잠시 머물러가는 임시 거처일 뿐이다. 기약 없이 부산항을 떠나는 마도로스가 잠시 사랑의 연緣을 맺은 미스 김과 미스 리에게 "기다리는 순정만은 버리지 마라"라고 말하는 것은 입대 순간에 '고무신 거꾸로 신지 말아라'라고 외치는 것보다 더 심한 일일지 모른다.

그러나 빡빡머리로 훈련소에 입대하는 현역병들과 달리, 부산항의 마도로스는 멋진 외모로 여성들에게 인기를 끌었다. 하얀 마도로스 제복과 담배 파이프는 그들의 전매 특허였다. 이런 멋진 외모뿐만 아니라 보수도 많이 받았기에 데이트 상대로 마도로스는 인기가 높았다. 게다가 해외여행이 제한되었던 당시, 외국을 자유롭게 돌면서 값비싼 수입품을 가지고 왔던 마도로스는 남성다운 직업으로 선망의 대상이었다.

마도로스에 대한 사회적 관심이 고취되자 당연히 마도로스 대중가요들도 양산되었다. 백야성의 '마도로스 부기'(1960) 고봉산의 '아메리카 마도로스'(1961) 김용만의 '부산 마도로스'(1962) 등은 모두 부산항을 떠나는 마도로스와 관련된 곡들이다.[8] 이런 마도로스 가요들은 한결같이 부산항에 아가씨를 두고 떠나는 괴로운 심정을 노래하고 있다. 그들에게 부산항은 가슴 아픈 이별과 사랑의 항구였다. 하지만 "하룻밤 정을 두고 떠나가는 뱃머리 부산의 부산의 아가씨야"라는 '부산 마도로스'의 가사와 같았다. 즉, 마도로스의 사랑은 만남을 기약할 수 없는, 일회성 사랑이라는 사실이다.

────── 수출 육성 시기에 부산의 한 공장에서 노동자들이 신발을 생산하고 있다. 1960년대 정부는 수출과 무역에 역점을 두었고, 부산항 인근에 공장을 세워 바로 수출할 수 있는 경제 정책을 펼쳤다. 이로 인해 부산에서는 신발, 섬유, 합판 등의 산업이 성장했다.

마도로스가 "닻줄을 감으면은 기적이 울고, 뱃머리 돌리면은 사랑이 운다"(아메리카 마도로스)라고 노래하는 순간은 부산항구 제2부두를 떠날 때이다. 부산항을 벗어나면 마도로스는 곧 거세고 두려운 바다와 마주하게 된다. 이런 점에서 늘 바다와 싸워야 하는 실제의 마도로스와 항구의 사랑을 아파하는 가요의 마도로스는 마치 태평양이 사이에 자리하고 있는 것처럼 간극이 컸다. 마도로스의 진정한 삶을 노래하기 위해서는 거친 바다와 싸우는 억센 스토리를 담아야 하지 않을까? 해양산업의 개척기인 1960년대 마도로스는 좀더 먼 바다로 나가기 위해 이승과 저승 사이를 수없이 왕래했다.

우리나라 원양어업의 효시는 1958년 제동산업 소속의 제1지남호(230톤, 선장 윤정구)가 선원 22명을 태우고 조업한 남태평양의 어로였다. 지남호가 성공을 거둔 이후 부산항을 출어한 원양어선들은 행과 불행이 엇갈리는 운명을 맞았다. 큰 불행은 1966년 남태평양 바다로 떠난 제2지남호가 맞았다. 갑자기 돌풍에 휘말린 제2지남호의 선원들은 2명을 제외한 21명이 모두 식인상어와 높은 파도에 맞서 싸우다가 그만 불귀의 객이 되고 말았다. 1963년 이후부터 1979년까지 이렇게 원양 어장 개척자의 희생자가 무려 700여 명에 달했다. 남태평양 사모아 섬에는 바다를 일구다가 숨진 우리나라 선원들의 묘지와 위령탑이 있다. 월탄 박종화는 그들의 비명碑銘에 이렇게 썼다. "바다로 뻗으려는 겨레의 꿈을 안고 오대양을 누비며 새 어장을 개척하고 겨레의 풍요한 내일을 위하여 헌신하던 꽃다운 젊은이들이 바다에서 목숨을 잃었다. 허망함이여."[9] 먼 바다에서의 조업은 언제 허망함의 처지에 놓일지 모르는 위협적인 일이었다. 멀리 갈 것 없이 부산 영도구 태종대 입구에도 순직선원위령탑이 있다. 매년 이곳에서는 오대양을 돌다가 불의의 사고로 숨진 선원들을 추모하는 위령제가 열린다. 1970년대에 이미 어획량 8위의 수산국으로 떠오른 이면에는 이처럼 부산항 마도로스의 희생이 있었던 것이다.

다시 돌아올 수 있을까

하지만 마도로스 노래의 황제인 백야성이 부른 '잘 있거라 부산항'은 결코 슬프지 않다. 오히려 갈매기가 바닷바람을 타고 파도 위를 사뿐히 날듯이 까분다는 느낌이 든다. 그것은 마도로스에게 만선의 기쁨을 안고 다시 돌아올 부산항이 있기 때문이다. 부산항에는 고무신을 거꾸로 신었을지 몰라도 여전히 사랑스런 미스김과 미스 리가 기다리고 있다. 하지만 영원히 한국을 떠나기 위해서 부산항을 출발하는 사람들의 심정은 어땠을까? 돌아올 수 있는 부산항과 돌아올 수 없는 부산항은 천지 차이만큼이나 간극이 있다. 영원히 우리나라를 떠나기 위해 부산항을 출발하는 사람들은 꿈을 안고 떠나는 마도로스의 마음에 비할 바가 아니다.

일제강점기 조선을 떠나 해외로 나가는 사람들이 있었다. 식민지의 처절한 삶을 살아야 하는 조선보다는 차라리 해외가 낫겠다는 생각에서였다. 해방 이후 본격적으로 이민이 시작된 것은 1962년 3월에 해외이주법이 공포된 뒤였다. 그해 12월 18일 부산항 제2부두에서는 대한민국 최초로 17가구 91명의 이민단을 태우고 브라질 상파울루로 떠나는 치찰렌카Tjitjalenka 호가 입항했다. 이어서 브라질 이민단의 환송식이 성대히 열렸다. 한국 정부의 보사부 장관과 부산시장, 경남지사 등을 비롯해 브라질 대사도 참가

했다.[10]
　　큰 사업을 성사시켰다는 정부 관료들의 들뜬 표정과는 달리 말도 마음도 음식도 통하지 않는, 이역만리의 브라질로 떠나야 했던 이민단은 환송식 내내 눈물을 흘렸다. 이민단 대부분은 북한에 고향을 두고 온 실향민들이었다. 한국전쟁과 실향의 트라우마를 안고 있지만 여전히 생활의 빈곤에서 벗어나지 못한 실향민들은 정부가 추진하는 이민을 믿고 큰 결심을 내린 것이다. 이렇게 최초의 브라질 이민단이 출발한 이후로 1960년대 부산항은 이민의 출항지가 되었다. 1962년 유인수가 부른 '브라질로 가는 이민선'은 일제강점기 '울며 헤진 부산항'만큼이나 가슴이 저려온다.

　　　한 달 열흘 험한 항로 떠나는 내 겨레여
　　　커피 나라 브라질에 행복 찾아 가느냐
　　　정든 고국 등에 지고 신천지에 가거든
　　　향수에 민요 가락 아리랑을 불러다오
　　　눈물의 이민선 내 동포 단 한 사랑

　　브라질로 가는 뱃길은 정말 한 달 열흘이 넘는 험한 항로였다. 1962년 12월 18일 부산항을 떠난 이민단이 브라질의 산투스 항에 도착한 때는 1963년 2월 12일이다. 꼬박 66일이 걸린 대항해였다. 부산항을 떠난 치찰렌카 호는 일본 오키나와에 들러 일본인 이민자들을 태웠다. 그러고는 다시 홍콩과 싱가포르 등을 거쳐 인도양을 지나 아프리카의 모잠비크와 남아프리카공화국에 머물렀다. 이어 대서양을 가로질러 브라질의 리우데자네이루를 경유해 상파울루까지 갔던 것이다.[11] 대항해를 거쳐 브라질 상파울루

1962년 12월 18일 부산항을 떠나 브라질에 정착한 이민자들의 모습이다. 정부가 이민 사업을 서둘러 추진한 결과, 그들은 머나먼 브라질에서 갖은 고생을 감내해야 했다.

에 이른 이민단은 예기치 못한 상황에 어리둥절했다. 세계 제일의 커피 생산국인 브라질로 행복 찾아 부산항을 떠났건만 막상 이민단을 맞은 집은 난민수용소였고, 정착 예정지는 소유권 분쟁이 있는 황무지였다. '이민移民은 기민饑民이 아니다'라는 언론의 질책이 쏟아진 것은 당연했다.[12] 사전 조사에 만전을 기하지 못한 채 이민사업을 서둘러 추진한 결과였다. 1960년대 정부는 물자 수출뿐 아니라 인력 수출에도 열성을 보였다. 국토가 좁고 자원은 부족한 반면 인구가 급격히 늘어나는 상황도 상황이지만, 정부는 해외 협력사업을 통해 국내뿐 아니라 국제적 인정을 받고 싶었던 것이다. 그러나 모든 가산을 정리해 행복 찾아 떠난 이민을 헐벗고 배고픈 기민 취급 해서야 되겠는가. 이런 시련 속에서도 제1차 브라질 이민단의 출발에 이어 수많은 사람이 부산항을 떠났다. 1963년부터

1966년까지 다섯 차례에 걸쳐 1300여 명의 이민자가 브라질 땅을 밟았다. 1970년대부터는 배가 아닌 비행기로 떠났다. 브라질 한인의 이민 역사에서는 1971년을 기점으로 '배 타고 온 세대'와 '비행기 타고 온 세대'로 나누기도 한다.[13] 비행기를 타고 손쉽게 간 세대들은 부산항 제2부두를 떠나면서 '브라질로 가는 이민선'을 부르지 않게 되었음은 물론이다.

  1966년경 부산항에서는 유난히 성대한 환영식이 많이 열렸다. 환영식의 주인공은 살아서 돌아온 자들, 즉 파월 장병들이었다. 1964년 9월 11일 의료단과 태권도 교관단 등 비전투부대가 부산항을 출발한 뒤 1965년 10월부터 맹호, 백마, 청룡 등 전투부대들이 베트남 전쟁터로 가기 위해 부산항을 떠났다. 맹호, 청룡부대의 장병 제1진이 9개월 만에 처음으로 귀환한 1966년 8월 6일, 부산항 하늘에는 애드벌룬이 떠다니고, 1만여 명의 환영 인파가 몰렸다.[14] 꽃다발을 걸어주고 뜨거운 키스와 포옹이 오가는 감격스런 순간들. 하지만 장병들 사이사이에 빈자리가 있었다. 그들은 부산항을 떠났지만 돌아오지 못하는 자들이었다. 1965년부터 1973년까지 약 32만 명의 병력이 파병되었는데 사망자가 5099명, 부상자가 1만962명이었다. 고엽제 피해자는 9만 명에 달했다.[15]

  파월 장병들은 부산항을 떠나면서 스스로에게 물었다. '돌아올 수 있을까?' 그들은 함께 부산항을 떠나지만 돌아오는 자들과 돌아오지 못하는 자들로 갈릴 것은 뻔했다. 전장으로 가는 월남 파병 장병들에게 앞으로의 부산항은 삶과 죽음이 엇갈리는 곳이었다. 산 자들은 무사히 부산항에 돌아와 성대한 환영을 받을 것이요, 죽은 자들은 항구에 돌아오지 못한 채 그 혼이 구천을 떠

1960년대 파월 장병을 태우고 부산항을 떠나는 군함 앞에 환송을 나온 가족과 학생들이 몰려 있다. 그들은 함께 부산항을 떠났지만 '돌아오는 자'들과 '돌아오지 못하는 자'들로 운명을 달리하였다.

돌 것이기 때문이다. 그래서일까? 부산항을 떠나는 군함에서 장병들은 마땅히 군가를 불러야 했건만 그러지 않았다. 오히려 목청터지도록 백야성의 '잘 있거라 부산항'을 불렀다고 한다.[16] 미래에 다가올 운명을 두고 애태웠던 장병들의 마음을 달래줄 수 있는 노래는 '잘 있거라 부산항'이었다. "기다리는 순정만은 버리지 마라, 버리지 마라 또다시 찾아오마 부산항구야"라는 가사는 그들이 절대적으로 맞고 싶어했던 미래였던 것이다.

'그리운 내 형제'는 누구일까

　대중가요과 인문학은 모두 지친 삶에 위안을 준다. 가요를 불러 삶의 희망을 찾는다면 그것이 인문학으로 통하는 길이요, 인문학을 읽고 대중의 행복을 생각할 수 있다면 그것이 가요로 통하는 길이다. 대중가요와 인문학은 이렇게 사람다운 삶의 희망과 행복을 두고 끊임없이 소통할 수 있다. 하지만 대중가요와 인문학이 서로 멀어질 때도 있다. 대중가요가 지나치게 사람의 감정선을 자극해 통속적으로 흐르면 이성과 감성의 균형을 중시하는 인문학은 거리를 두게 된다. 또한 인문학이 자기만족의 성벽만을 높이 쌓는다면 대중가요는 영영 관심 밖으로 밀려나게 된다.

　인문학과 대중가요는 모두 그 시대의 부름을 받고 있다. 인문학에 대한 열풍이나 대중가요의 인기 현상을 잘 살펴보면 시대 요청이 자리하고 있다. 당대가 원하는 바를 잘 간파하고 적절한 메시지를 전달해주는 것이다. 그렇다면 1970년대 '돌아와요 부산항에'는 어떤 메시지를 던져줄까? 조용필이 이 노래를 레코드 〈조용필 스테레오 히트 앨범〉에 실어 처음 발표한 때는 1972년이었으나, 1976년에 또 다른 앨범 〈조용필/영사운드 너무 짧아요〉에 수록해 발표하면서 크게 히트했다. 그런데 가사가 달라졌다. '님 떠난'이 '형제 떠난'으로, '보고픈 내 님아'가 '그리운 내 형제여'로 바뀐 것이다.[17]

> 꽃피는 동백섬에 봄이 왔건만
> 형제 떠난 부산항에 갈매기만 슬피 우네
> 오륙도 돌아가는 연락선마다
> 목메어 불러봐도 대답 없는 내 형제여
> 돌아와요 부산항에 그리운 내 형제여

대답 없는 내 형제, 그리운 내 형제는 누구일까? 이 형제를 두고 세간에 논란이 많았으나 조용필은 재일동포를 가리킨다고 했다. 당시 부산항에 밀려오는 재일동포 고향방문단을 염두에 두고 '님'이라는 단어를 '형제'로 수정했다.[18] 이 단어의 변화는 커다란 효과를 불러일으켰다. 왜냐하면 님일 때는 떠나간 연인을 부르는 개인적인 애가哀歌인 데 반해 형제로 바뀌면서 사회 현상을 반영한 '시대의 노래'가 되었기 때문이다. 연락선을 타고 수십 년 만에 고국을 찾은 재일동포들은 부산항의 새로운 손님들이었다. 그들 가운데 상당수가 조총련계 동포들이라는 점도 눈에 띄었다. 아, 1970년 벽두는 바야흐로 형제애의 시대였다.

그런데 '오륙도 돌아가는 연락선'은 어떻게 다시 등장하게 된 걸까? 해방 이후 단절되었던 부관 연락선이 다시 취항하기까지는 숱한 우여곡절이 있었다. 정권의 정당성이 극히 취약했던 박정희 정부는 외적으로는 강대국의 힘이, 내적으로는 경제 발전이 필

― 오늘날 부산항 국제여객터미널에서 부산과 일본을 오가는 페리호다. 1970년 부관페리호가 생긴 이후로 부산항을 통해 수많은 재일동포가 입국했다.

요했다. 한편 사회주의에 맞서 자본주의 방어선을 구축하고자 했던 미국은 한국과 일본의 국교 정상화가 필요했다. 미국과 일본의 안보·경제 지원이 절실했던 박정희 정부는 1965년 약간의 차관을 받는 선에서 어설프게 한일협약을 맺어버렸다. 이에 따라 1967년 열린 한일 각료 회담에서 정기 연락선을 개설하자는 논의가 있었고, EXPO를 계기로 부산과 시모노세키를 오가는 부관 페리 보트의 운항이 타결을 보았다.

1970년 6월 19일, 드디어 600여 명을 싣고 대한해협을 건널 수 있는 부관 페리호가 부산항을 출항했다.[19] 부산과 시모노세키의 뱃길이 열리자 관광차 한국을 방문하는 일본인들이 쏟아져 들어왔다. 이 틈에 망향의 한을 품었던 재일동포들이 끼어 있었다. 하지만 북한을 추종했던 조총련 동포들은 신변과 안전의 문제로 감히 부관 페리호를 탈 엄두를 내지 못했다.

재일동포들은 북한을 지지하는 '조총련'과 남한을 지지하는 '민단'으로 나뉘어 있었다. 한반도가 전쟁으로 두 동강 났듯이 재일동포들도 이념을 달리해 서로 으르렁거렸다. 하지만 1972년 7·4남북공동성명으로 화해 분위기가 조성되자 조총련과 민단도 서로 협조를 모색하게 되었다. 60만의 재일동포가 각각 30만씩 조총련계와 민단계로 나뉘어 있었지만 재일동포의 98퍼센트는 남한 출신이었다.[20] 이념상 북한을 지지하는 조총련계라 해도 찾아가고픈 고향은 남한에 있었던 것이다. 그동안 이념에 얽매여 남한은 쳐다보지도 않던 조총련은 남북 평화의 분위기를 맞아 사무친 한을 풀고자 부산항에 돌아왔다. 한국 정부도 그들의 신변 안전과 자유활동을 보장해주었다. 영원히 돌아오지 못할 줄만 알았던 부산항에 다시 발을 디딘 재일동포들은 "돌아와요 부산항에 그리운 내 형제여"를 부르며 감격을 이기지 못했다. 1970년대 부산항은 '평화의 가교'였고 '돌아와요 부산항에'는 '인도의 노래'였다.

'돌아와요 부산항에' 이후

조용필의 '돌아와요 부산항에'는 시쳇말로 대박을 터뜨렸다. 부산에서 유행하기 시작해 서울에 상륙했고, 전국으로 퍼져나갔다. 방송사마다 조용필을 찾는 데 난리법석을 떨었다. 그러나 조용필의 대박은 호사다마好事多魔였다. 혜성같이 나타나자마자 조용필은 곧 대마초 파동에 휩쓸려 음악활동을 접어야 했다. 1977년 5월 방송 무대에 등장한 지 3년도 되지 않아 그는 장충체육관에서 눈물의 은퇴쇼를 가졌다. 기지촌을 헤매며 10년 동안 쌓은 공이 허물어지는 순간이었다. 하지만 여기서 조용필이 무릎을 꿇었다면 '돌아와요 부산항에' 이후는 없었을 것이고, 오늘의 조용필도 없었을 것이다.

조용필에게 닥친 시련은 가왕의 위대한 탄생을 향한 성장통이었다. 미8군 부대를 전전하면서 다양한 장르의 음악을 섭렵했건만 그의 목소리는 미성美聲이었다. 그러나 1970년대 가수들은 이른바 허스키 보이스라 불렸던 탁성을 원했고, 당대의 대중은 이런 걸걸한 목소리의 가수를 원했다. 이 기간 동안 조용필은 우리 소리를 터득해 새로운 활로를 모색하고자 했다. 전통적인 소리 독공 비법과 같이 조용필은 산과 사찰을 돌아다니며 소리를 질러 목을 단련시켰다. 목이 붓고 피가 나는 고행을 거치기를 6개월, 그는 드디어 미성과 탁성을 오가는 창법을 구사할 수 있었다.[21]

이렇게 해서 1980년 탄생한 음반이 그 유명한 '창밖의 여자'다. 여기에는 민요 '한 오백년'부터 디스코 장르인 '단발머리'까지 다양한 장르의 대중가요가 망라되어 있다. 최초로 100만 장이 넘게 팔린 이 음반을 통해 조용필은 가요계에서 자신의 입지를 굳힐 수 있었다. 이 음반에는 '돌아와요 부산항에'도 취입되어 있었기에 1980년대까지 이 노래는 대중의 인기를 계속해서 얻었다.

시련을 극복하는 조용필의 끈기는 항구의 정신과 통한다. 흔히 부산항의 인문정신으로 손꼽는 것이 해양성, 개방성, 민중성이다. 바다와 육지를 이어주는 길목인 부산항은 거칠지만 열려 있는 것이 그 특징이다. 부산항을 통해 사람과 물자뿐만 아니라 문화도 유입된다. 모든 문화를 개방적으로 수용하는 부산항은 여러 문화를 비벼서 새로운 문화를 창조하는 역할을 한다. 경기도 화성 출신의 조용필이 '조용필과 그림자'라는 밴드를 만들어 부산에서 활동한 것이나 부산에서 처음으로 유행한 '돌아와요 부산항에'가 전국으로 전파된 것은 우연이 아니다. 부산항의 개방성은 그저 빗장을 여는 수동적 행태가 아니다. 과거의 문화에 새로운 문화를 가미해 다른 문화를 창조하는 적극적인 창의에 가깝다. 조용필의 언급처럼 '돌아와요 부산항에'의 리듬도 정통 트로트가 아닌 록 리듬을 결합시킨 새로운 것이었다.[22] 대중의 대중문화 수용 자세는 매우 까칠하다. 무엇인가 새롭고 특별한 것이 없다면 그들의 인기를 기대하지 말아야 한다.

시련기를 맞은 조용필이 과거에 안주하지 않고 새로운 조용필로 거듭났듯이 부산항도 자기 혁신이 필요했다. 박정희 정부가 추진한 경제개발 5개년 계획과 강력한 수출주도형 정책으로 부산항은 포화 상태였다. 부산에서는 신발, 합판, 섬유 등의 산업이 급성장했으며, 부산항을 통해 해외로 수출되는 상품도 급격히

부산항 제5부두에서 국외로 수출하는 물품들을 컨테이너선에 적재하고 있다.

늘어났다. 1962년에 38만 달러에 불과했던 부산 상품의 수출 실적이 1974년에 10억 달러를 돌파했다. 부산항을 거쳐 해외로 수출되는 물동량도 1972년에는 우리나라 수출량의 50퍼센트를 넘어섰다.[23] 그러나 한국의 관문이라는 말이 무색하도록 1960년대 후반까지도 부산항의 모습은 일제강점기와 별 차이가 없었다. 급증하는 물동량을 처리하지 못해 작고 더딘 부산항은 몸살을 앓았다. 사람의 어깨에 의존하는 하역 작업은 더는 앞으로 나가지 못하고 한계에 부딪힌 것이다.

나는 매일 동서고가도로를 이용해 출근한다. 동서고가도로는 동에서 서로, 그리고 과거에서 현재까지 부산의 민낯을 그대로 드러낸다. 동서고가도로의 끝 지점인 우암동까지 오면 언제나 나를 반겨주는 것은 웅장한 부산항이다. 허치슨 터미널(자성대 컨테이너 부두)에 정렬해 있는 거대한 갠트리크레인, 마치 상자처럼 차곡차곡 쌓인 컨테이너, 그리고 부두에 접안한 컨테이너 선박들까지. 이것을 보면 누구에게서든 부산항은 '사각형 컨테이너 기계'라는 말이 튀어나올 수밖에 없다. 부산항을 둘러싼 모든 사물이 거대한 컨테이너 기계 속에서 쉼 없이 돌아가는 톱니바퀴와 같다. 이따금 동서고가도로 위를 끼룩끼룩하며 자유롭게 비행하는 갈매기를 제하고는. 그러나 이 딱딱하고 일직선의 부산항 전경을 만들어낸 금속제 상자가 물류혁명을 일으켰고, 지금의 부산항을 탄생시켰다는 점에는 이견이 없다.

1970년 3월 2일 우리나라 최초로 미국 시랜드Sea Land 회사 소속의 컨테이너 선박이 부산항에 입항한 뒤 근대식 수송 체계의 혁신이 예고되었다. 제2차 세계대전 이후 화물의 이동 증가와 운반 수단의 대형화로 컨테이너에 대한 수요는 크게 늘었다. 금속제

대형 용기인 컨테이너는 육상, 철도, 선박까지 한 번에 수송할 수 있는, 별도의 외부 포장을 필요로 하지 않는 장점이 있다.[24] 미국에서 컨테이너를 이용한 근대식 수송 체계가 확립된 뒤 전 세계로 퍼져나갔다. 우리나라에서도 부산항에 컨테이너 전용 부두(제5부두)를 축조하는 공사가 시작된 때가 1974년이었다. 이해에 시행된 부산항 제1단계 개발공사는 5부두 외에도 양곡 전용 부두, 석탄·광석 및 고철 등을 취급하는 7부두, 특수화물 전용 부두인 8부두를 축조하는 대규모 국책사업이었다. 이 사업이 준공된 1978년, 부산항은 드디어 근대식 컨테이너 항구, 대형 항만 시설을 갖춘 국제항으로 변모했다. 1970년대 가요계가 조용필의 등장으로 새 장이 열린 것처럼 1970년대 부산항은 컨테이너의 등장으로 새로운 항구로 탈바꿈했다.

바운스 조용필, 바운스 부산

부산항이 컨테이너항으로 출범한 지도 30여 년이 훌쩍 지났다. 1970년대 초 부산항을 개편하는 작업이 필요했던 것과 마찬가지로 2000년대 들어 부산항은 새로운 어젠다를 필요로 했다. 부산신항이 강서구에 새로 건립되었으며, 북항은 재개발 사업이 한창 진행 중이다. 그런데 북항 재개발 사업은 1·3·4·중앙부두에 친수 공간 및 국제 해양관광 단지, 비즈니스 물류 거점을 만든다는 계획이다. 2015년 북항 재개발 사업이 종료되면 북항은 더는 과거와 같은 항구가 아니게 된다. 장기적으로 보면 현재 자성대 컨테이너 부두를 비롯한 컨테이너 항구의 기능도 부산신항으로 넘어갈 가능성이 높다. 그렇다면 항구가 아닌 부산항의 정체성은 무

부산항에 가면 가장 눈에 띄는 것들이 산처럼 쌓여 있는 사각형 컨테이너들이다. 이 딱딱하고 일직선의 금속재 상자가 물류혁명을 일으켰고, 국제 무역항인 부산항을 탄생시키는 데 크게 기여했다.

엇인가? 다시 원점으로 돌아가서 부산의 정체성은 무엇이고, 부산다움이란 무엇일까?

　1970년대 조용필이 부산항의 시대 정서를 읽고 부상한 것과 마찬가지로 오늘의 부산은 조용필의 시대정신을 읽고 그가 내뿜는 열정을 배워야 할 것이다. 2013년 귀환한 가왕은 이렇게 말했다. "내가 바뀌지 않으면 안 된다고 생각해요. 과거하고 다를 게 뭐가 있나. 과거의 나를 버려야 해요. 과거를 자꾸 붙들고 있으면 구태해집니다."[25]

　조용필은 〈헬로hello〉라는 19집 음반을 발표하면서 10년 만에 돌아왔다. 언론은 64세의 나이에 믿기지 않는 음악이라고 호들갑을 떨지만 예전에도 조용필이 출시하는 음반은 늘 그랬다. 대중문화의 고정관념을 깨뜨리는 것은 조용필이 가진 무기다. 〈단발머리〉(1집), 〈못찾겠다 꾀꼬리〉(4집), 〈킬리만자로의 표범〉(8집) 등 조용필의 수많은 노래는 관성에 젖었던 가요계를 일깨우는 죽비요, 가뭄을 끝내는 단비였다. 매번 새로운 것을 찾아 헤매는 조용필이지만 그가 발표하는 음반에는 일관된 흐름이 있다. 하나의 음반에 여러 장르의 노래가 수록되어 있다는 점이다. 〈헬로〉 음반에도 전자음과 랩이 버무려진 노래에서부터 1990년대 유행했던 발라드까지 다양한 가요가 실려 있다.

　대중가요사에서 보는 조용필의 평가도 그러하다. 예컨대 1980년대 조용필은 종래 대중가요사의 주요 양식을 총정리했다는 평가를 받는다. 즉 트로트, 이지리스닝, 록 등을 한꺼번에 구사하고 결합시키면서 새로운 대중가요의 경향을 창조했다는 평가다.[26] 이것이 조용필의 인기 비결이다. 그를 좋아하는 세대는 어린이에서 노인에 이르기까지 전 연령층에 걸쳐 두텁게 분포한다. 다양한 장르의 노래를 포용하고, 하나의 음반에 여러 시대가 살아 숨 쉴 수 있게 하기 때문이다. 또 하나, 조용필의 음악은 시대를 앞서나간다. 그래서인지 조용필 노래는 들으면 들을수록 귀에 젖어든다. 처음에는 내 몸에 안 맞는 옷처럼 약간 어색한 느낌도 있지만 자꾸 듣다보면 그 노래의 매력에 빠져든다. 이것은 조용필 노래가 무작정 당대의 정서를 좇는 것이 아니라 오히려 시대 정서를 창출한다는 점에서 연유한다.

조용필처럼 부산항이 창출해야 할 시대정신은 무엇일까? 산업화 시기 부산항은 우리나라 경제발전의 원동력과 수출입의 관문이었다. 경제성장의 축으로 역할했던 과거의 부산항은 역사 속으로 점차 사라지고 있기에 부산의 정체성도 처음부터 다시 고민해야 한다. 성장에만 목표를 두었던 과거를 성찰하고 본래 항구의 인문정신으로 돌아갈 때이다. 항구의 인문정신은 순환과 재생 그리고 소통에 바탕을 둔다. 항구는 거친 바다를 막아주고 선박이 안전하게 들어오고 나가는 곳이다. 먼 바다를 항해했던 배와 선박은 항구에 정박해 에너지와 물자를 싣고 다시 먼 바다로 떠난다. 끊임없이 들어오고 나가는 '순환'과 쓰고 얻는 '재생', 덧붙여 바다와 육지를 이어주는 '소통'이 바로 부산항의 인문정신이다.

부산다움도 '부산항의 인문정신'에서 찾아야 한다. 헌집을 부수고 새집을 짓는 토건의 이념은 더 이상 부산다움을 찾을 수 있는 길이 아니다. 여러 시대가 공존하고 과거 속에서 미래를 재생시키는 순환과 재생의 인문정신이야말로 진정 부산다운 부산을 창조하는 길이다. 가왕 조용필의 귀환이 수많은 대중의 심장을 바운스bounce하게 만들었듯이 '돌아온 부산항'이 인문정신을 통해 이 시대의 심장을 두근거리게 할 날을 기대해본다.

2

왜관에서의 만남은 '잘못된 만남'이었을까:

왜관과 한일 교류

후쿠오카에서의 회식

　만남은 서로를 이해하고, 인연을 쌓는 소중한 자리다. 일상의 만남이든 비일상의 만남이든 우리는 만남을 통해 일을 하고 문제를 해결한다. 만남이 없다면 서로의 이해는 벽을 넘어서지 못하고, 사회관계는 지속되지 못한다. 심리 장애 중 하나인 대인기피증은 사람을 만나는 것을 꺼려 사회적 단절로 이어지므로 '사회공포증'이라 부른다. 사회공포증은 바로 만남의 두려움과 소통의 거부에서 그 첫발을 내디딘다.

　나는 낯선 사람들을 만나서 이야기하고 소통하는 자리를 싫어하는 편은 아니다. 그런데 그 대상이 외국인이라면 입장이 달라진다. 왠지 나라 바깥으로 떠나기도 싫고, 외국인을 만나는 일이 두려우며, 막상 그런 자리에 참석하면 절로 고개가 숙여진다. 외국인 기피증(?)은 왜 생겼을까? 이유는 간단하다. 외국어에 능숙하지 못하고 외국인과의 만남이 적다보니 타국 문화에도 익숙하지 못한 탓이다. 헌데 부산에서 살다보면 다른 나라는 몰라도 일본과의 교류만큼은 참여할 기회가 적지 않아 외국인 공포증이 있는 나 같은 사람은 심히 어려움에 빠지고 만다.

　부산시는 일본의 후쿠오카 시福岡市와 문화 교류를 늘려가며 만남을 도모하고 있다. 박물관에서 일하는 나는 후쿠오카 시의 문화재과나 박물관 직원들과 상대할 기회가 많다. 업무상 일본인들을 직접 만나는 일은 그리 흔치 않지만 자주 상대하는 자리는 역시 회식 자리였다. 일본인과의 회식 자리에서는 늘 뒷전을 맴돌거나 어쩌다가 일본인 앞에 앉으면 주눅이 든 채 빨리 모임을 마치기만을 학수고대했다. 맥주를 좋아하는 일본인들과의 대작도 맞지 않는 듯했다.

이런 나에게도 하나의 터닝포인트가 생겼는데, 부산시와 후쿠오카 시의 문화재 담당자들 교류사업의 일환으로 내가 후쿠오카를 방문했던 것이다. 후쿠오카의 회식에서 주인공은 다름 아닌 나였으므로 일본인들 앞에서 고개 숙인 한국인 노릇을 계속할 수 없었다. 더구나 이 모임은 후쿠오카 시 교육위원회 문화재부의 송년회 자리로 사카이 다쓰히코酒井龍彦 교육장을 비롯해 거의 모든 직원이 참석하는 자리가 아닌가. 다행히 후쿠오카 측에서도 한국어를 조금이라도 하는 일본인이 많았다. 영어, 일본어, 한국어, 보디랭귀지가 섞인 사차원의 언어를 구사하면서 회식에 적극 임하다 보니 나름 자신감이 생기고 재미도 있었다.

그 재미는 양국의 문화가 뒤섞인 음주 문화를 바라보는 일이었다. 위원장을 비롯해 많은 직원이 부산을 자주 왕래한 까닭에 한국의 음주 문화가 후쿠오카의 송년회에서 통용되고 있었다. 이것은 부산에서 온 우리를 위한 배려일 수도 있었다. 취기가 어느 정도 감돌자 사카이 다쓰히코 교육장이 우리가 한국에서 들고 온 문배주로 술잔을 돌리기 시작했다. 사실 잔 하나로 술을 돌리는 관습은 한국에서나 있을 뿐 일본에서는 보기 드물다. 그러나 술잔을 받은 후쿠오카 직원들은 한국의 회식 자리에서처럼 모두 군말 없이 원샷을 하고 잔을 돌렸다. 원래 평안도 지방에서 전래된, 알코올 도수가 40도에 이르는 문배주를 일본인들이 한입털이 하기란 정말 어려운 일이다. 하지만 한국인들이 참여하고, 부산의 음주 문화를 접해본 적이 있는 후쿠오카의 회식에서는 이런 일이 가능했다.

한국 사람은 단번에 털어 먹는 소주도 물에 섞어서 마시는 일본인들의 취향을 잘 알고 있는 나는 속으로 크게 웃지 않을 수 없었다. 이어서 막간을 이용해 틈틈이 읽으려고 후쿠오카에 가지고 간 다시로 가즈이田代和生의 『왜관』이라는 책에서 본 한 구절이 생각났다.[27]

> 조선에서는 독한 소주를 사람들이 많이 마시고 있습니다. 그렇지만 늘 육식을 하기 때문에 비장이나 위 상태가 튼튼한 것 같습니다. 그 때문일까요? 남자든 여자든 목청이 높은데 보통 대화를 할 때도 마치 싸움을 하고 있는 것처럼 들립니다. 특히 여성의 목소리는 하늘을 찌르듯이 날카롭답니다. 술을 잘 마시는 여자 분들이 위아래로 많이 계시는 모양이지요?

위 글은 18세기 후반 쓰시마의 조선통역관으로 오랫동안 왜관에서 생활했던 오다 이쿠고로가 『통역수작』에 기록한 사실을 다시로 가즈이가 옮겨 적은 것이다. 왜관에서 조선인들과의 교섭이 많았던 오다 이쿠고로는 조선인들의 음주 습관을 누구보다 잘 알고 있었을 게다. 오다 이쿠고로가 왜관에서 봤던 조선인의 모습이라면 부산을 비롯한 경상도 사람임이 분명하다. 그는 조선인들이 독한 술을 많이 먹어도 내장이 튼튼한 이유는 육식을 하기 때문이라고 했다. 의학적으로 의문시되는 기록이지만 독한 술을 즐겨 먹는 조선인의 음주 관습을 보여주는 흥미로운 자료다.

또한 그는 조선인들의 식생활 관습을 목소리와 연관시켜

익살스럽게 풀이했다. 이심전심으로 이즈음에서 나는 배시시 웃지 않을 수 없다. 일본인 오다 이쿠고로가 그렇듯이 서울내기인 나도 부산 사람들의 대화를 들으면 마치 싸움을 하는 것처럼 느껴졌기 때문이다. 억양이 억센 경상도 사람들이 술기운까지 올랐다면 그들의 목소리는 필연 하늘을 찌를 듯이 날카로울 게 뻔했다. 후쿠오카의 송년회에서 몇 차례 원샷으로 술이 얼큰해진 나는 오다 이쿠고로가 만났던 목소리 드높은 부산 사람과 왜관에서의 술자리를 상상해보았다.

교린의 뜻으로 세운 왜관

조선은 1426년(세종 8) 부산포釜山浦, 내이포乃而浦, 염포鹽浦 등 삼포三浦를 개방하고 왜관倭館을 설치해 쓰시마의 왜인들이 교역을 할 수 있도록 허락했다. 세종대의 쓰시마 섬의 정벌이 왜에 대한 강경책이라면 삼포 개방은 왜에 대한 온건책이었다. 온건책은 이웃 나라에 대해 우호적인 입장을 취하는 교린 정책으로 조선의 대표적인 외교 정책 중 하나였다. 쓰시마 번은 조선과 조공의 위치, 즉 사절을 보내고 예를 표하는 상하관계였다. 조선이 삼포에 왜관을 설립해 교류를 허용해준 것은 이웃 민족들을 포용하는 큰 나라의 대승적 자세였다.

하지만 일본이 일으킨 임진왜란으로 조선과 왜의 교린관계는 모두 파탄이 났다. 7년에 걸친 난으로 조선은 쑥대밭이나 다름없었다. 전쟁은 끝났지만 그 상처는 참혹해 재건을 위해서는 전란기만큼 힘든 세월을 보내야 했다. 전란 후 조선 조정에게 왜라는 국가는 이름조차 떠올리기 싫은 원수였다. 그러나 일본 정부는 달랐다. 도요토미 히데요시豊臣秀吉가 죽은 뒤 일본을 통일하고 강력한 에도 정부를 세운 도쿠가와 이에야스德川家康는 조선과 새로운 관계를 모색하고자 했다. 왕조사회인 조선과 달리 막번 체제인 일본은 대조선의 외교 업무를 쓰시마 번에 일임하고 있었다. 식량과 물자가 부족해 늘 조선에 도움을 청해야 했던 쓰시마 번은 조선과의 통교를 반드시 필요로 했다.

조선 조정은 일본과의 통교를 꺼리면서도 전란 시 끌려간 3500여 명의 포로 송환을 위해 협상 테이블에 나서지 않을 수 없었다. 포로 쇄환 문제로 교류가 재개되자 일본 사절단이 머무를 객관客館, 즉 게스트 하우스가 다시 필요해졌다. 왜적을 부산포까지 들이는 것은 용인될 수 없으니 절영도에 임시로 왜관을 설치했다. 하지만 일본의 사신이었던 귤지정橘智正이 이곳을 싫어하는 기색을 내비칠 정도로 절영도 왜관은 좁고 누추한 장소였다.[28] 논의를 거듭한 끝에 정식으로 왜관이 설치된 때는 1607년이었으며, 장소는 지금의 수정동 자리인 두모포豆毛浦였다. 그래서 이 왜관을 두모포 왜관이라 불렀고, 초량으로 왜관이 옮겨간 뒤에는 고관古館 혹은 구관舊館이라 불렀다.

두모포 왜관 동쪽에는 유일한 문인 수문守門이 있었으며, 수문 밖에는 좌자천佐自川이 흘러서 자연스럽게 경계를 이루었다. 거리상으로 보면 임진왜란 시에 첫 번째 타깃이 된 부산성과는 얼마 떨어지지 않은 위치였다. 외교 업무상 어쩔 수 없이 두모포 왜관을 설치했으나 조선 정부의 속내는 편치 않았다. 막상 왜관이 복원되자 쓰시마에서 수많은 일본인이 밀려왔고, 왜관을 늘려달라거나 고쳐달라는 요구는 끊이지 않았다. 왜관에 체류하는 일본인들이 1624년에는 1000명에 달했기에 숙소에서 음식까지 그에

따른 문제점을 가히 예상할 수 있다.[29]

하지만 일본인들의 요구는 도를 넘어 생떼를 쓰는 일까지 있었다. 풍수지리상 두모포 왜관의 형세가 좋지 않고, 부산성의 일부 성곽을 일본인들이 쌓았으니 예전의 위치인 부산성으로 왜관을 옮겨달라는 요구였다.[30] 임진왜란 때 그들이 부산성에 쳐들어와 성곽을 쌓았으므로 그 자리를 내놓으라는 것은 침략의 발톱을 다시 드러내는 야욕이었다. 사실 조선을 침략한 일본인에게 3만3000제곱미터의 부지를 내주고 두모포 왜관을 세워준 것만 해도 대단히 관용을 베푼 처사였다.

역지사지로 한번 살펴보자. 조선의 부산에 일본인의 왜관이 있었다면 일본 나가사키長崎에는 네덜란드인의 데지마出島와 중국인들의 도진야스키唐人屋敷가 있었다. 일본인들이 조선에 줄기차게 왜관의 확대를 요청한 시기에 일본은 진정 타국에 대한 쇄국정책을 펼쳤다. 서양 문화가 전파되는 것을 두려워한 에도 막부는 한정된 공간인 데지마와 도진야스키에서 무역 행위만을 허락해줬다. 일본이 왜관에 대한 조선 정부의 높은 벽을 두고 비난했지만 실은 더욱 심한 통제 정책을 행하고 있었던 셈이다.

또한 데지마의 면적이 약 1만3500제곱미터, 도진야스키의 면적이 약 3만600제곱미터이므로 3만3000제곱미터의 두모포 왜관 부지가 결코 좁은 것은 아니었다. 나는 나가사키에 복원된 데지마를 직접 가보고 두 번 놀랐다. 한 번은 각종 자료를 꼼꼼히 검토해 복원한 데지마의 모습에 놀라고, 또 한 번은 매우 협소한 공간에서 네덜란드인들이 살았다는 사실에 놀랐다. 일본인들은 부채꼴 모양의 인공 섬을 만들어놓고 네덜란드인들의 출입을 철저히 통제했다. 이곳에서 일본에 커다란 사상적 영향을 준 난학蘭學이

「나가사키 항」, 가와하라 게이가, 비단에 채색, 19세기 전반, 고베시립박물관. 왼쪽의 부채꼴형 섬이 네덜란드 상관이 있던 데지마出島 섬이다.

데지마는 19세기경 대화재를 겪었고, 항만 개량공사로 인해 매립되어 과거의 모습을 잃었다. 나가사키 시는 1996년부터 일본의 근대화를 주도하고 세계적으로 귀중한 역사 자원인 데지마의 복원사업을 추진했다. 시볼트가 체류했던 1820년경 자료가 풍부히 남아 있어 데지마 복원은 무리 없이 이뤄졌다.

발생했다는 사실이 도저히 믿기지 않았다.

물론 데지마와 도진야스키가 일본인과 외국인들이 상호 무역과 상행위를 하는 상관商館이었던 반면, 왜관은 조선과 일본의 국제시장이 열리는 상관일 뿐만 아니라 외교사절이 숙식하는 객관이자 일본인 관수館守 등이 일상적으로 업무를 처리하는 외교 공관이므로 단순 비교는 적절치 않다. 허나 전쟁을 일으키고 국토를 유린한 상대측에 이러한 외교·경제적 행위를 보장해준 것은 조선 정부의 일관된 교린 정책이라고밖에 할 수 없지 않을까. 이후에도 조선 정부는 왜관이 좁으니 옮겨달라는 일본인들의 요구를 받아들여 역사상 전무후무한 33만 제곱미터 규모의 왜관을 건설했으니, 이것이 바로 초량 왜관이다.

초량 왜관의 동관과 서관

　　부산의 원도심권을 중심으로 하는 역사문화 유적 답사를 계획하다보면 약방에 감초처럼 빠뜨릴 수 없는 코스가 초량 왜관이다. 그러나 막상 답사 코스에 넣으려 해도 그 자취가 남아 있지 않다. 어쩔 수 없이 초량 왜관 답사 계획을 철회하고, 용두산 공원 계단 앞에 설치된 안내석을 보면서 간단히 설명하는 것으로 대체하게 된다. 동아시아에서 외국인을 위해 33만 제곱미터 규모의 마을을 조성한 것은 공전절후空前絶後한 일이지만 용두산 일대를 차지하고 있던 그 거대했던 왜관이 흔적조차 찾기 어렵게 되었다는 사실도 전대미문의 일이다.

　　1673년(현종 14) 현종은 두모포 왜관에 머무르면서 왜관을 옮겨달라고 강력히 시위하는 차왜差倭의 의견을 받아들인다. 그동안 국방상의 요지인 웅천熊川(현 경남 창원 진해구)으로의 이전을 고집해 수용하지 못하던 터였다. 이렇게 평행선을 달리던 중 왜인들이 다대포多大浦나 초량草梁이라도 좋다는 의견을 제시했다. 이에 맞춰 조선 정부는 다대포, 초량, 목장牧場 등 세 곳의 후보지를 추천했고, 차왜가 초량을 낙점해 결국 초량 왜관 건립 프로젝트가 시작되었다.[31]

　　하지만 현종의 죽음으로 인해 초량 왜관 공사는 불가피하게 지연되었다. 실제 공사는 숙종이 즉위한 이후인 1675년(숙종 1)에 시작되어 1678년(숙종 4)에 완공되었다. 햇수로 거의 4년이 걸린 셈이다. 초량 왜관의 건립은 국가 프로젝트였으나 경상도 백성에게는 반갑지 않은 일이었다. 토목과 건축 공사로 인해 징발과 부역이 끊이지 않았기 때문이다. 1677년(숙종 3) 경상도 관찰사 김덕원의 장계에 따르면, 왜관을 새로 짓는 역사役事에 역군이 50여 만 명이나 되어야 한다고 했다. 경상도 백성만으로는 이를 감당할 수 없자 조선 정부는 영남과 가까운 호남의 승군僧軍 및 경상도 내 수군水軍들까지 왜관 건립 공사에 동원했다.³²

전문 기술자인 조선 목수들이 크게 부족해 쓰시마 목수들도 왜관을 짓는 공사에 참여했다. 또한 왜관에서 실제 거주할 이들은 정작 조선인이 아니라 일본인들이었기에 왜관 건물들은 일본인들의 생활양식에 맞게 세워져야 했다. 원래 의도했던 바는 아니지만 이러한 초량 왜관의 역사적 의의는 매우 중요하다. 두 나라의 토목, 건축 기술자들이 대거 참가한 결과 완전한 조선식 건축도, 그렇다고 일본식도 아닌, 조선과 일본식이 혼합된 건물이 초량 왜관에서 탄생한 것이다. 양국의 건축 문화가 복합된 초량 왜관은 용두산을 기준으로 동관東館과 서관西館으로 나뉜다. 1802년(순조 2) 사역원의 당상역관 김건서金健瑞 등이 중국을 제외한 이웃 나라들과의 외교관계를 기록한 『증정교린지增正交隣志』에서는 초량 왜관의 주요 건물을 다음과 같이 언급하고 있다.³³

> 동서로 두 개의 관館을 나누어 송사送使와 차왜差倭를 거처하게 했다. 동관에는 세 개의 대청이 있다. 관수왜가館守倭家, 재판왜가裁判倭家, 개시대청開市大廳. 서관에 세 개의 대청이 있다. 동대청東大廳, 중대청中大廳, 서대청西大廳.

이외에도 『증정교린지』는 50채가 넘는 초량 왜관의 건축물을 꼼꼼히 소개하고 있다. 초량 왜관의 수많은 건물은 서남쪽으로 길게 뻗은 용두산을 가운데 두고 동관과 서관으로 구분된다. 동관과 서관의 핵심 건물이 바로 세 곳의 대청으로 동관은 관수왜가, 재판왜가, 개시대청이요, 서관은 동대청, 중대청, 서대청이다. 서관이 주로 일본에서 파견된 사신들이 일시적으로 머무는 객관인 반면, 동관은 관수나 재판이 외교 업무를 하는 외교 공관이며, 동시에 무역이 이뤄지는 상관이다. 동관의 관수는 왜관의 업무를 총괄하는 일본 측 우두머리이며, 재판裁判은 법적 책임자로 오해하기 쉬우나 외교 교섭을 맡은 일본 관리다. 동관에는 관수나 재판 등과 같이 왜관에서 항시 머무는 이들의 일상생활을 지원하기 위한 각종 부속 건물도 들어서 있다.

더욱 실감 있게 초량 왜관을 이해하기 위해 변박卞璞이 그린 「초량왜관도草梁倭館圖」를 살펴보자. 변박은 동래부에 소속된 조선 후기의 화원으로 임진왜란의 기록화인 「동래부순절도東萊府殉節圖」와 「부산진순절도釜山鎭殉節圖」를 남긴 인물이다. 1783년(정조 7)에 그가 그린 이 「초량왜관도」에는 주요 건물과 명칭이 상세히 기

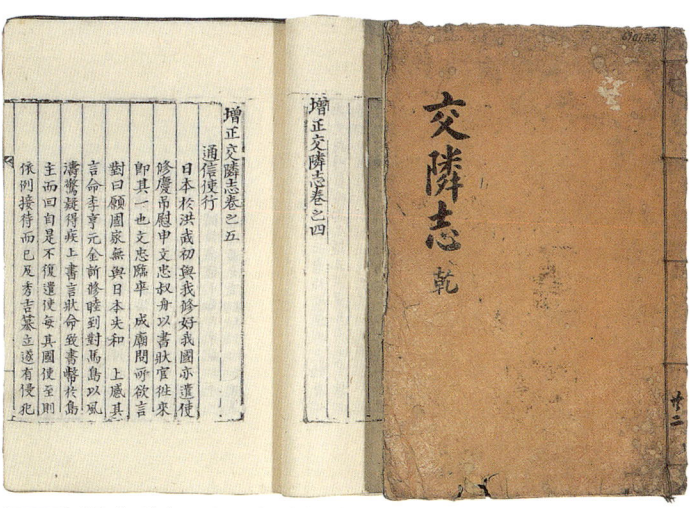

『증정교린지』, 조선, 국립중앙박물관. 초량 왜관의 건축물을 꼼꼼히 소개하고 있다.

록되어 있다. 그림에서 보듯이 동관의 관수가는 용두산 아래쪽 남향 건물로 풍수상으로도 가장 좋은 위치에 있다. 건물 아래에는 높은 기단을 쌓고, 중앙을 통과하는 계단과 대문을 별도로 설치했다. 관수가 안에는 누군가를 만나 은밀히 대담하는 관수의 모습이 그려져 있다.

관수가 오른쪽에는 동향사東向寺, 재판가, 응방鷹房, 개시대청 등의 건물이 위에서 아래로 쭉 늘어서 있다. 동향사는 사찰 이상의 사찰로서 외교 업무까지 담당했다. 그림 속의 동향사는 동쪽을 향해 있는데, 지팡이를 짚고 멀리 바다를 응시하는 왜인 스님을 그려두었다. 멀리 쓰시마에서 들어오는 왜선倭船을 바라보면서 동래부에 보내야 할 문서를 떠올리는 듯하다. 이 스님은 서승書僧으로, 일본에서는 동향사승이라 부른다. 동향사승은 외교 문서를 작성하고 심사하는 외교승이며, 1~2년 임기로 윤번제 근무를 했다.[34]

재판가 아래쪽의 응방鷹防은 매를 잡고 키우는 곳이다. 그런데 초량 왜관의 운영 목적상 선뜻 이해가 가지 않는 건물이다. 하지만 조선의 매가 왜관을 통해 일본의 최고 실력자인 쇼군에 전해졌음을 떠올려본다면 응방의 존재 가치는 매우 높았을 것이다. 왜관을 그린 또 하나의 그림인 「부산포초량화관지도釜山浦草梁和館之圖」에는 매 먹이를 잡는 풍경이 묘사되어 있다.[35] 왜관 밖의 넓은 들에서 사람들이 긴 장대에 큰 채를 달아서 매의 먹잇감인 메추리를 잡는 장면이다. 이곳에서 잡은 메추리는 응방에서 매를 키우는 응장鷹匠이 먹잇감으로 썼다.

관수가 남쪽에는 왜인들이 다니는 길이 동서로 놓여 있어, 이 길을 따라 건축물들이 세 덩어리로 구획되었다. 위쪽에는 주로

「초량왜관도草梁倭館圖」, 종이에 채색, 조선시대, 국립중앙박물관. 변박이 그린 「왜관도」를 보면 왜관은 동관과 서관으로 나뉘어 있다. 동관은 외교 업무를 하는 공관이자 무역이 이뤄지는 상관이었다. 반면 서관은 일본에서 파견되는 사신들이 일시적으로 머무르는 객관이었다.

「초량왜관도」 부분.

대관가代官家들이 모여 있다. 대관들은 무역을 담당하는 자들로, 상품을 매매하고 결재하는 일과 조선이 준 물건을 수취하는 일을 했다. 위쪽 건축물들이 대관들의 주거지 동이라면 아래 건축물들은 왜인들의 생활을 지원하는 종합상가 동이라고 할 수 있다. 상가동에는 식생활과 관련된 면가麵家, 국수집, 당가糖家, 설탕집, 병가餠家, 떡집, 조포가造泡家, 두부집 등을 비롯해 다다미를 만드는 점석가簟席家, 옷을 염색하는 염가染家 등 점포를 갖출 것은 다 갖추었다.

그런데 이러한 종합 상가동에서 가장 인기 있는 곳은 술집이었다. 아랫길에는 신주방新酒房, 구주방舊酒房, 소주가燒酒家가 몰려 있다. 대낮부터 왜관에서는 조선인 접대를 위해 술판이 벌어지고, 술에 취해 난폭한 싸움이 벌어지는 사건도 잦았다.[36] 왜관의 동관은 500여 명의 남성이 모여 북적거리는 마을이었다. 여성은 왜관에 입장하는 것이 철저히 금지되어 있었다. 그러니 이국에서의 슬픔과 고향을 향한 그리움을 달랠 수 있는 것은 오직 술뿐이었다. 왜인들은 밤중이면 이곳에서 술을 마시면서 낯선 타향에서의 고단함을 풀어버렸으리라.

동관이 일상의 공간이라면 서관은 비일상적인 공간이다. 일본에서 온 사신들이 잠시 머무는 건물들이다. 그래서 동관의 구조가 수많은 건물로 복잡하게 배치된 마을의 모습이라면, 서관은 건물 몇 동이 단순한 구조로 이뤄졌다. 서관에는 용두산 기슭의 삼대청과 이에 부속된 육행랑만 있을 뿐이다. 삼대청은 쓰시마에서 온 연례송사年例送使들이 한때 잠깐 숙박하는 건물이다. 육행랑은 삼대청에 딸린 부속 건물로, 사절단을 수행하는 하급 관리들이 머물렀던 집으로 여겨진다. 이 서관은 해마다 왜관을 방

─── 일본의 최고 실력자인 쇼군은 조선의 매를 가지고 매사냥을 즐겼다. 그리하여 왜관에는 매를 잡고 키우는 곳인 응방이 있었다. 응방에서 매를 키우기 위해서 매의 먹잇감인 메추리를 잡는 장면이 「부산포초량화관지도」(국사편찬위원회)에 그려져 있다.

문하는 사신들을 위한 게스트 하우스로서 조선 정부가 도맡아 세웠다.

왜관에서의 특별한 만남

육행랑 바로 위쪽에 설치된 북문을 통과해 나가면 연향대청宴享大廳과 맞닥뜨리게 된다. 이 북문은 일본 사신이 연향대청으로 이동하기 위해 세운 문이므로 연향문宴享門 또는 연석문宴席門이라 불렀다. 연향대청이 세워진 곳은 지금의 광일초등학교(중구 대청동) 자리다. 연향대청과 북문을 잇는 담장의 사잇길이 현재의 대청로다. 일제강점기에는 이곳을 대청정大廳町이라 했으며, 해방 후에도 일본식 지명이 아니라 하여 그대로 대청동이라 불렀는데 모두 연향대청에서 유래한 지명이다.[37]

이 연향대청에서는 특별한 만남이 벌어진다. 왜의 사신들이 왜관에 오면 연향대청에서 동래부사와 부산첨사가 주관하는 연회가 개최된다. 기왕에 왜관을 그림으로 설명했으니 연향대청의 특별한 만남도 그림을 통해 알아보자. 동래부사가 왜사를 접대하는 모습을 그린 10폭의 병풍으로 된 「동래부사접왜사도東萊府使接倭使圖」를 보자. 이 그림은 현재 세 점이 전해지는데 국립중앙박물관, 국립진주박물관, 도쿄국립박물관에서 각각 소장하고 있다. 당초에는 겸재 정선이 그렸다는 주장이 제기되었으나 현재는 제작 시기와 작자에 대해 논란이 분분한 그림이다.[38] 이 그림에는 동래부사가 일본 사절을 맞이하기 위해 초량 왜관까지 가는 경로, 동래부와 부산진의 경관, 동관을 중심으로 한 왜관의 풍경들이 잘 묘사되어 있다. 또한 초량객사에서의 숙배식과 연향대청에서의 연회 풍속이 잘 묘사되어 있어 조일 교린관계의 한 부분을 엿볼 수 있다.

임진왜란 이후 단절되었던 교린관계가 다시 정상화된 때는 광해군이 즉위한 뒤였다. 광해군은 왕위에 오른 다음 해인 1609년에 바로 기유약조己酉約條를 체결해 양국의 왕래와 무역을 복원시켰다. 기유약조는 왜관에서 접대하는 사신과 체류 시기, 매년 왕래하는 선박의 척 수 등을 규정하는 12개 조문으로 되어 있다. 조선 후기까지 기유약조는 조선과 일본의 교린관계를 결정짓는 기본 법규였으며, 이 약조로 인해 쓰시마는 조선과 통교하는 일본의 유일한 창구로 인정받았다.

기유약조에 따라 일본 사절단이 왜관을 방문하면 조선에서는 이를 맞이하는 관리들이 접대를 나간다. 일본 사절단은 두 부류로 나뉜다. 첫째는 매년 8회씩 주로 무역 거래를 위해 왜관에 입항하는 사송선으로, 여기에 탄 사신들을 연례팔송사年例八送使 혹은 연례송사年例送使라 부른다. 둘째는 조선과 일본의 외교관계에서 특별한 현안이 발생했을 때 파견하는 사신으로, 차왜差倭라고 한다. 「동래부사접왜사도」에 그려진 만남은 이러한 외교 의례에 따른 동래부사와 일본 사신의 공식적인 만남이다. 예를 중시하는 조선 정부는 매우 꼼꼼하게 격식을 만들어놓았으며, 공식적인 만남에서는 무엇보다 절차와 예식이 중요했다.

일본 사신들이 왜관에 도착하면 조선의 왕에게 절을 하는 숙배식肅拜式에 함께 참석해야 한다. 임진왜란을 일으킨 난적으로서 감히 왕을 뵈러 서울 도성까지 올라갈 수 없다 하더라도 조선 국왕을 상징하는 전패 앞에서 먼저 신고식을 해야 하는 법. 이러한 숙배식 장면이 「동래부사접왜사도」(국립중앙박물관 소장본) 제7폭에 그려져 있다. 숙배식은 초량객사에서 치러진다. 앞선 「초량

「동래부사접왜사도東萊府使接倭使圖」, 작자미상, 종이에 채색, 18세기, 국립중앙박물관.

왜관도」의 윗부분을 보면 산 능선이 타고 내려와 해안선과 마주치는 끝 지점에 설문設門이 설치되어 있다. 지금 부산역 앞쪽에 세워진 이 설문이 사실상 왜관으로 들어가는 경계선이 된다. 설문을 지나면 바로 오른쪽에서 초량객사를 볼 수 있다. 동래부사 일행이 경계 지점인 설문을 통과해 초량객사에 들어서는 풍경이 「동래부사접왜사도」 제6폭에 묘사되어 있다.

숙배식에서의 만남은 매우 엄숙하면서도 딱딱해 보인다. 왜사 일행은 마당에 절을 하기 위해 무릎을 꿇고 있고, 동래부사 일행은 객사 안과 앞쪽에 서 있다. 객사 안에는 흑단령을 입은 네 명의 관리가 두 손을 맞잡고 의젓한 자세로 서 있다. 동쪽 벽에 있는 두 명이 동래부사와 부산첨사이며, 서쪽 벽에 있는 두 명은 훈도訓導와 별차別差다.[39] 왜사를 접대하는 일은 동래부사뿐만 아니라 부산첨사의 주요 업무였다. 부산첨사는 동래부사와 같은 종3품의 관직이며, 왜관 출입을 통제하고 일본 선박을 감독하는 일을 했다.[40] 훈도와 별차는 통역을 담당하는 관리로서 일본인들을 접대하는 외교 업무에는 반드시 필요한 존재다.

그런데 왜사들은 뜰에서 조선 왕의 상징인 전패를 향해 절하는 것을 불만스럽게 생각했다. 왜냐하면 조선통신사가 에도에 가서 쇼군을 만날 때면 대청 위에서 절을 하는데, 왜사들은 대청 위가 아닌 마당에서 전패를 향해 절을 해야 하기 때문이다. 왜사들은 이를 굴욕스럽게 여긴 듯하다. 그리하여 1637년(인조 15)에 차왜 평성연平成連이 "피차간에 균등한 도리가 아니니 대청 위에서 예를 행하기를 원합니다"라고 청했지만 조선 조정에서는 허락하지 않았다. 궁지에 몰린 왜사는 뜰에서 숙배하는 대신 판자板子를 깔아달라고 부탁했고, 이 의견은 받아들여졌으니 그림 속에도 왜사들이 무릎을 꿇은 곳에 장방형의 자리가 깔린 것을 확인할 수 있다. 이외에도 왜사들이 전패를 향하여 절을 할 때 대청 위에 역관들이 서 있는 것도 불쾌하게 여겼다. 동래부사나 부산첨사는 그렇다 치더라도 역관에게까지 절을 하는 꼴이 되기 때문이다. 왜관의 관수가 직접 항의했지만 조선 조정에서는 받아들이지 않았다.

제7폭의 엄중한 숙배식에 비한다면 제9폭에 그려진, 연향대청에서의 만남은 술과 춤이 겸비된 자리이므로 왜사들에게도 흥겹다. 동쪽에는 동래부사, 부산첨사 등의 일행이, 서쪽에는 왜사 일행이 각자 붉은 포를 두른 교의交椅를 앞에 두고 있다. 이 상에는 7찬의 맛있는 음식이 올라간다. 그런데 각자의 교의 앞에서 편하게 음식을 먹기 위해서는 먼저 술을 여러 차례 돌려 마셔야 했다.[41] 술잔을 돌리는 우리 음주 문화가 요사이 비위생적이라며 비판을 받지만 그 뜻은 상호 간에 의리와 친분을 맺는 상징성에 있다. 연향식에서도 조선의 동래부사와 일본의 정관正官이 서로 잔을 돌려 마심으로써 우호관계를 보여주는 것이다. 후쿠오카의 송년회에서 부산과 후쿠오카 직원들이 문배주를 한 잔에 서로 돌려 마신 것도 협력관계를 높이자는 뜻이 아니었던가.

연향대청 한가운데서는 기생들이 팔을 쭉 펴고 멋진 춤을 추고 있다. 음주가 동반된, 남성들의 만남에서 춤과 악이 빠질 수는 없는 법. 그러나 애초에는 왜사들이 기생들의 이러한 아름다운 춤을 구경할 수 없었다. 임진왜란 이후 여악女樂이 온당치 않다고 여겨 소동小童들의 춤을 보여주었다. 이를 두고 왜사들은 노골적으로 불만을 터뜨렸다. 일본 사절들은 금지된 행위인 서울로의 상경을 주장하면서 위협하다시피 했다. 음악과 예술에 뛰어난 조선 기생들을 왜관의 만남에서 간절히 보고 싶어했던 그들의 기대

「동래부사접왜사도」에는 일본 사신이 왜관에 왔을 때 공식적인 만남과 외교 의례를 하는 장면이 그려져 있다. 여기 보이는 7폭은 숙배식 광경을 묘사하고 있다. 숙배식은 조선의 왕을 직접 알현할 수 없는 일본 사신들이 국왕을 상징하는 전패 앞에서 예를 갖추는 의식이다.

가 한순간 무너졌기 때문이다. 일본 사절들이 여악 공연을 계속해서 주장하자 불필요한 외교 마찰을 꺼렸던 조선 조정은 이를 승인해주었다. 하지만 서울도 아닌 변방 동래에서 여악을 준비하는 일은 순탄치 않았다. 연향대청에서의 공연을 위해 특별히 교방敎坊을 만들고 관기官妓를 차출했으며 기생들에게 가무와 음악을 익히게 했다.[42]

개시대청의 무역과 잘못된 만남?

앞서 말했던 동관의 삼대청 가운데 개시대청 이야기로 돌아가보자. 관수가, 재판가와 함께 개시대청이 동관의 삼대청으로 지목된 것은 그만큼 개시대청의 역할이 중요했기 때문이다. 개시대청은 쉽게 말하면 조선과 일본의 상인들이 거래하는 국제시장이 열리는 장소다. 지금의 상설시장처럼 항상 열리는 것이 아니라 오일장처럼 특정 날짜를 정해서 열었다. 만약 개시대청에서 허용된 무역이 아닌 왜인들의 방에서 몰래 무역을 하면 잠상潛商으로 처벌을 받았다.

일본이 부산에 왜관을 설립하려 했던 이유는 조선과 무역할 수 있는 정기적이고 안정적인 시장을 확보하기 위해서였다. 일본의 막부는 포르투갈 상인의 내항을 금지시키는 등 쇄국령을 포고했음에도 불구하고 무역과 상행위가 단절되는 것은 원치 않았다. 서양과의 교류가 상당히 활발했던 일본 에도 막부는 무역을 통해 물자를 확보하고 나라의 부를 증대시킬 수 있다는 사실을 잘 알고 있었다. 특히 조선에서 수입하는 쌀과 인삼은 일본에서 아주 가치 높은 상품이었기에 왜관에서의 무역을 매우 중시했다.

왜관에서의 조일무역에는 공무역, 사무역, 밀무역이 있다. 공무역은 동래부사의 책임하에 이뤄지는 무역으로 역관이 직접 수입품의 품질을 따져봐서 들이고, 그 대가로 공목公木, 즉 무명을 지급했다. 개시대청에서 이뤄지는 사무역은 개시무역이라고도 하는데 매월 3일과 8일에 열렸다. 개시일에는 동래의 감시군관 등이 문을 지키고, 우리나라 상인은 역관들과 함께 들어가 대청에서 왜인들과 무역을 한다. 자신의 이름으로 패牌를 받고 줄지어 기다리다가 차례대로 매매를 한다. 개시무역이 사무역이라지만 이 무역에 참여할 때 관청의 허가와 감시를 받아야 했으니 완전히 자유로운 무역은 아닌 셈이다. 17세기 후반에 조일무역이 발달해 개시무역에 참여하는 상인이 크게 늘자 동래부는 정액제를 실시해 상인의 숫자를 20~30명으로 조정하고자 했다.[43] 조선 정부는 왜관에서의 상업의 발달은 곧 밀무역으로 이어져 큰 혼란이 초래될까봐 두려웠으므로 일정한 가이드라인을 제시한 것이다.

조선 정부는 백성과 왜인들의 밀무역을 극히 '잘못된 만남'으로 여겼다. 이것은 지금도 마찬가지다. 하지만 상인들 입장에서는 밀무역이 무역세를 지불하지 않을뿐더러 무역품의 종류와 수량도 통제받지 않기 때문에 강력한 유혹을 느낀다. 조선 정부는 왜관에서의 밀무역 행위에 대해서는 엄벌주의로 일관했다. 밀무역에 대한 형량은 조선인이나 일본인 모두 사형으로, 매우 강력히 처결했다.

나는 하루에 한 번씩은 부산박물관 정원에 전시된 약조제찰비約條製札碑 곁을 지나친다. 그때마다 이 비석에 적힌 조문에 따라 사형에 처해졌을 사람들이 떠올라 섬뜩하다. 이 비석은 1683년 일본에 통신사로 갔던 윤지완尹趾完이 쓰시마 주와 전문 5개조에 달하는 약조를 체결하고, 그 내용을 비석에 새겨 조선과 일본 측에 각각 세워둔 것이다. 박물관의 비석은 원래 수문守門에 세워진 조선 측의 비석으로, 용두산 공원 동쪽에 있다가 1978년 옮겨왔다. 이 비석의 5개 조문 가운데 3개 조문이 모두 사형에 처한다는 내용이다. 즉, 금지한 경계를 넘으면 사형, 노부세路浮稅[44]를 준 자와 받은 자도 사형, 개시일에 몰래 각 방에서 비밀리에 매매하는 자도 사형이다. 이러한 엄벌주의가 기록된 약조제찰비는 조선시대의 전근대적 형법철학을 반영한 것임과 동시에 왜관에서 얼마나 많은 잠상 행위가 있었는지를 입증하는 자료다.

약조제찰비는 통신사 윤지완이 대마도 주와 체결한 5개조의 약조를 비석에 새겨 조선과 일본 측에 각각 세워둔 것이다. 이 비석의 5개 조문 가운데 3개가 사형에 처한다는 내용이다. 사진 속의 비석은 왜관 수문 근처에 세워진 것으로 용두산 공원 동쪽에 있다가 1978년 부산박물관으로 옮겨왔다.

그런데 왜관으로 조선인들이 모여든 것은 무엇보다 조시朝市 때문이다. 조시는 왜관의 관문 밖에서 열리는 아침 시장으로 왜관의 특성과 생활상을 잘 드러내준다. 왜관 안에서는 수백 명의 왜인이 살아야 하는데, 공무역과 개시무역으로는 식생활에 필요한 재료들을 제대로 구입할 수 없었다. 왜인들은 생선과 야채 등을 구한다는 명목으로 왜관 밖으로의 난출攔出을 감행했고 이를 통제할 만한 논리도 부족했다. 난처해진 조선 정부는 조시를 통해 생필품 구입을 허락해준 것이다.[45]

조시는 왜관의 수문 밖에서 매일 열렸다. 왜관은 앞서 말했던 북문과 함께 일상적 출입구인 수문, 시신을 운반하는 수문 등 3개의 문이 있었다. 수문은 왜관의 정문으로, 「초량왜관도」를 보면 바로 해안가와 접했고 남북 방향으로 설치되어 있다. 이 수문 밖에서 쌀, 과일, 채소, 생선 등 식료품을 파는 아침 시장은 조선인과 일본인들이 자연스럽게 부딪칠 수 있는 장소였다. 아침 시장에서의 계속된 만남을 통해 조선인과 일본인들은 단골관계를 맺었고, 상대국의 생활 문화를 이해하며 이웃에 전파했다. 아울러 이러한 교류는 지극히 인간적인 만남으로 싹텄다. 말이 잘 안 통하는 왜인이라지만 일본인 남성 대 조선인 여성의 만남이 잦아지자 서로 눈이 맞는 일도 일어났고, 성을 상품화하는 노골적인 매매춘까지 벌어졌다. 조정에서는 젊은 여성들의 출입을 우려하면서 이를 제한해야 한다는 경계의 목소리가 높아졌다.

1709년 동래부사로 부임한 권이진은 국왕에게 올린 상소에서 "우리나라 사람들과 교간交奸하고 싸워 그 모욕이 조정에 이르는 것이 한두 번이 아닙니다. 조시는 날마다 문을 열고 종일 교역하니 그 난잡함이 진실로 조정에서 근심하는 대로입니다"라며 개탄했다. 그는 아침 시장에서 이성간의 만남을 지극히 불온한 것으로 여겨 강력한 통제 정책을 펼쳤다. 쌀 매매는 개시무역으로 대체하고, 채소와 어패류도 아침 전에만 잠시 교역하도록 했다.[46] 왜관의 경계 지점을 상징적으로 표시하는 설문을 설치한 인물도 권이진이었다. 왜인들이 역관을 만난다는 핑계로 초량의 민가에 들어가 잠상 행위를 하고, 남편이 없는데도 부인들과 상대하는 일이 곧잘 일어나자 설문을 세워 경계선을 명확히 한 것이다.

만남과 경계의 파괴: 왜관에서 전관 거류지로

　조선인과 일본인들의 만남이 잦아질수록 조정에서는 왜관의 경계선을 더욱 강화하려고 했다. 조선 조정은 조선인과 일본인이 서로 접촉하면서 나라의 기밀과 정보가 유출될 것을 두려워했으며, 조선인 여성과 일본인 남성의 육체적 만남을 조선의 명예를 크게 실추시키는 풍기 문란으로 여겼다. 또한 일본인들은 동래부와 조선 정부를 압박하는 카드로 의도적인 왜관 난출을 감행했기 때문에 감시와 경계를 주장하는 측이 설득력을 얻었다. 이처럼 왜관에서의 만남을 우려하는 감시의 시선, 경계의 눈초리는 항상 왜관 주변을 맴돌고 있었다.

　조선 정부로서는 임진왜란의 주범인 왜인들의 동향을 감시하는 것이 당연한 일이다. 두모포 왜관 시절부터 조선 군인들의 감시 초소인 복병막伏兵幕이 설치되었다. 용두산을 마주보고 있는 북쪽 산을 복병산이라 하는데, 이 지명은 복병막이 세워진 데서 유래했다. 「초량왜관도」에도 용두산 바로 앞산에 3칸의 작은 건물인 동일복병東一伏兵이 그려져 있다. 이 초소에서는 조선인 장교 1명과 졸병 2명이 항시 근무하면서 왜인들의 월경越境을 주시했다. 원래 초량 왜관으로 이전해온 직후에는 동·서·남쪽에 복병막이 3곳 있었으나 1738년 부임한 동래부사 정형복에 의해 3곳이 더 늘었다.[47] 왜인 전재田才의 꼬임에 의해 왜관의 담을 넘어 왜인들과 간음한 최애춘 사건 때문에 복병막이 추가로 늘어난 것이다. 예의 나라로 자처하는 조선에서 이러한 사건은 용납될 수 없었기에 법에 따라 왜인은 참형되었고, 여성들은 유배형에 처해졌다.

　이외에도 도덕적 해이로 판단되는 사건이 발생할 때마다 조선 정부는 만남을 통제하려는 정책으로 응수했다. 왜관의 내

외를 선명하게 구분짓는 담장도 강화했다. 두모포 왜관에서도 담장을 둘러싼 조선 정부와 왜인 사이의 갈등이 높아갔다. 왜인들은 담장을 자꾸 뒤로 물려 세워 왜관의 면적을 확대하려 했다. 또한 조선인들이 왜관 내부를 들여다보지 못하도록 담장을 높이 세워달라고 요구했다. 왜관을 이전한 뒤 당초 초량 왜관을 경계짓는 선은 흙담장이었다. 「초량왜관도」에서도 보듯 반듯하고 튼튼한, 1273보의 길이와 6자 높이의 돌담장으로 개축된 것은 1709년의 일이다. 이 역시 남녀의 교간交奸 사건으로 인해 지어진 것이다.[48] 하지만 담장을 높인다 하여 먼 타국에서 외톨이로 지내는 일본 남성들의 인간적인 욕구가 줄어드는 것은 아니다. 오히려 담장이 높고 길수록 이를 넘으려는 욕망은 더욱 커지는 법이어서 교간을 둘러싼 범죄와 처형은 끊이지 않았다.

1903년 일본인 거류지의 모습이다. 1877년 체결된 부산구조계조약으로 인해 초량왜관은 일본인의 전관 거류지로 변했다.

200년이 넘게 왜관에서 진행된 국가적 통제와 인간적 욕망의 질긴 싸움은 엉뚱하게도 조선의 개항으로 막을 내렸다. 정확히 말하면, 이것은 일본 내부의 정세가 돌변했기 때문이다. 막번 체제를 물리치고 왕정복고를 이룬 메이지 정부는 조선 후기 내내 이어져왔던 조일 간 선린체제를 완전히 부정했다. 침략적 내셔널리즘으로 정신무장한 일본은 왜관 역시 구체제의 일종이자 파괴의 대상으로 여겼다. 쓰시마를 앞세워 조선과 통교했던 종래의 외교 관례를 부정하고 명치 정부의 외무성이 직접 나서서 왜관을 접수하고자 했다.

물론 전통적인 교린체제를 고수했던 조선이 이를 순순히 받아들인 것은 아니다. 하지만 무력시위를 통해 강화도에서 조인된 1876년의 조일수호조규와 이를 보완하기 위한 조일수호조규부록에 따라 전통적인 선린관계는 깨지고 왜관의 운명은 풍전등화의 처지에 놓였다. 특히 조일수호조규부록의 제3관은 왜관에 설치된 수문과 설문을 철폐하고 경계를 새롭게 정하자는 규정이었다.[49] 왜관의 수문과 설문의 철폐는 왜관에서의 힘의 균등이 깨질 뿐만 아니라 왜관의 존재가 부정됨을 뜻했다. 1877년 부산구조계조약釜山口租界條約은 그렇게 체결되었다. 이 조약은 말 그대로 초량왜관을 조계지로 변모시킨다는 조약이었다. 조선 정부가 교린관계의 차원에서 땅을 빌려주었지만 통제권을 행사했던 왜관은 이제 완전히 일본의 국권에 따라 움직이는 일본인의 전관 거류지로 변했다. 일본인들이 왜관 위에 거류지를 세우면서 수많은 왜관 건축물도 점차 운명을 다했다. 이렇게 왜관에서의 조선인과 일본인의 오랜 만남도, 선린관계의 상징도 아득히 역사 속으로 사라져갔다.

3

영도 할매는
어디에서 왔을까:

영 도 신 의 탄 생 기

신석기인들의 조개 가면

부산박물관에서 근무한 지 1년 만에 영도에 있는 동삼동 패총전시관으로 발령을 받았다. 이따금씩 나는 새벽같이 출근길을 서둘렀다. 김해 집에서 영도까지 차를 몰고 가야 했기에 교통의 번잡함을 피하려는 목적도 있었지만 그보다는 일출의 장관을 보기 위해서였다. 도심에서 이런 장관을 볼 수 있다니, 내게는 정말 행운이었다. 아침 해가 붉게 떠오르는 것도 장관이거니와 전시관과 사무실 창문 사이로 햇살이 투과되면서 붉게 번지는 장면은 언어로 표현하기 어려운 아름다움을 간직했다. 이 햇볕을 가만히 맞노라면 내 영혼까지도 맑아지는 느낌이었다. 영도를 기점으로 동해안과 남해안이 나뉘므로 이곳의 햇살은 동남해안을 모두 아우르는 빛이었다. 게다가 햇살 사이로 물질하러 나가는 해녀들을 보면 마치 제주도 어디쯤에 와 있다는 느낌마저 들게 했다.

아침 햇볕을 즐기다보면 동삼동패총전시관이 세워진 이 장소가 축복받은 땅이라고 생각된다. 동삼동 패총에서 발굴된 유물을 보면 거의 4000년 동안 신석기인들이 이곳에 살았음을 알 수 있다. 수천 년 동안 신석기인들이 동삼동에 거주한 데에는 특별한 이유가 있었다. 동삼동에는 물고기와 어패류를 풍부하게 구할 수 있는 바다며, 움집을 지을 수 있는 햇볕이 잘 드는 양지 바른 집터가 있었다. 주변에는 곡식을 파종해 수확할 만한 토지도 있었을 게다. 이런 장점들이 모여 있는 동삼동은 신석기인들에게 단순히

동삼동패총전시관에 전시되어 있는 패총의 토층이다. 패총에서는 수많은 신석기 시대의 유물이 발견되었는데, 사진에서 보듯이 조개류가 많이 출토되었다.

 패총 유적에서는 석기와 토기, 물고기와 동물뼈, 작살과 낚싯바늘 등 신석기인들이 사용하던 물품들이 출토되었다. 그 가운데 관심을 끄는 것은 조개 가면이다. 조개 가면의 용도는 정확히 밝혀지지 않았지만 의례 목적으로 사용되었을 것으로 추측된다.

살기 좋은 곳이라기보다는 신의 가호와 축복이 있는 곳, 그래서 신성한 공간으로 여겨지지 않았을까.

패총 유적에는 석기와 토기, 물고기와 동물 뼈, 작살과 낚싯바늘 등 당시 신석기인들이 쓰던 물품들이 모두 출토되었다. 대량의 유물 가운데 유달리 곰 모양의 토우과 조개 가면이 돋보였다. 곰의 머리 모양만 남아 있는 이 형상은 흙을 빚어 만들었는데, 당시 동삼동 신석기인들의 곰 숭배 신앙을 추측할 수 있는 단서다. 공포영화 「스크림」에 나오는 가면을 연상케 하는 조개 가면의 용도는 아직까지 정확히 파악되지 않는다. 이 조개는 넓은 부채 모양의 가리비로서 얼굴에 쓰기에는 작으며, 억지로 쓴다 하더라도 눈 코 입이 맞지 않기 때문에 가면은 아닐 것이다. 추측건대 동삼동의 신에게 바치고 기원하는 의례적·주술적 목적으로 사용된 것일 터이다.

조개의 상징에 관해서는 루마니아의 종교학자인 엘리아데 Mircea Eliade가 잘 정리한 바 있다.[50] 엘리아데는 조개의 주술적 가치는 조개의 생김새가 여성의 외음부와 비슷하다는 데서 연유한다고 보았다. 우리나라에서도 흔히 여성의 성기를 조개와 비유하곤 한다. 이런 형상성으로 인해 조개는 여성의 창조력과 수태력受胎力을 상징하게 되었고, 나아가 액이나 악운으로부터 보호해준다고 여겼다. 조개는 종교 의례에서 도구로 사용되기까지 했는데, 토고 원주민들은 마을 입구에 조개껍질로 눈을 해넣은 우상을 세웠으며, 원주민들이 이 우상 앞에 봉헌물로 바친 조개껍질이 쌓여 있었다. 그렇다면 동삼동 패총에서 무더기로 발견된 조개팔찌도 단순히 아름다움을 위한 장식물만은 아닌 것 같다. 엘리아데의 주장에 따르면 조개 목걸이, 조개 장식 팔찌, 조개 그림 등이 모두 여성과 아이들을 액으로부터 보호해주는 주술 도구였다.

영도 할매 해코지설

나는 신석기인들의 의례와 신앙의 공간으로서 동삼동의 의미를 찾아가던 중 다시 부산박물관으로 돌아와야 했다. 신석기인들이 기원했던 신앙의 매듭을 풀지 못한 아쉬움은 자못 컸다. 그런데 영도를 무사히 떠나기 위해 또 다른 신앙과 관련된 고민을

풀어야만 했다. 영도에 살던 주민들이 영도를 떠나기 위해서는 반드시 해결해야 할 숙제……. 그 숙제는 영도에 발을 디뎠다면 한번쯤 들어봤을 '심술궂고 시샘 많은 영도 할매'에게 해코지를 당하지 않고 무사히 영도를 빠져나가는 것이었다. 영도 할매의 해코지를 피해가기 위해서는 이른바 '영도 할매 해코지설'의 본질을 잘 알

1960년대 항공에서 촬영한 영도 일대의 모습으로 대부분을 봉래산이 차지하고 있다. 영도 할매는 영도 섬을 지키는 신으로 영도에서 살다가 영도를 떠나는 주민들을 싫어한다는 속설이 전해지고 있다.

고, 이에 맞는 해결책을 강구해야 했다.

잘 알려져 있듯이 영도 할매는 영도를 지키는 신이다. 경상도 일대의 민간 신앙에서는 마을과 고을을 관장하는 신을 '할매, 할배'라 부른다. 그런데 영도 할매 신은 욕심이 많아서 영도로 들어오는 사람은 좋아하지만 이곳을 떠나가는 사람은 극히 싫어한다. 심술궂은 영도 할매는 영도에 살았던 주민들이 영도를 떠나 자신이 보이는 곳으로 이사를 가면 3년 안에 망하게 한다. 「전설의 고향」과 같은 이야기임에도 영도 주민들은 영도를 떠난 이들이 망하는 이유가 욕심 많은 할매 때문이라고 여긴다.

그렇다보니 영도에 살면서 누가 영도를 떠나 망했다는 소문을 쉽게 들을 수 있다. 내용인즉 영도에서는 사업이 잘되어 부와 행복을 누리던 사람이 영도 바깥으로 이사 간 뒤 쫄딱 망해버렸다는 것이다. 대개 이런 이야기는 영도 할매에게 미움을 받아서 생긴 일이며, 이 사람은 다시 영도에 돌아왔다는 결말로 끝이 난다. 종교와 믿음에 상관없이 이러한 영도 할매의 속설은 주민들에게 광범위하게 퍼져 있다. 영도 주민들이 다른 지역으로 이사를 가면서 영도 할매 이야기는 부산의 경계를 넘어 다른 지역의 주민들에게까지 널리 퍼졌다. 젊은 군인들 사이에서도 영도 할매 이야기가 화제가 되었다. 간혹 영도의 젊은이들이 군대를 가면 다른 지방에서 입대한 젊은이들이 영도 할매 이야기를 묻는다고 한다. 이제 지역과 경계를 뛰어넘은 영도 할매 담화는 전국적으로 구축되는 형국이다.

무분별하게 믿거나 말거나 식으로 전파되다보니 영도 할매 이야기와 다른, 새로운 이야기가 만들어지기도 한다. 대표적인 것이 '10년 살면 해당 없음' 설이다. 이 속설에 따르면 10년 이상 영도에 살았던 주민들은 영도를 떠나더라도 영도 할매의 해코지 대상이 안 된다고 한다. 또 다른 이는 '10년 이상이 아니라 10년 이하'라고까지 주장한다. 10년 이상과 이하라는 근거가 어디에서 나왔을까? 영도에서 이사를 나가야 하는 주민들이 해코지를 당하고 싶지 않은 바람에 만들어낸 또 다른 속설이 아닐까. 영도 할매에게 들키지 않기 위해 저녁에 몰래 빠져나가는 해결책도 등장했다. 이삿짐은 아침에 옮겨놓고 사람들은 저녁에 몰래 빠져나가는 올빼미형까지 생겨났으니 이래저래 꼼수를 부리는 것이다. 봉래산 꼭대기에서 영도 주민의 동향을 꿰뚫고 있는 영도 할매가 저녁에 빠져나간들 알지 못하겠는가.

영도 할매 이야기가 이렇게 강력하게 전승되는 까닭은 주민들이 그만큼 영도 할매를 영험한 신으로 받들었기 때문이다. 개항기 서양의 문물이 쏟아져 들어오는 창구였던 영도에는 일찍부터 천주교와 개신교의 선교활동이 활발했다. 게다가 불교에서 일본의 천리교까지 수많은 종교가 적극적인 포교에 나선 곳임에도 영험한 신 영도 할매가 신앙의 상징으로 이어져온 것은 대단한 일이다. 하지만 영도 할매를 굳건히 믿는 주민들도 정녕 영도 할매가 누구인지, 영도 할매 신앙은 어디서부터 생겨났는지는 잘 알지 못한다.

영도 할매의 실체가 수수께끼로 남겨진 와중에 '영도 할매 해코지설' 자체를 부정하는 주장이 생겨난 것은 당연하다. 이른바 '일본인 조작설'로 영도 할매가 해코지한다는 것은 일본인들의 간악한 꾀로써 생겨났다는 주장이다. 일본인들이 영도의 지형을 일본으로 날아가는 새의 형상으로 오도하며, 이곳에서 돈을 벌어 다른 곳으로 이사를 가면 절명한다는 이야기를 만들어 퍼뜨렸다고 한다. 하지만 영도 할매가 해코지를 한다는 부정적인 인식 때문에 영도 할매 속설이 일본인들로부터 시작되었다고 보는 것은 적절치 않다. 차라리 영도 할매가 없다고 보는 편이 나을 것이다.

영도는 목마장이다

민간 신앙을 연구하는 민속학자에게 영도 할매 이야기는 속신俗信의 하나다. 속신과 속담은 모두 언어적 진술로 표현된다. 속신과 속담을 무 자르듯이 구분할 수는 없지만 대체로 속담은 사고 체계나 교훈의 전승에서 끝나는 반면, 속신은 믿음에서 기인한 행동으로까지 이어진다. 영도 할매 이야기를 듣는 영도 주민들은 영도 할매로부터 해코지를 당하지 않기 위해 나름의 전략적 행동을 취하므로 속신의 영역에 속한다. 또한 속신은 신앙의 영역으로 믿음과 연대의 고리가 된다. 속신이 사람들 사이에 회자되면서 믿음이 강화되므로 속신은 민간 신앙에서는 중요한 역할을 하는 셈이다. 풀어 말하자면 영도 할매는 이러한 속신을 통해 자신의 영험함을 전달하고, 자신에 대한 주민들의 믿음과 신앙을 강화시키는 효과를 본다.

나는 영도의 역사가 말을 키우는 목마장에서 출발했듯이 영도 할매의 속신 역시 이 목마장과 관련이 깊다고 본다. 오래전 영도는 도참圖讖사상의 근원지였다. 도참은 앞으로의 일을 예언하는 것으로, 도참사상은 예언을 믿고 따르는 사상이다. 도참사상은 국가의 흥망성쇠와 관련 있었기에 참언의 후폭풍이 매우 컸다. 한 예로 의자왕 시절에 거북등에 쓰인 "백제는 둥근 달 같고, 신라는 초승달 같다百濟同月輪新羅如月新"라는 참언을 두고 둥근달(백제)은 이

지러지고 초승달(신라)은 찰 것이라고 해석했던 무당은 죽임을 당했다.[51] 이런 참언은 대개 나라가 혼란하고 정세가 요동칠 때 나오는 것으로 왕 입장에서는 매우 민감하게 받아들일 수밖에 없었다.

후백제의 견훤도 참언설을 극히 민감하게 받아들였다. 견훤은 이 참언설 때문에 외교 관례를 무시하고 선물로 주었던 말을 도로 받았다. 잘 알려져 있듯이 후삼국시대에 절영도는 후백제의 땅이었으며, 견훤은 고려 태조 9년(926) 절영도의 명마 한 필을 고려에 주었다. 그런데 이후 "절영도의 명마가 고려에 이르면 백제가 망한다"는 참서讖書의 내용을 듣게 되었다. 깜짝 놀란 견훤은 사람을 시켜 다시 절영도의 명마를 돌려 보내달라고 청했다. 태조는 웃으면서 이를 허락했다고 한다.[52] 당시 후백제의 공세로 코너에 몰렸던 태조가 명마를 웃으면서 돌려줬던 까닭은 무엇일까? 태조는 이 참언을 후백제가 망한다는 예언으로 받아들였기 때문이다.

나는 엉뚱하게도 견훤에게 국가적 망신을 주었던 이 참언이 영도 할매의 속설과 매우 닮아 있다고 생각했다. 물론 당대의 사정에 맞는 소재들이 배치되었다. 속신은 대체로 "하면 ~한다" 혹은 "하면 ~하게 된다"는 형식을 취해 앞부분의 가정과 뒷부분의 결론으로 구성된다. 이를 적용해보면 전자의 참언은 "절영도의 명마가 고려에 이르면"이 가정이요, "백제가 망한다"가 결론이다. 영도 할매의 속신은 "영도 할매가 보이는 곳으로 이사를 가면"이라는 가정과 "3년 안에 망한다"는 결론으로 되어 있다. 이처럼 참언과 속신의 가정을 살펴보면 모두 '절영도에서 나간다'는 모티프로 되어 있다. 그리고 이 모티프로 인해 생기는 결론은 모두 '망한다'로 귀착된다. 왜 절영도에서 나가면 망하는 것일까?

구한말까지도 영도는 절영도絶影島라 불렸다. 이 이름은 그

「동래부」『영남지도』, 25.4×19.3cm, 18세기, 영남대박물관. 절영도라고 표시된 곳이 오늘날의 영도다.

림자가 보이지 않을 정도로 말이 빠르게 달린다는 뜻을 담고 있다. 그 정도로 절영도는 명마의 산지였다. 목장으로서의 절영도는 이미 신라시대부터 자리 잡았는데, 신라는 해안지역 섬에 말을 방목시켰다. 신라는 해도海島에 광활한 초지가 있으며 맹수의 침입을 막을 수 있으므로 목마장으로 적합하다고 여겼다. 7세기 중엽에는 이미 신라의 궁중과 진골 귀족들이 운영하는 공사립 목마장이 적어도 174여 곳이나 있었다고 한다.[53] 그 가운데 단연 절영도의 명마가 돋보였던 듯하다.

신라의 성덕왕은 삼국통일의 위업을 달성한 김유신의 공헌을 높이 평가했다. 그는 조정과 신하들이 평안 무사한 것을 다 김유신의 덕이라 여겨 손자인 윤중允中을 총애했다. 왕족들은 이를 질투하고 시샘했지만 성덕왕의 마음은 변치 않았다. 가을 달빛이 둥글게 무르익은 8월 15일, 성덕왕은 월성月城에서 주연을 베풀면서 신하들의 시샘을 물리치고 윤중을 불러오게 했다. 윤중이 오자 성덕왕은 날이 저물 때까지 김유신의 생애에 대하여 이야기한 뒤 좌우의 군신들이 부러워하는 선물을 주었다. 그 선물이란 바로 절영도의 말 한 필이었다.[54] 김유신의 후예로서 총애를 받는 윤중에게 성덕왕이 준 절영도의 말은 감사와 애정의 표현이었다. 신하들이 부러워했음을 보면 절영도의 말은 신라에서 가장 이름 높은 명마였음을 알 수 있다.

고대사회에서 말은 군사와 교통의 수단으로서 가장 값비싼 재산이었다. 지금의 자동차는 비교가 안 될 정도로 신분과 지위의 상징이었다. 말을 키우고 목장을 관리하는 일이 고대 국가의 중요한 정책이었으므로 신라는 승부乘府라는 관청을, 백제는 마부馬部라는 관서를 별도로 두고 운영할 정도였다. 절영도는 신라와 후백

「적표마도」, 윤두서, 종이에 채색, 18세기 초, 국립중앙박물관. 구한말까지 영도는 명마의 산지였다. 영도의 옛 이름 '절영도'는 그림자가 보이지 않을 정도로 말이 빨리 달린다는 뜻을 담고 있다.

제가 경영하던 목장으로서 이곳에서 키우는 명마들은 세간의 관심을 한껏 받으며 국운國運을 상징하기까지 했다. 육지와 근접하면서도 말을 방목하기 좋은 천혜의 목장인 절영도, 이곳에서 갈기를 휘날리며 뛰는 말들은 국가의 운명을 태운 채 달리고 있는 셈이다. 그러하니 전쟁이 한창이던 시대에 국운을 상징하는 절영도의 명마가 고려로 간다는 사실은 후백제에게 큰 타격이 아닐 수 없었다. 절영도 명마의 존재감을 볼 때 이를 주었다 빼앗은 견훤의 행동은 외교적 결례이지만 수긍이 간다.

신선동 아씨당 전설

후백제에 유행했던 '절영도 말' 참언의 모티프가 영도 할매의 속신에 담겼다고 보는 것은 무리한 해석일까? 분명한 점은 근대까지도 절영도는 국마장으로서의 기능을 담당해왔다는 사실이다. 그 흔적은 영도의 여러 곳에 지명으로 남아 있다. 영도의 봉래동 로터리 부근을 '고리장'이라고 한다. 이곳에서 둥그런 고리 말목을 친 뒤 말을 가두어 검사했기 때문이다. 태종대 근처에는 '감지해변'이라는 곳이 있다. 감지甘池는 팔준마八駿馬들이 목을 적시고 갈증을 면했다는 곳이니 모두 목장과 연관 있는 지명들이다. 지금은 조개구이를 주요 메뉴로 하는 간이식당이 즐비하며, 말이 아닌 술꾼들이 주로 애용하는 장소로 모습이 바뀌었다.

영도의 대표적인 설화를 내게 들어보라 한다면 주저 없이 꼽는 것이 바로 아씨당 전설이다. 아씨당은 영도의 신선동에 있는 마을 제당으로 영도에서는 역사적 유래가 제일 깊은 곳이다. 이러한 마을 제당에는 대개 제당이 건립된 유래를 보여주는 당 신화가 전승된다. 아씨당 설화도 이 아씨당의 건립 배경을 보여주는 당 신화로 영도 문화를 이해하는 최고의 구술담으로 손색없다. 이 설화는 영도의 군마軍馬가 죽어나가는 사건으로부터 시작된다. 설화의 서두를 살펴보면 이렇다.[55]

> 고려 말기에 군마들을 사육하는 본래의 목장은 제주로 정하고, 제주에서 키운 군마는 육지로 보내기 전에 영도에서 임시로 보살피게 했다. 한마디로 영도는 제주도 말의 임시 사육지였다. 제주에서 온 군마는 영도의 남문으로 들어오고, 나갈 때는 영도의 서문을 통과했다. 그런데 남문으로 들어오는 군마는 멀쩡한데 서문으로 나가는 군마는 병사하고 말았다. 그리하여 군마의 책임자인 부산첨사는 말 못 할 근심에 빠졌다.

역사적으로 살펴보면 제주도에서 말을 조정에 진상하고 원나라에 수출하기 위해 본격적으로 목장이 세워진 때는 고려 말이므로 설화의 앞부분은 역사적 사실과 일치한다. 반면 제주도에서 육지로 말을 이동시킬 때 기착지로 영도를 설정한 것은 설화의 상상력이 만들어낸 스토리이며, 역사적 사실과는 무관하다. 그러나 설화는 역사적 사실을 적당히 빚어 만든 창조적 세계다. 설화의 서두에서 중요한 것은 제주에서 멀쩡하게 영도로 들어온 말이 나갈 때는 병사한다는 사실이다. 영도 할매의 속신처럼 영도를 떠나는 사람이 망하듯 제주의 군마도 서문으로 나갈 때면 병이 들어 나자빠졌다. 왜 영도에 들어올 때 건강했던 말이 나갈 때는 병들어 죽었을까? 여기에는 탐라국 여왕의 가슴 아픈 사연이 숨겨져 있었다.

신선동 아씨당 내부 풍경. 영도구 신선동 호국관음사 바로 위에 산제당이 있다. 이 산제당 안에는 아씨당 전설을 품고 있는 아씨당이 세워져 있다. 아씨당 전설은 영도의 역사와 문화를 이해할 수 있는 중요한 구술담이다.

수백 년이 흘러 정발 장군이 부산첨사로 재직하게 되었다. 그러던 어느 날 밤 한 선녀가 정발 장군의 꿈에 나타났다. 선녀는 옥황상제에게 죄를 얻어 천상에서 쫓겨난 뒤로 탐라국의 여왕이 되었다. 그런데 불행하게도 고려의 최영 장군이 탐라국을 군마의 사육지로 삼기 위해 전쟁을 일으켰다. 수백 년 동안 탐라국 주위에는 여왕들이 견고하게 심은 탱자나무가 성처럼 막고 있었다. 그러나 최영 장군은 성 주변에서 몇 해에 걸쳐 재배한 갈대에다 불을 붙여 성을 소멸시키고 침입했다. 탐라국 여왕은 어쩔 수 없이 최영 장군의 화친에 응했을 뿐만 아니라 최영 장군의 연인이 되었다. 최영 장군을 따라 영도까지 오게 된 탐라국 여왕은 이렇게 말했다. "하지만 국가 일에 다망하신 최영 장군은 저의 일편단심을 몰라주셨다오. 독수공방 신세로 지내던 중 그만 최영 장군이 신돈의 음해로 유배되고 말았지요. 나는 장군이 절영도에서 귀양살이를 한다는 풍문을 듣고 천신만고 끝에 이 땅에 왔건만 그 소문은 거짓이고 최영 장군은 찾을 수 없었소. 그렇게 이 몸은 적막한 절영도에서 고독의 영신이 되었으니 누가 날 위로해주겠소? 원컨대 사당을 지어서 나를 모신다면 앞으로 군마도 무병할 것이며, 장차 나를 모신 주민들은 소원 성취할 것이오."

서문으로 나가는 군마가 병사한 것은 탐라국 여왕의 원한 때문이었다. 최영 장군은 제주도를 목장으로 삼기 위해 이를 정벌했지만 제주도 여왕이었던 그녀는 그만 최영 장군을 사랑하게 되었다. 최영 장군은 워낙 국정에 바쁜 까닭에 그녀를 소홀히 하던 중 신돈의 음해로 유배당하고 말았다. 탐라국 여왕은 최영 장군이 유배 왔다는 영도까지 쫓아왔지만 그를 만나지 못하고 고독한 세월을 보내다가 한을 품고 신이 되었던 것이다. 사무친 그녀의 원한이 풀리지 못하니 영도에서 나가는 말들을 병들어 죽게 했다. 탐라국 여왕이 영도에 들어온 뒤에 나가지 못하고 고독한 귀신이 되었듯이 영도에 임시로 들어온 말들은 육지로 나갈 때 병으로 죽고 말았다.

작은 제주, 영도

그녀의 원한을 풀기 위해서는 사당을 지어서 그녀를 신으로 모셔야 한다. 당 신화의 신들은 대체로 이렇게 특정 인물에게 현몽하여 제당을 만들라는 귀띔을 한 뒤 사라진다. 정발 장군이 자신이 꾼 꿈을 상소하니 곧 조정에서는 송상현 동래부사를 시켜 산제당과 아씨당을 짓고는 1년에 두 번씩 제사를 올리게 했다. 이후 군마가 병들어 죽는 일이 없어졌음은 물론이다. 당 신화에 출연하는 인물들은 대체로 비참하게 죽어간 영웅들이다. 정발 장군과 송상현 동래부사는 임진왜란 때 왜군들의 손에 죽임을 당했지만 민중에게 추앙받으면서 당 신화의 주요 인물로 부각되었다.

나는 아씨당에 세워진 안내판에서 이 설화를 읽으면서 오랫동안 전래되었던 후백제의 참언과 영도신이 크게 변모했다고 생각했다. 역사적으로 제주의 말이 영도에 임시로 머물러 사육된 것은 확인할 길이 없으나 제주 사람들이 근대 시기 이주해온 것은 사실이다. 몇 해 전 나는 제주도 박물관 측에서 영도에 뿌리내린 제주 문화를 조사하고 싶다며 도와달라는 요청을 받은 적이 있다. 개항 이후로 제주 사람들의 본격적인 이주가 시작되었는데 그 시발지가 다름 아닌 영도였던 것이다.

영도에서는 제주 해녀들을 쉽게 볼 수 있다. 태종대 자갈마당에 가면 인근 바다에서 갓 잡아올린 해산물을 파는 제주도 해녀들을 만날 수 있다. 동삼동패총전시관 바로 옆에는 제주도 해녀들의 임시 거처인 컨테이너 하우스가 있었다. 해녀들은 이곳에서 잠수복으로 갈아입은 뒤 전시관 앞 바다에서 물질을 시작했다. 때때로 우리에게도 싱싱한 해산물들을 갖다주었다. 나는 해녀들의 인동초 같은 삶을 보며 놀란 적이 한두 번이 아니다. 해녀들은 60~70대 고령의 노인이 대부분인데, 뭍에서는 허리를 구부리고 있어 걷는 것조차 힘들어 보인다. 하지만 바다에 들어가면 바로 물 만난 고기가 되었다.

상군이라 부르는 프로 중의 프로 해녀들은 숨을 1분 동안 참으며, 열 길 물속까지 들어간다. 해녀들은 고무 잠수복과 납을 착용한 채 다섯 시간 동안 물질을 해 많이 잡을 때는 15킬로그램의 해산물을 올렸다. 수십 년 동안 물질을 하다보면 온몸이 고단함은 물론이요 수압에 적응하느라 귓구멍이 작아진다. 바다와의 혹독한 싸움으로 얻은 대가다. 어느 패총 유적지에서는 귓구멍이 작아진 인골들이 발견되는데, 제주도 해녀와 같이 바다 노동에 적응한 진화의 흔적이다.

부산에서는 500여 명, 영도에서는 150여 명의 해녀가 물질을 하고 있다. 그런데 이들은 제주도를 떠나 왜 멀리 영도까지 왔을까? 제주도 해녀들의 디아스포라는 어떻게 시작되었을까? 제주 해녀들이 이주를 결행하게 된 때는 개항 이후다. 해녀들은 조선 전역뿐만 아니라 일본, 중국, 러시아까지 이주했다. 이를 '바깥물질'이라 하고 제주를 떠난 해녀들을 '출가 해녀'라 한다. 해녀들

영도 해녀가 물질을 끝내고 힘겹게 뭍으로 올라오고 있다. 해녀들은 고무 잠수복과 납을 착용한 채 다섯 시간 이상 물질을 한다. 많을 때는 15킬로그램의 해산물을 잡아올렸다.

의 이주는 그야말로 식민지 바다에 대한 착취의 역사요, 식민지 경제에서 살아남기 위한 투쟁의 역사였다. 개항으로 인해 어장 침탈의 호기를 얻은 일본인들은 제주도를 근거 삼아 엄청난 수탈을 시작했다. 발전된 근대 어법으로 해산물을 마구 잡아대니 제주도 어장이 황폐화되고, 어패류의 씨까지 말라갔다. 그러다보니 다른 연해의 어장으로 확장을 도모하게 되고, 제주도에서 해산물을 찾기 어려워진 해녀들은 멀리 삶의 터전을 찾아 떠났다. 또한 일본으로의 수출과 해산물의 수요가 크게 늘었으니 해녀들은 목돈을 벌기 위해 바다 멀리까지 나아가는 물질을 감행했다.

해녀들이 처음으로 바깥물질을 시작한 시발지를 두고 논란이 있지만 부산 영도라는 설이 설득력을 얻는다. 왜냐하면 해녀들을 움직인 자들은 객주였으며, 이 객주에게 돈을 대준 이는 부산을 근거지로 한 일본인 해조 무역상이기 때문이다. 부산으로 바깥물질이 시작된 이유는 해초인 우뭇가사리를 채취하기 위해서였다. 우뭇가사리는 일본에서 비단 산업과 공업용 원료로 쓰이면서 크게 각광을 받았다. 해녀 노래 가운데 "이여싸나 이여싸나"라는 후렴구가 달린 노래가

이제 막 물질을 끝낸 해녀가 잠시 쉬고 있다. 영도 중리항 해안가에는 해녀촌이 있다. 이 해녀촌에서는 제주 해녀들이 거주하면서 영도 바다에서 잡은 해삼과 멍게 등 수산물을 판매한다.

있다. 바깥물질을 나가면서 배에서 노를 저을 때 힘을 붙여주는 노동요다. 이 노래는 "이여싸나 이여싸나 성산 일출 브려두고 소완도로 가는구나"로 시작해 "등바당을 넘어간다 다대끗을 넘어가민 부산 영도이로구나 이여싸나 이여싸나"로 끝난다. 성산포 바다를 출발해서 다대포를 지나 목적지인 부산 영도로 가는 장면을 차례대로 부른 노래다.[56] 이처럼 '이여싸나' 해녀 노래에서도 바깥물질의 종착지는 부산 영도였다.

    나는 아씨당 설화에 등장하는 탐라국 여왕이 개항 이후 출가 해녀와 함께 제주도에서 영도까지 이주해왔다고 생각한다. 탐라국 여왕은 사랑하는 연인인 최영 장군을 만나려고 온 반면, 출가 해녀들은 물질의 대상인 해산물을 찾아서 왔다. 그러나 어떻게 보면 최영 장군은 출가 해녀들이 그토록 바라 마지않던 싱싱한 해산물의 비유일지 모른다. 억지춘향 격으로 한번 맞춰보면 신돈의 음해는 일제의 바다 자원에 대한 착취를, 최영 장군의 유배는 수산물의 고갈을, 그로 인한 탐라국 여왕의 이주는 새로운 어장을 찾아 나선 제주 해녀의 출가를 비유하는 것이 아닐까. 해녀들은 영도에서 해산물을 채취해 고향으로 돌아가는 어로활동을 되풀이하다가 점차 영도에 정주했다. 지금은 제주 출신 주민이 3만 3000여 명으로, 영도 인구의 23퍼센트나 된다. 그런 까닭에 영도는 '작은 제주'가 되었다. 작은 제주도에는 제주도민회관이 설립되었고, 제주은행이 들어서서 다른 은행들과 어깨를 나란히 하며 영업을 하고 있다. 영도에서는 제주 출신 인사들의 입김을 배제하고서 선거에 당선될 수 없다는 사실도 잘 알려져 있다.

영도 할매, 영등 할매, 봉래산 산신

해녀들에게 영도 할매는 '영등 할매'였다. 영등 할매는 해녀들이 끔찍하게 위하는 신이다. 제주도 해안가 마을에서는 음력 2월이 되면 영등 할망을 위하는 영등굿을 크게 벌인다. 영등 할망은 바람을 몰고 오는 풍신風神이다. 음력 2월은 꽃샘추위가 찾아들고 바람도 불기 시작하는 계절로 영등 할망이 이때 하늘에서 내려

부산대교가 건설되지 않은 1970년대 중구에서 바라본 영도의 풍경이다. 건물이 가득한 대교동과 영선동 뒤에 봉래산이 우뚝 솟아 있다. 봉래산은 동쪽 바다 한가운데 신선이 살고 있다는 뜻이다.

영도 해안가에 늘어선 어선들. 영도로 이주한 제주 해녀들은 해상 안전을 기원하고 해산물을 많이 채취하게 해달라고 풍어제를 지내왔다.

온다고 한다. 해녀들은 영등굿을 펼쳐 영등 할망에게 해상의 안전을 기원하고 해산물을 많이 채취하게 해달라고 간절히 기원한다. 바다에서 생업활동을 하는 해녀들은 항상 해상 사고의 위험에 노출되어 있다. 이런 거친 삶을 헤쳐나가는 해녀들에게 영등 할매는 꼭 필요한 신이다. 영도로 이주한 제주 해녀들은 영등굿을 올리지 않는 대신, 동삼동 어촌계에서 주관하는 풍어제인 동삼동 별신굿을 통해 풍어와 안전을 기원한다.

　제주 해녀들이 영도 할매를 영등 할매로 부르곤 하지만, 엄밀히 말하면 두 할매의 신격은 다르다. 영도 할매는 영도라는 섬을 관장하는 지역신인 반면, 영등 할매는 전국적으로 분포하는 바람신이다. 제주도에서처럼 큰 굿으로 영등 할매를 모시지는 않지만 부산에서도 음력 2월이면 가정마다 영등 할매를 위한 의례를 간단히 올린다. 바람신인 영등신은 농사일에도 관여해 풍농을 가져다준다고 믿기 때문이다.

　바다에서 일하는 해녀들에게 영도 할매가 영등 할망으로 인식되듯이, 각자가 처한 환경에 따라 영도 할매를 조금씩 다르게 받아들인다. 영도 할매를 봉래산 산신山神으로 혹은 봉래산 삼신으로 부르는 이들도 있다. 그런데 산신과 삼신은 다르다는 점에 유의해야 한다. 산신은 봉래산을 지키고 관장하는 신이며, 삼신은 아이를 점지하고 출산하게 해주는 신이다. 삼은 한문이 아니라 우리나라 말에서 나왔다는 견해가 지배적이며, 아직 정확한 뜻은 밝혀지지 않았다. 산신은 대체로 마을의 수호신이지만 삼신은 가정신으로 모셔진다. 삼신은 산육産育을 담당하므로 산신産神으로 일컫는 이도 있지만 어쨌든 산신山神과는 다르다. 영도 할매는 마을과 섬을 지키는 신이므로 삼신보다는 산신으로 해석하는 것이 적

영도 대교동 항구에서 영도경찰서와 영도대교(임시교량)를 보고 촬영한 장면이다.

합해 보인다.

　　부산 끝자락에서 남해를 바라보는 절영도는 신성한 땅이었다. 통신사들이 일본으로 출항하기 전에 절영도에 와서 순풍을 기원하는 제를 올렸으며, 절영도에는 신을 모시는 신사神祠가 세워졌다. 조선시대에는 가뭄이 심해지면 동래부사가 태종대에서 기우제를 지냈으며, 태종대 앞바다 주전자 섬에서는 불을 피우거나 용변을 보는 일이 금기시되었다. 모두 영도를 제사와 신앙의 공간, 신성한 섬으로 여겼기 때문이다. 후백제 시기 국운을 상징하는 명마의 산육지로서뿐만 아니라 신을 모시고 제사를 지내는 성스러운 섬으로 영도는 맥을 이어왔다. 영도가 시끄러워지고 지극히 세속화된 것은 개항 이후였다. 러시아는 영도를 해군 기지로 삼으려 했으며, 일본은 영도에 석탄 저장고를 설치하려 했다. 끝내 실현되진 못했지만 제국 열강들의 조계지로도 선정되었다. 부산으로 들어오는 길목에 위치한 영도 땅을 먼저 차지해 기세를 올리려는 열강들의 각축장으로 전락하고 말았던 것이다.

　　이처럼 식민지의 어둠이 깔리는 와중에도 영도 할매의 위세는 꺾이지 않았다. 영도 중앙에 우뚝 선 봉래산이 건재했기 때문이다. 멀리서 영도를 바라보면 봉래산이 곧 영도인 듯한 착각에 빠질 정도로 봉래산 산세는 영도를 지그시 감싸고 있다. 그러하니 영도 주민들이 영도 할매를 봉래산 산신으로 받드는 것은 필연적이다. 우리나라 산신 신앙은 고대로 거슬러 올라간다. 산악 지형이 국토의 70퍼센트를 넘게 차지하는 우리나라에서는 고대 국가가 들어서기 전부터 산을 숭배하는 신앙이 태동되었으리라. 신라는 국가 의례의 하나로 산신 신앙을 받아들여 3산5악에 정기적으로 제사를 올렸다. 이후 국가가 산신을 제사지내다보니 역대 왕이

─── 영도 신선동의 산제당이다. 이곳에서는 아씨당과 산신당을 함께 세워두었다. 우리나라 사람들은 고대부터 산을 숭배했고, 마을에서도 산신을 수호신으로 모셨다. 지금도 마을 제사를 지낼 때면 먼저 산신당에 찾아가 의례를 한다.

산신으로 좌정하는 일도 생겨났고, 나라를 지키는 호국신앙으로 변화되었다.

산신 신앙은 기성 종교와도 소통했다. 우리나라 사찰 뒤에는 대개 산신각이 있는데, 이것은 불교에서 우리나라의 민간 신앙을 받아들인 결과다. 산악 숭배가 주요 흐름으로 자리 잡으면서 산신은 마을의 수호신으로 내려왔고, 마을의 진산鎭山에는 반드시 산신당이 세워졌다. 지금도 마을 제사를 지낼 때면 먼저 찾아가 의례를 베푸는 곳이 산신당이다. 산신에게 먼저 고하고 나서야 본격적으로 마을 제당에 있는 신들을 모실 수 있으니 산신은 다른 신보다 격이 높다. 신선동의 아씨당 뒤에는 산신도를 모셔둔 산제당이 있다. 음력 1월 14일, 9월 14일 자정에 제의를 지낼 때 먼저 이곳에서 제사를 올린다.

영도 할매의 속신을 푸는 열쇠

다시 영도 할매의 속설로 돌아가보자. 영도에 머물렀던 내가 그냥 부산박물관으로 떠나기도 찜찜하거니와, 명색이 민속학자인데 영도 할매의 매듭은 풀어야 한다는 오기도 발동했다. 영도 할매의 속신을 해석하기 위해서는 무엇보다 속신에 담긴 장소성과 시간성, 그리고 이를 버무려둔 민간의 관념을 이해할 필요가 있다. 속신에서 흥미로운 점은 '영도 할매가 보이는 곳'으로 한정짓고 있었다는 것이다. 그렇다면 '영도 할매가 보이지 않는 곳'으로 이사 간다면 해코지를 당하지 않는다는 말인가? 실제로 그랬다. 영도 할매 해코지설을 강하게 믿는 영도 주민들은 영도 할매가 보이는 중구, 동구, 서구, 남구가 아닌 영도 할매가 볼 수 없는 곳인 연제구나 금정구, 해운대구 등을 택해 이사를 간다. 그러나 보이지 않는 곳으로 이사 간 주민들이 모두 무탈하게 잘 살고 있는지는 확인할 길이 없다.

그렇다면 보이는 곳과 보이지 않는 곳의 장소성은 어떻게 구분되는가? 보이는 곳의 장소성은 영도에서 제일 높은 곳, 즉 봉래산 정상에서 내려다본 전망이었다. 이를 통해서도 영도 할매는 봉래산 산신이라는 사실이 명확해졌다. 봉래산 정상에서 바라보면 제일 먼저 눈에 들어오는 곳은 과거의 도심지였던 중구의 원도심권 일대다. 반대로 봉래산 정상에서 보이지 않는 곳의 장소성은 부산의 다른 산들로 인해 시야가 막힌 곳이다. 가깝게는 천마산이나 구덕산, 좀 멀게는 백양산이나 황령산 자락 반대편 지역이 보이지 않는 곳이다. 그런데 잘 살펴보면 봉래산 정상에서 보이는 곳과 보이지 않는 곳의 장소성은 단순히 시야에 따른 구분이 아니다. 그것은 산신의 관할 구역이 달라짐을 의미한다. 과거에 지역의 경계는 흔히 산의 경계로 나뉘었으며, 산의 경계에 따라 산신의 관할 범위도 달라졌다. 아무리 기가 센 영도 할매(봉래산 산신)라 한들 백양산 산신이나 금정산 산신이 관할하는 구역까지 침범할 수는 없는 법이다. 영도 할매의 해코지에서 벗어나기 위해 다른 산신이 관할하는 지역으로 이사 간다는 전략은 꼼수가 아닌 묘책이었다.

다음으로 속신 결론부의 '3년 안에 망한다'는 시간성은 어떻게 설정한 것일까? 3년을 무사히 버티면 영도 할매의 해코지에서 벗어난다는 뜻일까? 우리나라 사람들은 전통적으로 3이라는 숫자를 완벽한 수리 혹은 행운의 숫자로 인식했는데, 불행의 주기 역시 3년으로 셈했다. 각종 액운이 찾아오는 삼재는 9년마다 주기적으로 찾아와 3년 동안 머무르며, 삼재가 든 첫해를 들 삼재, 둘째 해를 누울 삼재, 셋째 해를 날 삼재라고 한다. 삼재의 시간성과 마찬가지로 영도 할매의 해코지 기간도 3년인 것은 3이라는 숫자의 전통적인 관념에서 비롯되었다. 그러므로 앞서 말한 10년 이상 살면 괜찮다는 속설은 전통적인 수리 관념과 맞지 않다. 차라리 9년(3×3년)이라는 기간으로 속설을 만들었다면 설득력을 얻었을 텐데 말이다. 어쨌든 삼재가 3년 이후에 떠나듯이 3년을 버티면 영도 할매의 해코지에서 벗어나는 것이니 이사한 뒤 3년이 지났다면 안심해도 괜찮지 않을까.

이런저런 생각을 하다가 나는 영도 할매 바위가 있다는 봉래산 정상에 오르기로 마음먹었다. 논리적으로 따지는 것보다 주민들이 신성하게 여기는 영도 할매 바위를 직접 보면 영감이 떠오를 듯했다. '손자 봉우리'라는 손봉孫峯에 오르니 푸른 바다가 눈에 들어오기 시작했다. 다시 얼마를 더 가니 '손봉의 아비'라는 자봉子峯을 지나고 곧 정상에 이르렀다. 봉래산 정상의 할매 바위는 특별한 형상을 갖기보다는 바위 몇 개가 서로 의지하면서 모여 있는 형태였다. 주민들은 이 영도 할매 바위를 신성하게 여겨 함부로 올라가지 않으며, 이곳에서 기도를 드리는 모습도 흔히 볼 수 있다.

영도 할매가 있는 정상에서 산 아래를 바라보니 부산항과 오륙도를 비롯한 주변 풍광이 한눈에 들어왔다. 가슴이 시원해지며 머리도 맑아졌다. 주변에 펼쳐진 바다를 찬찬히 살펴보니 불현듯 영도가 섬이라는 생각이 들었다. 영도다리와 부산대교가 개통되어 육지와 연륙되었고 교통과 왕래에 불편함이 없다보니 영도가 섬이라는 사실을 잊고 있었다. 그렇다. 영도 주민들은 섬사람으로서 어업에 종사하는 이들도 많았다. 작은 섬에 정착해 살다보면

영도할매바위에서 기도하는 등산객. 봉래산 정상에 가면 할매바위 앞에서 잠시 기도를 드리고 다시 하산하는 등산객들을 볼 수 있다. 영도 할매는 단지 속설만이 아닌 영도 사람들의 마음에서 마음으로 전해지는 신이다.

서로 도우면서 의지하고, 섬사람으로 향토색이 강해지기 마련이다. 일제강점기 이후 영도에는 각종 공장과 산업시설이 들어서 다른 곳에 비해 일자리를 구하기도 수월한 편이었다. 작은 섬 영도에서 조밀한 인적 네트워크의 혜택을 받다가 넓은 땅 육지로 나가면 생면부지의 틈바구니 속에서 혹독한 경쟁과 속임수까지 감내해야 한다.

그렇다면 영도 할매 속설은 순박한 영도 사람이 육지로 진출했을 때 부딪힐지 모를 고난에 대한 경고로 이해할 수 있지 않을까? '영도 할매가 보이는 곳으로 이사를 가면 3년 안에 망한다'는 속신을 심술궂은 영도 할매가 벌이는 해악으로 이해할지, 아니면 정글과 같은 육지로 나가는 영도 사람들에게 주는 예고로 받아들일지는 전적으로 자신의 몫이다. 분명한 사실은 영도 할매는 쩨쩨한 신이 아니라는 것이다. 봉래산은 모든 영도 땅을 감싸안는 어머니의 품과 같은 형상을 하고 있다. 영도에 들어오는 사람도, 아니면 영도를 떠나는 사람도 모두 감싸 안고 보듬어주는 봉래산. 이곳의 산신인 영도 할매는 다름 아닌 어머니의 품이다.

—

일제강점기에는 봉래산을 '목이 마른 산'이라고 하여 고갈산沽渴山이라는 이름을 붙였다. 2009년 영도구청에서 봉래산 정상에 있는 표지석을 교체할 때 그 아래에서 일제가 박아둔 쇠말뚝이 발견되었다고 한다. 일본인들도 봉래산 산신인 영도 할매를 두려워하고, 이곳의 정기를 막기 위해 쇠말뚝을 박은 모양이다. 영도구청에서 이 쇠말뚝을 제거한 뒤 영도에서 처음으로 고시 수석 합격생이 나왔다고 전해진다. 봉래산 쇠말뚝이 하나의 속신으로 진화하는 장면을 목격했는데 어쨌든 좋은 소식이라 기쁘다.

4

기장군의
동해안별신굿은
풍어제일까:

기 장 사 람 들 의 마 을 축 제

살아서 꼭 봐야 할 곳

요즈음 '죽기 전에'라는 수식어가 유행이다. 죽기 전에 해야 할 일, 죽기 전에 읽어야 할 책, 죽기 전에 봐야 할 영화, 죽기 전에 가봐야 할 여행지 등등 '죽기 전에' 시리즈는 제 모습을 바꿔가며 쓰임새를 넓히고 있다. 왜일까? 죽음 앞에서 모든 사람은 숙연해지기 때문이다. '죽기 전에'를 보는 순간 사람들은 반드시 해야 할 일로 느끼고, 만약 하지 않는다면 크게 후회할 거라 생각한다. 마케팅 전략이 만들어낸 착시 현상임을 알면서 나 역시 마음이 동요되는 것은 어쩔 수 없다.

하지만 '죽기 전에' 상업 전략은 사람들을 먼저 죽음 앞에서 두렵고 무기력하게 만든 뒤 어떤 일을 강제하게 만든다는 점에서 부정적이다. 이에 반해 긍정적인 마케팅을 제안해본다면 '태어나서 반드시' 혹은 '살아서 꼭'이다. 나는 부산의 마을 중에서 '살아서 꼭'이라는 수식어를 붙여서 관심을 끌고 싶은 곳이 있다. 정말 이곳은 가보지 않는다면 후회할 정도로 아름다운 동해안 어촌이다. 바로 기장군 죽성리 두호마을. 좀더 구체적으로 말한다면 두호마을 뒷산 정상에 있는 국수당(혹은 국시당)이다.[57] 국수당은 두호마을의 제당이다. 국수당은 마을의 수호신인 할배신에게 마을의 평안과 풍요를 비는 제사를 지내는 장소다.

마을 제당은 우리나라 전역에 분포해 있어 쉽게 볼 수 있는 민속이다. 국수당도 3.3제곱미터가 채 안 되는 작은 건물에 불

국수당은 기장군 죽성리 두호마을의 마을 제당이다. 이곳은 두호마을 수호신인 할배신에게 마을의 평안과 풍요를 비는 제사를 지내는 공간이다. 두호마을에서는 5년에 한 번씩 동해안별신굿을 치른다.

과하다. 그럼에도 전국에서 손꼽히는 아름다운 전망을 겸하고 있는 곳이다. 나는 일광 해수욕장을 찾아갔다가 길을 잘못 들어 이곳에 이르렀다. 국수당을 우연히 봤을 때 나도 모르게 탄성이 흘러나왔다. 아, 국수당은 '살아서 꼭 봐야 할 마을 제당'이었다. 국수당은 두호마을 뒷산 정상에 있었다. 두호마을 앞으로 펼쳐진 망망대해가 한아름 달려오고, 해안선을 따라서 기암괴석들이 파도를 맞고 있다. 해안가를 장식하고 있는 거대한 바위들은 특이하게 누런색을 띠고 있다. 그래서인지 누런 학이 날개를 펴고 있는 모습이라 불리는 황학대黃鶴臺라는 바위가 있다. 암반 가운데는 어사암御史巖도 있다. 어사암은 원래 매를 닮았다 하여 매바위라고 부른다. 그러던 중 조선 말기의 어사御史 이도재가 기생 월매月梅와 풍류를 즐긴 뒤에 어사바위라는 이름이 생겼다고 한다.[58]

　　이렇게 국수당에서 보는 동해안의 어촌 풍경도 아름답지만, 멀리서 보는 국수당의 전망 역시 아름다웠다. 국수당은 거대한 해송(부산시 기념물 제50호)에 포위되어 있었다. 거목 사이에 지어진 국수당은 멀리서 보면 마치 하늘로 뻗은 나뭇가지 사이에 새가 둥지를 튼 모양새다. 그런데 막상 가까이 가보면 곰솔이라 불리는 이 해송은 한 그루가 아니었다. 여섯 그루의 나무가 저마다의 방향으로 자라나 한 그루의 웅장한 나무로 보이는 것이다. 이 노거수는 수령이 약 300년으로 추정된다. 마을 제당은 건물과 나무가 한 묶음으로 어우러질 때가 많으므로 국수당은 해송의 역사와 함께한 것으로 추정할 수 있다.

　　두호마을은 조선시대 군사요충지였다. 동해안을 관찰할 수 있는 탁 트인 조망 덕에 수군 기지인 두모포영豆毛浦營이 이곳에 있었다. 두모포에서 보면 동래와 울산으로 가는 배들의 동태를 자세히 감시할 수 있다. 뛰어난 조망 덕에 왜선을 감시하고자 한 두모포가 되레 적들에게 이용당하기도 했다. 임진왜란 때 왜장 구로다 나가마사黑田長政가 수천 명의 백성을 동원해 두모포 진 성 위에 왜성을 쌓은 것이다. 지금도 국수당 인근에는 견고한 왜성이 우뚝 솟아 있어 두호마을 조망의 역사가 어떻게 변천해왔는가를 보여주고 있다. 임진왜란 이후 두모포영이 동래현 수정동 바닷가로 옮겨가면서 두모포라는 이름도 가져갔다. 이제 두모포 옛 지명의 자취는 두호마을에서 떠올릴 수 있게 되었다.

그러나 아름다운 조망과 역사의 자취만으로 감히 살아서 꼭 봐야 할 마을 제당이라는 표현을 쓸 수 있겠는가. 이곳에는 아름다운 유형 자원 외에도 민속적 가치가 높은 무형 자원이 공존하고 있다. 국수당은 동해안에서 가장 유명한 전통 축제이자 볼거리가 풍성한 동해안별신굿이 연행되는 장소다. 이 동해안별신굿은 민속학자들에게는 살아서 꼭 봐야 할 민속이다. 전통 음악과 예술의 뛰어난 기량을 잘 보여주거니와 현재까지 마을 축제의 규범으로 전승되기 때문이다. 동해안별신굿은 두모포영과 같이 사라져버린 역사가 아니라 여전히 두호마을에서 '살아 있는' 민속이기에 우리가 살아서 꼭 봐야 할 전통 축제인 것이다.

골맥이신과 동해안별신굿

국수당의 아름다운 전망에 반해버린 나는 언젠가 이곳을 현지조사 해야겠다고 굳게 마음먹었다. 간절히 원하면 기회가 생기는 법. 몇 달이 지났을 무렵 국립문화재연구소에서 기장군의 가정신앙을 조사해달라는 의뢰를 해왔다. 조사지의 하나로 두호마

─────── 두호마을 해안가의 바위들이다. 해안가를 장식하고 있는 거대한 바위들이 특이하게 누런색을 띠고 있다.

———— 두호마을 해안가 풍경이다. 마을 앞에는 이렇게 망망대해가 펼쳐져 있다.

―――― 국수당을 포위하고 있는 거대한 해송은 300년 세월을 살아남았다. 국수당과 해송을 멀리서 보면 새가 나뭇가지 사이에 튼 둥지 같다. 가까이 가보면 곰솔이라 불리는 해송은 한 그루가 아니라 여섯 그루의 나무다.

을을 선정한 것은 물론이다. 몇 차례 두호마을을 방문하면서 운 좋게도 3대째 이 마을에 살고 있는 장영수 할아버지를 만났다. 그는 오랫동안 이장을 맡아왔기에 마을의 대소사나 마을 제사를 훤히 꿰뚫고 있었다. 그는 이렇게 말했다.

"이 마을에서는 나씨 할매를 수호신으로 모셔. 지금은 나씨가 없지만 예전에는 나씨 씨족들이 살았지. 나씨 할매가 처음에 이 마을에 산 것 같아. 풍어제 할 때는 나씨 할매를 모셔두고 굿을 하지."

두호마을에서 모시는 마을의 수호신은 나씨 할매다. 나씨 할매는 흔히 골맥이(골매기, 골목)신의 일종이다. 기장군 어촌뿐만 아니라 경상남북도, 강원도 남부의 어촌 마을에서는 골맥이 신앙이 퍼져 있다. 민속학자 장주근은 '고을막이'가 변해 '골맥이'가 되었다고 해석했다.[59] 골맥이신은 고을을 막아주고 보호해주는 마을의 수호신이라는 뜻이다. 두호마을의 나씨 할매에서도 보듯이 골맥이 신앙의 특징은 특정 성씨의 조상을 마을의 수호신으로 숭배한다는 점이다. 애초에 골맥이신은 마을에 처음으로 들어온 입향조入鄕祖나 거주지를 일구고 마을을 연 개척조다. 시간이 지나면서 마을이 커지고 주민도 많아져 한 성씨의 조상신이 마을의 수호신으로 좌정하게 된 것이다.

두호마을의 골맥이신 나씨 할매를 모셔두고 굿을 하는 풍어제가 동해안별신굿이다. 마을 주민들은 동해안별신굿을 별순굿, 별선굿, 별신굿, 풍어제 등으로 부른다. 나는 두호마을의 동해안별신굿은 언제 하는지 궁금해 그에게 물어보았다. 즉시 대답이 돌아왔다.

"옛날 풍어제는 7년에 한 번씩 하고 그랬어. 굿하고 난 뒤에 대를 잡아서 몇 년 뒤에 할까 물어봤지. 대 잡은 사람이 5년, 6년, 7년이라고 말하면 그대로 따랐어. 대를 잡으면 자기 정신이 아냐."

마을 주민 중에 신기神氣가 있는 사람이 대를 잡는다. 대를 잡으면 대를 통해서 신이 들어오고, 무당은 이 신에게 동해안별신굿을 언제 할지 물어보는 것이다. '자기 정신이 아니다'라는 말은 신이 빙의된 터라 자기 의지대로 할 수 없다는 뜻이다. 장영수 할아버지의 말처럼 동해안별신굿은 매년 치르는 행사가 아니라 5년 이상 터울을 두고 벌이는 큰 굿이다. 그는 두호마을에서 2002년 음력 정월 3일부터 9일까지 일주일간 동해안별신굿을 치렀으므로 2007년 음력 정월 초가 되어야 다시 별신굿이 열린다고 했다.

별신굿은 특별한 제사라는 의미로 별제別祭라 한다. 매년 지내는 정기적인 마을 제사와 다르게 특별한 해를 정해서 치르는 비정기적인 의례다. 별신굿은 우리나라 곳곳에 분포해 있다. 그중 동해안별신굿은 동해안 지역의 어촌을 중심으로 대규모로 행해지는 마을 굿이다. 조용하고 엄숙한 유교식 동제洞祭와 달리 무당이 참여하고 춤과 음악이 따르는 대동굿이다. 이는 신을 모시는 의례이자 주민들이 함께하는 축제다. 그리하여 과거 별신굿은 거대한 난장판이요, 일상이 멈추는 카오스의 세계였다. 별신굿을 하면 탈놀음, 인형극, 잡희, 예인들의 춤과 노래, 씨름, 줄다리기 외에 도박과 매춘까지 벌어지는 무질서와 비일상의 장이 펼쳐진다.[60]

동해안별신굿을 행하는 지역은 강원도 고성에서 부산 동삼동까지 매우 길게 뻗어 있다. 남북이 분단되기 전에는 북한의 동해안 지역도 예외가 아니었다. 동해안별신굿의 대가였던 고故 김석출 옹에 따르면 나라가 반으로 나뉘기 전에는 함경북도 서수라西

水羅를 거쳐 무단장牡丹江을 건너고 만주 봉천까지 돌아다니며 굿을 했다고 한다.61 서수라는 우리나라 최북단에 있는 항구이며, 무단장은 중국 헤이룽장 성 동남부에 있는 도시다. 동해안별신굿의 문화권역은 우리나라 동해안 최북단에서 최남단까지뿐만 아니라 만주지역까지도 뻗어 있었던 것이다.

    1960년대에는 부산 기장군 외에도 해운대구를 비롯해 수영구 민락동 등에서도 동해안별신굿을 크게 벌였다.62 그러나 도시화로 인해 어촌의 전통적 사회 구조 및 어민들의 생활 방식이 크게 바뀌어 동해안별신굿도 점차 자취를 감췄다. 동해안별신굿과 어촌의 공동체 의식은 서로 맞물려 있다. 마을 주민의 공동체 의식이 높을수록 별신굿을 전승시키려는 의지도 강하다. 어촌은 해상에서 거친 조업을 하기 때문에 늘 사고 위험이 도사리고 있다. 그리하여 마을 수호신에게 조업의 안전과 어민의 평안을 비는 믿음이 계속 이어진다. 하지만 이제 연안과 근해 어업의 비중은 줄어들고 원양어업이 주를 이루며, 어촌의 종래 기능은 약해져 횟집거리와 관광지로 변모하는 추세다. 그런 결과일까? 부산에서는 기장군과 영도구 동삼동이 유일하게 동해안별신굿을 전승하는 지역이 되었다.63 기장읍의 공수·대변·두호마을과 일광면의 학리·이천·칠암 마을 등 6곳이 동해안별신굿을 전승시키고 있다.

부산에 축제가 있을까

    축제는 흔히 축祝과 제祭가 포괄적으로 표현되는 문화 현상이라고 한다. 축제의 기원은 종교에 있다. 우리나라 고대 제천의식인 고구려의 동맹東盟, 부여의 영고迎鼓, 예의 무천舞天 등을 비롯해 페루의 태양제, 마야인의 신년 의식 등은 모두 종교 행사에서 출발했다.[64] 축제 시기도 종교 일정과 결부되어 있다. 농작물을 수확해 신에게 바치는 천신薦新 기간에 맞춰 벌어지는 대규모 축제를 생각해보면 이해가 빠르다.

　　현대사회의 축제는 종교적 기원을 벗어나 새로운 틀을 갖추었다. 2002년 한일 월드컵에서 붉은 악마를 중심으로 한 거리 응원전도 분명 축제의 하나였다. 이러한 스포츠 축제뿐만 아니라 1990년대 중반 지방자치제 실시 이후 수많은 축제가 생겨났다. 지방자치단체가 지역 마케팅이나 정치 수단으로 축제를 이용하면서 폭발적으로 양산된 것이다. 지역 축제가 팽창하다보니 프로그램은 진부하고, 즐비한 먹거리 시장은 식상하다. 과시성 이벤트도 요란하기만 할 뿐 볼품없다. 정부의 축제 정책은 이제 역전되어 축제를 줄이고 구조조정하는 게 목표가 되었다.

　　2013년 관(시·구·군)에서 주도하는 부산의 축제 현황을 살펴보면 무려 41개에 이른다. 조선통신사 축제, 부산항 축제, 자갈치 축제 등 귀에 익은 것들도 있지만 화명와석골축제(북구), 크리스마스트리문화축제(중구) 등 낯설게 들리는 축제도 있다. 그런데 이 수십 개의 축제 대부분이 1990년대 이후에 생겨난 것이다. 자갈치 축제처럼 오래되었다는 것도 2013년 현재 22회를 맞았을 뿐이다. 조선통신사 축제나 동래읍성 역사 축제는 역사를 테마로 할 뿐 실제 역사성은 깊지 않다. 요컨대 역사적 소재를 문화 콘텐츠로 삼아 축제를 만드는 것과 축제의 역사성이 깊다는 것은 엄연히 다른 사실이다. 현대사회에서 시민들의 수요에 맞는 축제의 판을 짜는 것과 별도로 전통 있는 축제를 계승해나가는 작업이 필요하지 않을까?

강원도 고성 별신굿. 1930~1940년대. 서울대 박물관. 동해안별신굿을 행하는 지역은 강원도 고성에서 부산 동삼동까지 매우 길게 뻗어 있다. 남북이 분단되기 전에는 북한의 동해안 지역도 예외가 아니었다.

해외의 유수한 축제들은 대부분 오랜 역사와 전통을 내세워 시민과 여행자들을 끌어들인다. 기독교 사순절 앞에 펼쳐지는 카니발(사육제)은 중세까지 그 역사가 소급된다. 예컨대 이탈리아의 베네치아 카니발은 16세기부터 성행해 베네치아는 '카니발의 도시'로 불렸다.[65] 현재 카니발은 내용과 의미 면에서 중세와 달라졌지만 그렇다고 카니발의 역사성 자체가 훼손되는 것은 아니다. 일본의 기온마쓰리祇園祭, 산자마쓰리三社祭, 덴진마쓰리天神祭 등 마쓰리의 역사도 중세까지 거슬러 올라간다. 우리나라에서 성공적인 전통 축제로 평가받는 강릉단오제도 전통이 만만치 않다. 남효온南孝溫의 문집 『추강집秋江集』(1577)에서 그 역사의 자취를 확인할 수 있다.

부산의 지역 축제는 어떠한가? 그중 상당수는 특산물 홍보를 위한 것이다. 대저토마토축제, 명지전어축제, 철마한우축제, 기장붕장어축제……. 그렇다면 특산물이 사라질 때 축제도 사라져야 하는가? 지방자치단체가 기획했다가 실패한 행사로 평가받는 즉시 퇴출된다면 그것은 축제가 아니다. 다시 말해 축제는 일회성 이벤트가 아니다. 그것은 마치 세시풍속처럼 해가 바뀌어 그날이 오면 다시 열리는 순환적 행사여야 한다. 나는 축제를 과거와 현재 그리고 미래를 잇는 가교라고 본다. 전통이 깊은 축제일수록 먼 미래로 나아갈 확률이 높다. 해를 넘고 세대를 넘어 100년을 이어가는 축제는 문화 전통으로 굳어져 주변 상황에 휩쓸리지 않는다. 축제의 장에서 전통을 발견하고, 그 속에서 새로운 문화를 창조할 수 있어야 진정한 축제로 이름값 할 수 있다.

그런데 부산에서도 문화적 전통이 된 축제가 있을까? 있다. 바로 기장군에서 행해지는 동해안별신굿이다. 하지만 안타깝게도 동해안별신굿은 지역 축제 현황에서조차 빠져 있다. 축제로서 인정을 못 받고 있을뿐더러 관에서 주도하는 문화 행사도 아니기 때문이다. 따지고 보면 세계 무형문화유산이 된 강릉단오제나 동해안별신굿은 제의 구조로 볼 때 유사하다. 특히 강릉단오제 때 벌이는 단오굿은 동해안별신굿을 주재하는 무ᅳ 집단이 맡아 하므로 굿의 내용과 절차에 큰 차이가 없다. 다만 강릉단오제를 국가적인 축제로 만들어내면서 여러 프로그램을 혼합시키고 규모를 키웠기 때문에 동해안별신굿과 단순 비교하기가 어려워졌을 뿐이다. 그렇다고 해도 양자가 걷는 길은 무척 다르다. 강릉단오제는 국가적 축제를 넘어 세계 문화유산으로 인정을 받은 반면, 기장의 동해안별신굿은 아직 축제 현황에 이름조차 올리지 못했다. 나는 오히려 지역축제로서 동해안별신굿이 훨씬 가치가 높다고 본다. 왜냐하면 외부의 힘에 기대지 않고 마을 주민들이 자발적으로 이 굿을 전승시키고 있기 때문이다. 규모는 작지만 의미가 큰 축제가 바로 기장 마을의 동해안별신굿이다.

신이 살아 있는 『갯마을』

2005년 2월 23일 아침, 나는 차를 몰고 바삐 기장군 일광면 이천리로 갔다. 이 지역은 오영수의 소설 『갯마을』(1953)의 배경이 된 곳이다. 오영수는 처가가 있던 일광에서 살면서 그 삶의 경험을 『갯마을』로 발표했다. 나는 『갯마을』을 다시 읽어보고 가슴이 아팠다. 고등어 잡이를 떠났다가 폭풍우에 휩쓸린 성구, 그리하여 스물셋에 청상이 된 해순이의 가슴 아픈 사연은 돛배로 어업을 하던 시절, 기장군 어촌에서 흔히 볼 수 있는 장면이었다. 먼 바다로 고기잡이를 나갈 때면 마을 사람들끼리 한패를 짰다. 무사히 만선으로 돌아오는 날에는 같은 날 아기가 생기고, 태풍을 맞아 돌아오지 못하는 날에는 같은 날 남편의 제사를 올려야 했다. 이천마을 이종순 이장은 내게 "요즘은 풍선風船(범선)이 없어졌지만 풍선 때문에 풍어제(별신굿)를 했다"고 했다. 민속은 당대를 비춘다는 매우 중요한 이야기다. 풍어제는 돛을 걸고 바람에 의지해 속도와 방향을 맞추는 범선을 타던 시절에 성행했다. 그때는 삶과 죽음이 자연에 맡겨져 있고, 모든 운명을 신에게 의탁해야 하는 시절이었으니 정성스런 마음과 간절한 기원으로 별신굿을 치렀을 터이다.

　　일찍부터 서둘렀지만 오전 10시가 넘어서야 이천마을에 도착했다. 허겁지겁 굿당에 이르렀는데 이미 별신굿 패들은 자리를 떠난 터였다. 현장조사에서는 한 장면이라도 놓치면 안 되기에 마음이 조급해졌다. 나는 마을을 이리저리 뛰어다니다가 제관 집으로 들어가는 굿패의 꼬리를 잡을 수 있었다. 별신굿이 시작되면 굿당에서 출발해 먼저 제관 집으로 들어가 축원을 드린다. 2005년 이천마을의 제관은 남성희 부부와 황화봉 부부가 맡았다. 제관은 그해의 생기복덕生氣福德을 따져 부정한 일이 없는 사람으로 선정된다. 제관이 되면 별신굿 기일까지 엄격한 금기가 따른다. 새벽에 목욕재계해야 하며, 출산과 초상 등의 대소사에는 참가할 수 없다. 죽은 개를 봐서도 안 된다. 부정한 제관이 별신굿을 치르면 마을의 수호신이 노하여 주민들에게 해를 끼친다고 믿었기 때문이다. 별신굿이 끝나도 마찬가지다. 1년여를 조신해야 하므로 현대인들로서 생활을 영위하는 데 많은 어려움이 뒤따른다.[66]

　　제관 집을 돈 굿패는 신대를 들고 마을 진산鎭山으로 올라

——— 옛날 고기를 잡으러 바다에 나가는 이들은 운명을 모두 신에게 의탁했다. 삶과 죽음이 자연에 고스란히 맡겨졌던 것이다.

갔다. 여기서 산신을 맞이한 뒤 해안가를 돌면서 네 군데에서 용왕굿을 한다. 사해四海 용왕신을 모신다는 의미다. 용왕굿이 끝나자 골매기 할매당, 골매기 할배당, 외당, 장군당 등 마을 제당을 모두 돌면서 굿을 했다. 모시는 골매기신은 강姜·최崔·이李·안安·마馬·문文·남南·박朴·김金·우禹 씨 등 10개 성이나 된다. 마을이 커지고 각성바지가 되자 모두 자기 조상을 골매기신으로 추대한 결과로 보인다. 제당에 좌정한 신들은 나름의 역할이 있다. 골매기 할매당과 할배당이 마을의 안녕과 풍요를 관장한다면, 외당은 전염병을 막아주고, 장군당은 도적과 외침을 막아준다고 한다.[67]

　　장군당의 생김새는 흔히 보이는 돌무더기 서낭당과 같다. 여기에는 흥미로운 구전 설화가 깃들어 있다. 옛날 이천마을에는 도적의 침범이 잦았다. 마을 주민들이 점을 쳐보니 상살미의 장사를 당산으로 모셔와야 한다는 것이었다. 상살미는 해운대의 장산萇山을 일컫는다. 상살미의 장사를 찾는 법은 마을 청년이 상살미에 가서 덩치 크고 힘세 보이는 사람과 만나 직접 씨름을 겨루어 보는 것이다. 마을 청년이 지면 그 사람을 상살미의 장사로 믿을 수 있으니 당산으로 모셔오라는 점괘였다. 그런데 모셔온 장군은 다름 아닌 돌멩이 7개였다. 상살미의 장사를 상징하는 신체였던 것이다. 하지만 지금의 제당은 7개가 아닌 수많은 돌로 쌓여 있다.

　　이 전설은 이천마을에 비보裨補 풍수를 위해 장군당을 세웠음을 의미한다. 비보 풍수란 풍수의 관점에서 결함이 있는 곳을 보완하는 술책이다. 예컨대 화기火氣가 센 곳에 연못을 만들고, 음기가 센 곳에 장승이나 남근석을 세우는 식이다. 사람으로 치면 차갑고 날카롭게 보이는 사람이 둥그런 뿔테 안경을 쓰는 것과 같은 이치다. 이천마을이 풍수지리상으로 도적과 외침이 많은 형세를 비보하기 위해 장산의 돌멩이를 모셔와 장군당을 세운 것으로 보인다.

전통 어촌은 신이 살아 있는 마을이었다. 사람들만 생활하는 주거지가 아니라 신과 더불어 사는 신인神人 공동체였다. 그래서 마을 곳곳에 신을 모시고 제사를 지내는 제당이 있다. 『갯마을』의 주 무대인 H마을에도 수호신을 모신 당집이 있었다. 폭풍우가 H마을에 밀려오자 마을 주민들은 당집으로 피신한다. 다른 지역과 비교할 때 기장군 어촌은 신들이 있는 마을 제당이 굉장히 많은 것이 특징이다. 예컨대 기장읍 대변마을에는 산신제당, 큰 할매제당, 장수천왕할배제당, 작은할매당용왕당, 골매기장군당 등 다섯 제당이 있었다.**68** 기장군 어촌 어귀에 가면 마을에 들어오는 액을 쫓는 골대장승당, 장군당, 거릿대솟대당 등이 있고, 해안가에는 할매당이 있으며, 산 위에는 할배당, 산신당이 있다. 마을 뒤 언덕배기에 있는 H마을의 당집은 아마도 할배당이거나 산신당이었으리라. 이렇게 마을 제당이 많다는 사실은 주민들의 삶이 억센 운명에 노출되어 있고, 그만큼 신을 향한 기원이 간절함을 보여준다. 신과 더불어 사는 공동체에서 신에게 감사하고 소통하는 길은 마을 제당을 찾아 큰 굿을 벌이는 일이었다.

굿당에서의 샬 위 댄스

신과의 축제인 동해안별신굿에서는 당연히 신성성神聖性이 강조된다. 엄격한 금기를 지켜야 하는 제관들도 그렇지만 마을 주민들도 동해안별신굿 기간에는 조신해야 한다. 나는 기장 주민들로부터 "별순을 할 때는 배도 미역도 다시마도 매달아놓고, 들에

쪽파도 굿 마칠 때까지 안 한다"는 말을 들었다. 무슨 말인가 하면, 별신굿을 지내는 동안에는 모든 어업과 해녀들의 물질, 양식업을 비롯해 밭일까지 멈추고 오직 신을 대접하는 제의에 몰두한다는 뜻이다. 귀한 손님을 방 안에 모셔두고 다른 일을 하면 접빈의 예의가 아니다. 만약 노한 손님이 방 안을 뛰쳐나간다면 마을의 안녕과 어선들의 풍어는 더 이상 기대할 수 없다.

굿당은 마을 제당을 돌아다니며 신을 모셔와 좌정시키는 장소다. 대개 바닷가 근처 넓은 공터에 큰 천막을 쳐서 임시로 만든다. 두호마을에서는 '두모포 풍어제터'라고 새긴 큰 돌을 선착장 옆에 세워두고 이곳에서 별신굿을 한다. 굿당에서의 별신굿은 여러 '거리'로 나뉘어 있다.[69] 굿 전체를 '극'으로 본다면 각 거리는 '막'으로 이해할 수 있다. 동해안별신굿에서는 각 거리를 '석席'이라고 부르는데, 대개 24석 이상의 큰 굿을 한다. 24석 이상을 다 하려면 보통 일주일이 걸린다. 굿과 거리는 모두 청신請神, 오신娛神, 송신送神의 절차를 거친다. 즉, 신을 맞이해서(청신) 대접하고 기쁘게 한 뒤에(오신) 다시 돌려보내는 것(송신)이다. 동해안별신굿에서는 마을 제당을 돌면서 신에게 고하여 굿당까지 모셔오는 과정이 청신이라면, 이후 굿당에서 본격적으로 굿을 하는 과정은 오신이다.

2005년 이천마을에서는 둘째 날부터 굿당에서 내당굿과 외당굿이 펼쳐졌다. 내당굿은 문굿거리부터 대신거리까지 13석, 외당굿은 가망거리부터 퇴송거리까지 11석의 굿을 했다. 굿청을 여는 의식인 문굿거리부터 화려했다. 별신굿에 참가하는 무녀와 양중(남자 무당)들이 모두 나와서 원을 지어 돌면서 흰 술을 흔드는 모습이 장관이었다. 무녀와 양중이 서로 마주보며 밟이춤을 추고 익살스러운 표정을 짓는 연기도 볼거리였다. 문굿거리 이후 거

동해안별신굿의 문굿거리로, 굿을 여는 의식이다. 굿에 참가하는 모든 무녀가 나와서 흰 술을 들고 흔들면서 춤을 추는 모습이 장관이다. 무녀와 양중이 서로 마주보면서 추는 맞이춤도 볼거리다.

─── 동삼동 별신굿에서 마을 주민들이 춤을 추고 있다. 별신굿의 굿당은 어느 곳이나 춤의 향연장이었다.

리에는 온통 음악과 춤, 무가가 뒤따랐다. 굿을 이끄는 무녀뿐만 아니라 마을 주민들도 나와서 춤을 춘다. 신을 기쁘게 하는 과정이므로 너 나 할 것 없이 덩실덩실 춤을 추었다.

굿당은 춤의 향연장이었다. 팔을 위로 들고 어깨를 들썩거리는 어깨춤, 몸이 뻣뻣하여 손 관절만 돌리는 보릿대 춤, 손을 든 채 몸과 머리만 살짝 흔드는 관광버스 춤, 볼품없이 앞뒤 좌우로 팔만 흔드는 막춤도 있었다. 하지만 굿당에서는 어떤 춤도 용인된다. 춤은 신과 소통하는 신명神明의 매체이기 때문이다. 신명은 신을 만나 황홀감에 도취된 상태. 고대인들이 신령에게 제사를 지낼 때 추는 대동춤은 집단적으로 접신接神하기 위한 신내림의 과정이었다.[70] 고대인의 대동춤이나 굿당에서의 막춤은 다를 바가 없다. 모두 신명으로 가는 길이다. 음악에 맞춰 몸과 팔을 흔들다보면 정신은 점차 육체를 떠나 어느덧 신을 만난다. 굿당에 강림한 신 역시 인간의 신바람을 타고 덩실덩실 춤을 추게 될 것이다. 그간 쌓였던 인간에 대한 노여움과 아쉬움도 봄눈 녹듯이 사라짐은 물론이다.

굿당 앞쪽에는 무녀와 양중이 연행하는 공간이 있다. 무녀는 춤을 추고 무가를 하며, 양중은 악을 연주하고, '곤반'이라는 연극도 한다. 동해안별신굿을 계승하고 있는 이들은 김석출 부부를 중심으로 혈연관계로 맺어져 있다. 요컨대 부인과 딸은 무녀이

굿당 앞에 동해안별신굿을 연행하는 양중과 무녀가 있다. 양중은 남자 무당을 뜻한다. 동해안별신굿에서는 무녀와 양중이 역할 분담이 되어 있다. 무녀는 춤을 추고 무가를 하며, 양중은 악기를 연주하고 '곤반'이라는 연극을 한다.

고, 남편과 아들은 양중이다. 우리나라의 무당은 흔히 강신무와 세습무로 구분한다. 동해안별신굿의 무巫 집단은 세습무의 대표적인 사례다. 이들은 강신무처럼 무병을 앓거나 내림굿을 받지 않는다. 굿의 절차나 내용을 선대로부터 배우고 익혀 무업巫業을 후대로 이어간다. 강신이 되지 않는 세습무는 음악과 무가, 춤에서 뛰어난 기량을 보유하고 있다. 지독한 학습과 반복을 통해 무업을 배우기 때문이다. 김석출 집안은 배 속에서부터 굿 음악을 듣고, 어렸을 때부터 굿판에서 잔뼈가 굵으므로 웬만해서는 이들의 실력을 따라잡을 수 없다. "석출이네 짚누리는 3년만 되면 춤춘다"는 말은 그저 우스갯소리가 아니다.[71]

    이날 굿당에는 김석출 양중이 편치 않은 몸을 이끌고 나와 직접 호적을 불었다.[72] 한지韓紙 장사를 했던 그의 집안은 부유했다. 하지만 조부인 김천득金千得이 무녀와 결혼하면서 집안 내력이 크게 바뀌었다. 그는 돈 쓰며 놀기 좋아하는 한량이었는데, 별신굿을 보러 갔다가 무녀 이옥분에게 반한 것이다. 집안의 강력한 반대에도 불구하고 무녀와 결혼한 김천득은 이후 무업을 배워 양중이 되었다. 이때부터 무업은 2대인 김범수와 김성수(김석출의 부친), 그리고 3대인 김호출·김석출 등으로 이어져 현재는 4대까지 내려오고 있다. 자식들뿐만 아니라 혼인으로 맺어진 며느리와 사위까지 무업을 하면서 김석출 일가는 동해안의 대표적인 무 집단으로 성장했다.

풍어제의 위기

    이천마을에서 동해안별신굿을 본 지 2년이 훌쩍 지난 2007년 7월이었다. 기장군청 수산과 직원과 전화 통화를 하다가 시랑리 공수마을에 대한 이야기를 들었다. 기장군청 수산과는 기장군에서 개최하는 동해안별신굿에 예산을 지원해주는 부서였다. 마을 어촌계가 주도하고 풍어제로 알려지다보니 관계 부서인 수산과의 지원을 받았다. 나는 공수마을은 동해안별신굿을 하지 않고 약식으로 용왕제를 올리는 것으로 알고 있었다. 그러나 공수 마을이 예전부터 동해안별신굿을 개최해왔으며, 기장의 다른 마을과 같이 행정적 지원을 바란다는 것이었다. 그렇지 않아도 공수마을의 용왕제에 대해 궁금증이 많았던 터라 가만있을 수만은 없었다.

송정해수욕장을 지나 기장 해안로에 진입하자 바로 공수마을 표지판이 눈에 띄었다. 공수마을은 해운대구 송정동과 경계를 이루고 있었다. 관광객이 많아 기장의 향토 음식으로 알려진 짚불 곰장어 음식점과 횟집들이 빼곡히 들어서 있었다. 음식점을 운영하는 공수마을 최성규 이장은 40대 중반의 나이로 꽤 젊었다. 눈치를 보니 동해안별신굿과 용왕제에 대해서는 할 이야기가 많은 듯했다. 공수마을이 동해안별신굿을 하지 않는 마을로 알려진 것에 대해 꽤나 심기가 불편한 모양이었다.

"공수마을은 10년에 한 번씩 별신굿을 해왔어요. 왜냐하면 별신굿 비용이 만만치 않고, 각 가정에서 갹출해야 하기 때문에 자주 하기 부담스럽지요."

10년에 한 번씩 별신굿을 한다면 인근 기장 마을 가운데는 터울이 가장 긴 셈이다. 터울이 워낙 길다보니 별신굿을 하지 않는 것으로 오해를 살 만했다. 그런데 10년은 강산이 변하는 세월인데, 그 문화적 전통이 어떻게 이어질 수 있을까? 별신굿을 준비하려면 의례 절차부터 제물 준비까지 알아야 할 일이 산더미다.

"우리는 젊어서 잘 모르지만 까꾸리 할매가 도와줍니다. 우리 마을에서는 별신굿을 1993년에 했고, 2003년에 했지요. 10년이 지나면 별신굿을 했던 주민들의 주축이 달라집니다. 서서히 세대 물갈이가 되는 거죠."

'까꾸리'는 갈퀴의 경상도 방언이다. 대문 앞에 갈퀴를 걸어두었기 때문에 마을에서 까꾸리 할매라 부르는 것이다. 까꾸리 할매는 무당은 아니지만 동해안별신굿을 주선해주고, 마을 제사를 할 때 도와준다고 했다. 동해안별신굿의 전통을 이어가는 데는 마을에서 이런 인물이 반드시 필요했다. 공수마을에서 10년 만에 개최하는 동해안별신굿은 곧 마을을 책임지는 세대의 교체를 의미하기도 했다.

"별신굿을 하지 않는 해에는 음력 1월 14일과 6월 14일 두 차례 유교식으로 제사를 지내요. 내가 제관이 되어 까꾸리 할매와 산신당, 할매제당, 할배제당, 바다 용왕을 찾아다니면서 하죠. 음력 1월 14일 마을 제사가 끝나면 2월 초순경 해녀들이 중심이 되어 용왕제를 지냅니다. 용왕제는 별신굿을 축소시킨 거예요."

공수마을 일대에 나잠어업 허가를 받은 해녀가 80명이 넘는다고 했다. 용왕제는 바닷가에서 제물을 차려놓고 무녀를 데리고 와 용왕신에게 비는, 부녀자 중심의 의례였다. 정월 대보름 전후로 용왕을 먹이는 민속은 우리나라의 보편적인 세시풍속으로서 마을 인근의 깨끗한 물에서 간단히 치른다. 그런데 공수마을에서는 매년 별신굿을 올리지 못하는 한편, 물질하는 해녀가 많다보니 용왕을 모시는 용왕제가 커진 것이다.

"별신굿은 동네 전체를 위한 겁니다. 풍어와 만선을 기원하는 것도 있지만 마을 수호신께 우리 마을 탈 없이 잘되게 해달라고 비는 거지요."

공수마을 이장은 몇 번이나 별신굿이 어업을 위한 것이 아니라 동네 전체를 위한 것이라고 강조했다. 별신굿을 어촌계장이 아닌 마을 이장이 맡은 것도 마을 전체의 굿이기 때문이다. 그렇다면 공수마을은 더 이상 어촌이 아니라는 것일까? 사실은 기장군 어촌들에서는 어업의 중요성이 크게 낮아지고 있다. 어획고가 급격히 줄어들고 있는 한편, 도시 주민의 휴식 공간, 해양관광 및 레크리에이션, 바다체험의 학습 장소 등 다목적 기능의 어항으로 변화를 모색하고 있다. 어업 방식도 협업 노동에서 개별 노동으로 바뀌고 있다. 기장군 어선 가운데 5톤 미만의 소형 어선이 87퍼센트를 차지하고 있다. 소형 어선은 부부가 중심이 되어 가족 단위의 어로활동이 이뤄진다.

어업 중심의 생업이 바뀌면서 종래 '풍어제'라 불렸던 별신굿에도 변화가 뒤따랐다. 나는 일광면 칠암마을에 갔을 때 주민들로부터 '풍어제'라는 명칭을 '마을 안녕제'로 바꾸자는 의견이 대두되었다는 말을 들었다. 과거 칠암마을에서는 50척에 이르는 어선이 조업을 했다. 어업이 활황을 이룰 때는 풍어제를 3년에 한 번씩 하기도 했다. 그러다가 어선 수가 크게 줄어드는 대신 관광객을 대상으로 하는 상업이 늘어나면서 별신굿의 목적도 '풍어'보다는 '마을의 안녕'이 중요해진 것이다. 그렇지만 전통과 역사가 있는 풍어제를 갑자기 안녕제로 바꾸는 것은 모양새가 좋지 않아 풍어제라는 명칭을 계속 쓰기로 했다고 한다.

하지만 풍어제라는 용어가 오랫동안 쓰인 것은 아니다. 이 용어가 사용된 것은 1970년대 이후였다. 박정희 정부가 새마을 운동을 강력히 펼치면서 마을에서 해왔던 대동굿은 전근대적인 미신으로 폄훼되었다. 새마을 운동은 전근대를 허물고 근대를 앞당기는 이른바 '조국 근대화 운동'이었기 때문이다. 전근대의 유산으로 표적이 된 마을 제당은 허물어지고, 굿을 하는 무당들은 즉결심판에 넘겨졌다. 이때 어촌에서는 별신굿을 쓰는 것이 부담스러

없는지 풍어제라는 용어를 널리 사용했다. 1970년 부산 해운대에서도 부산민속예술보존협회 주최로 제1회 해운대 풍어제가 열리기도 했다.[73] 풍어제는 풍어와 만선을 기원하는 뜻이 강하다. 실은 우리나라 전통 어촌이 반농반어를 해왔으므로 마을의 대동굿을 풍어제라고 규정하는 것에 대해서도 문제가 제기될 수 있다. 더욱이 이제는 점차 어업활동의 맥이 끊기고 상업과 서비스업이 확장되고 있으므로 풍어제라는 명칭은 힘을 잃고 있는 실정이다.

까꾸리 할매의 기원

하지만 풍어제의 위기가 단지 용어의 위기일까? 공수마을에는 관광 개발사업이 진행되면서 제당의 위기가 찾아들었다. 주민들은 장씨 할배와 홍씨 할매를 골맥이신으로 숭배하고 있으며, 마을에는 산신당, 할배당, 할매당 등 세 곳의 당산이 있다. 그런데 할배당의 토지를 소유하고 있던 개인이 땅을 매각해버리고 말았다. 주민들은 마을 제당을 다른 곳에 옮겨 지었으나 이번에는 무허가 건물로 고발되었다. 이런 일은 비단 공수마을에서만 일어나는 것이 아니다. 기장군 어촌에서 택지 개발과 도로 설치 등에 따라 제당이 허물어지거나 그 토지가 분란에 휩싸인 것은 어제오늘의 일이 아니다. 그런데 마을 당산의 위기는 곧 별신굿의 위기로 이어진다. 당산이 없는 수호신은 생각할 수도 없거니와 신이 없는 별신굿 역시 생각할 수 없다. 더구나 마을의 젊은이들은 별신굿에 참가하지 않을뿐더러 잘 알지도 못한다. 결국 별신굿은 역사의 뒤안길로 사라질 것인가?

나는 최성규 이장과의 인터뷰를 마치고 찜찜한 마음에 공수마을의 당산을 한 바퀴 돌아보았다. 마을 남쪽의 낮은 산에 위치한 할배당은 바닷가와 접해 있었다. 아래는 둥두 바위가 넓게 펼쳐져 있어 전망이 수려해 관광지로 개발될 가능성이 높았다. 관광호텔을 지으려는 건설업자가 이 땅에 눈독을 들일 만한 아름다운 풍광이었다. 집으로 돌아가기 위해 차를 탈 때 한 가지 말이 생각나 자꾸 나를 잡아끌었다. 용왕제에서 무당이 대를 잡으면 장씨 할배신이 실려 "고발되어 섭섭하다. 다른 데로 못 옮기냐"라는 공수가 나온다는 것이다. 나는 잡았던 운전대를 놓고 다시 까꾸리 할매를 찾아갔다.

까꾸리 할매의 문 앞에는 정말 갈퀴가 걸려 있었다. 마치 긴 대나무로 만든 신대와 같았다. 문을 열고 들어가자 까꾸리 할매는 마루에 앉아 저녁 식사에 먹을 나물을 다듬고 있었다. 웅숭깊은 눈으로 나를 바라보는 모습이 마치 내가 이곳에 올 것을 예견한 듯했다. 내가 특별한 질문을 하지도 않았는데 까꾸리 할매는 별신굿이나 마을 당산에 대해 이야기를 들려주었다.

"별신굿을 잘 모셔야 고기도 많이 나고, 미역도 양식도 잘 되고, 차를 타고 가도 사고가 안 나는 기라. 군에 가도 사고 안 나지. 아직 별신이 3년이나 남았는데 내가 자꾸 아파, 내가 한번은 가르쳐줘야 될 텐데."

그는 자신이 죽는 것보다 젊은 사람들에게 별신굿을 전승시키지 못하고 삶이 다할까봐 염려했다. 까꾸리 할매의 삶은 마을의 수호신과 떨어질 수 없었다. 그녀는 마을 샘에 가서 용왕을 먹이다가 신이 들렸다. 용왕을 먹이고 잠이 들면 꿈에 노랗게 열매가 열린 치자나무가 보였다. 꿈이 이상했다. 또 한번은 용왕을 먹이고 잠이 들었는데 하얀 얼굴의 할매가 나타났다. 그녀는 빨간

끈으로 겉을 묶고 팥과 쌀이 든 스테인리스 밥그릇을 주면서 먹으라고 했다. "할매, 저는 이 밥 안 먹습니더." "이 밥은 씹지 말고 꼴깍 삼켜라, 알겠제." 그녀는 처음에는 거부했지만 할매의 말대로 밥을 삼켜버렸다. 그 밥을 먹은 이후 설이 지나자마자 일어나지 못할 정도로 많이 아프고 눈이 어두워졌다. 무병巫病을 앓았던 것이다. 김해에서 내림굿을 받았지만 신통치 않던 중에 함안의 어느 노인이 와서 마을의 장씨 할배당에 가서 열심히 빌라는 공수를 주었다. 이때부터 까꾸리 할매는 장씨 할배를 모셨고, 마을의 제사를 도맡아 하게 된 것이다.

"장씨 할배당도 그렇고 홍씨 할매당도 문제라. 마을의 절반은 강제수용이 돼서. 소방도로가 나고 집이 무너지면 객지로 떠나야 돼. 뿔뿔이 흩어져 멀리 떨어지면 별신이 잘 안 되지. 3년 지나면 해야 하는데 또 내 같은 사람 있겠나. 빨리 별신이 들어야 내가 철저히 봐주고 갈 것인데, 백번으로 의심이 들어."

그녀는 마지막까지 자신의 삶을 별신굿에 걸었다. 진정한 축제를 위해서 이렇게 자신의 마지막 운명까지 내던져야 하는 것일까?

그나마 반가운 소식은 기장군의 대변·두호·학리·이천·칠암·공수마을이 매년 11월 마을통합회의를 열어 별신굿의 운영을 조정한다는 점이다. 마을통합회의는 각 마을의 이장, 개발위원장, 어촌계장 등이 모여 동해안별신굿을 주요 의제로 삼아 회의를 하는 협의체다. 동해안별신굿이 모두 정월 대보름을 즈음해 열리므로 각 마을에서 별신굿을 하는 해와 일시가 겹치지 않도록 조정한다. 임시기구이지만 별신굿의 문화적 전통을 조정하고 협력한다는 점에서 매우 중요하다.

앞으로 이 모임에서 별신굿의 문화적 전통을 새로이 창출했으면 좋겠다. 동해안별신굿의 위기는 충분히 반전의 기회를 찾을 수 있다. 기장군의 동해안별신굿은 아직까지 신성성이 살아 있고, 마을 주민들의 자발적 의지도 강한 축제다. 문제는 젊은 세대가 함께할 것인가다. 모든 문화는 세월에 따라 형식과 내용을 조금씩 바꾸면서 적응해간다. 젊은 세대가 참여할 수 있는 새로운 프로그램들을 접목시켜 보강한다면 강릉단오제 못지않은 축제로 자리 잡을 것이다.

요사이 도시 정책에서 유행하는 '마을 만들기'도 마을 축제에서 실마리를 찾을 수 있다. 나는 마을 만들기의 성패가 주민들의 마을 공동체 의식에 달려 있다고 본다. 마을 만들기는 마을 꾸미기가 아니다. 도시계획상 '유형의 마을 만들기'에 초점을 둔다면 1970년대 새마을 사업이나 또 다른 마을 토건사업과 무슨 차이가 있겠는가. 마을 주민들의 참여가 없는 마을 만들기는 관이나 계획가가 주도하는 '껍데기 마을' 만들기에 다름 아니다. 주민들의 마을 공동체 의식과 주인정신 없이 어떻게 마을이 살아나겠는가. 동해안별신굿과 같이 오랫동안 전승되었던 '무형의 마을 축제'야말로 마을 만들기에 군불을 지필 불씨가 될 수 있으리라.

제2부

'굳세어라 금순아'

피 란 과 실 향 의 부 산

5

밀다원 시대는
어떻게 열렸을까:

임시수도의 다방과 문학

커피의 시대, 커피전문점의 시대

커피의 시대다. 커피 시장 규모가 3조 원을 넘어섰다니 내 주변을 둘러봐도 커피의 홍수다. 사무실에는 원두커피 메이커에서 내리는 커피 향이 그윽하고, 인스턴트커피 봉지들이 곳곳에 넘쳐 난다. 한데 20여 년 전 대학에서는 '안티 커피 시대'를 표방했었다. 엄혹했던 시절에 커피는 곧 미제라 인식되어 자판기에서 커피 빼는 데 눈치를 봤던 시대였다. 당시에 나는 커피가 꼭 미제의 상징이어서가 아니라 내 입맛에 그다지 맞지 않아서 마시지 않았다. 하지만 이제는 상황이 바뀌어 나는 하루에 두세 잔의 커피를 꼭 마신다. 이유는 하나. 나른하고 무기력해진 나로부터 벗어나기 위해 카페인의 힘을 빌리는 것이다. 책상에서 맞춤한 생각이 떠오르지 않을 때는 껌도 씹어보고 밖으로 나가 걸어도 보지만 제일 잘 드는 처방은 역시 커피 한 잔이다.

커피의 시대와 아울러 커피전문점의 시대다. 이 둘은 서로 결부되어 있지만 그 의미 차는 크다. 흔히 말하듯이 커피전문점에서는 커피를 파는 것보다는 이국적인 분위기와 독특한 체험을 파는 전략을 구사한다. 커피 마시는 게 주목적인 손님들은 테이크아웃을 하기 바쁘지만 매장에 앉아 있는 이들은 노트북으로 글을 쓰고, 음악도 들으며, 스마트폰으로 정보 탐색에 여념없다. 누구를 만나기 위해 혹은 끼리끼리 이야기를 나누려고 다방과 커피숍을 찾았던 1970~1980년대와는 전혀 다른 분위기다. 커피전문점의 장소성은 고립이 싫지만 몰두하기도 싫은 현대인들에게 안성맞춤이라고 한다.[1] 사람들과 더불어 있지만 지극히 개인적인 공간이라는 게 커피전문점의 장소적 특징이다.

　이런 장소성을 누리고자 커피전문점을 떠돌며 디지털 매체로 일하는 현대인들이 바로 디지털 유목민이다. 디지털 유목민 가운데 소설가도 적지 않은데, 그래서인지 요즘 커피전문점에서 탄생한 소설이 꽤나 있다. 예컨대 젊은 소설가 주원규가 홍대 앞 24시간 커피전문점에서 커피와 빵으로 끼니를 때우며 사흘 만에 써내려간 소설로 『반인간선언』이 있다.[2] 이 소설이 던지는 메시지는 참으로 오래된 문학계의 화두다. 작가는 문학의 힘을 옹호하는 리얼리즘의 대열에 서 있으면서도 현실 속에서 문학은 무력하다는 인식하에 문학은 현실에서 무엇을 할 수 있는가, 라는 오래된 명제를 불러낸다.

　젊은 작가의 호소가 가슴에 와닿는 이유는 우리가 사는 현실이 항상 해결하지 못한 모순과 문제투성이기 때문이다. 그러나 돌이켜보면 문학이 현실에서 정말 무기력하게 느껴진 때는 오늘이 아니라 바로 60여 년 전이었다. 한국전쟁 시절 부산에 피란 온 문인들. 마땅히 펜을 들어 세상을 향해 가슴속 이야기를 할 수 없었던 그들은 문학과 자신이 한없이 약하고 무능하다고 생각했다. 하지만 반세기가 지나서 살펴보면 한국전쟁 기간에도 문학은 무기력하지 않았다. 아무것도 할 수 없다고 여긴 문인들 스스로가 무력하게 느꼈을 뿐이다. 그들은 전쟁 기간에도 소설을 쓰고, 문인 단체를 만들고, 종군작가단에 적극 참여했다. 정치와 현실 그리고 문학은 공고히 결합되어 떨어질 수 없는 관계였다. 피란지 부산에서 이 연결고리의 역할을 해준 것이 다름 아닌 커피와 다방이었다.

밀다원 시대의 개막

국토의 분단은 문학과 문단의 분단을 예고했다. 이데올로기의 중간 지대는 사라지고 하나의 이념을 좇아서 문인들은 바삐 움직여야 했다. 우익이냐 좌익이냐, 남이냐 북이냐, 문학인들은 양자택일의 기로에서 물러설 곳이 없었다. 남한에서는 공산당 활동이 금지되고 우파 문인이 힘을 얻었다. 이승만 대통령의 반공 노선을 지지하고, 순수를 내세운 민족문학파들이 문단을 장악했다. 그러나 곧 한국전쟁이 발발했고, 남한의 문인들에게 혹독한 시련

―― 1·4 후퇴 때의 피란 행렬이다. 김동리는 1·4 후퇴 시절에 겪은 피란 경험을 바탕으로 소설 『밀다원 시대』를 썼다.

을 안겨주었다. 피살과 납치 그리고 월북 등으로 인해 남한 문단은 거센 회오리에 휩싸였다.

우파 문인들의 선두 주자였던 김동리는 북한군의 표적이 되었다. 따발총으로 무장한 북한군이 김동리를 즉결 처분하겠다며 서울 돈암동에 있는 그의 집으로 매일같이 찾아왔다. 한강 다리가 무너진 뒤라 도강을 할 수 없었던 그는 들판에서 숨어 지내는 등 매일 죽음의 사선을 넘나들었다. 9·28 서울 수복의 기쁨도 잠시, 중공군의 참전으로 전세가 역전되자 김동리는 인천에서 배편으로 아내와 자녀 몇을 먼저 보내고, 다시 여섯 살 난 아들을 데리고 남쪽으로 피신했다. 이렇게 1·4 후퇴 시절에 겪은, 그의 피

란 경험을 바탕으로 쓴 소설이 『밀다원 시대』다. 김동리는 자전 에 세이에서 『밀다원 시대』가 쓰인 배경에 대해 "밀다원 시대는 한국 전쟁 다음 1·4후퇴 때 부산으로 피란 간 예술 문학인들의 초조하고 절박한 심정과 생활을 그린 작품이다"라고 말했다.[3] 이 소설은 1955년 『현대문학』에 발표되었으며, 제3회 자유문학상을 수상하기도 했다.

『밀다원 시대』에서는 김동리의 초조하고 절박한 심정과 생활이 주인공인 소설가 이중구에게 투영되어 나타난다. 이중구는 1·4후퇴 때 기차를 타고 부산역까지 내려온다. 서울의 원서동 고가古家 속 냉돌방에 노모를 홀로 남겨둔 채, 아내와 어린 것들을 충남 친정으로 보내놓고 혈혈단신 피란 온 이중구에게 부산은 아름다운 항구도시가 아니라 '끝의 끝'이요, '막다른 끝'이었다.[4] 그의 재산은 낯 수건과 칫솔, 내복 한 벌과 어머니 사진 한 장이 들어 있는 낡은 손가방이 전부다. 이 가방 하나를 달랑 들고 보수동의 K통신사 사무실과 동료 문인인 조현식의 남포동 집, 오정수의 범일동 집을 오가며 잠자리를 의탁한다. 하지만 아무리 친절한 대접을 받는다 해도 이중구는 서럽고 우울한 심정에서 벗어날 수 없다. 이런 마음에서 탈출할 유일한 길은 예술인들이 꿀벌 떼처럼 잉잉거리고 있는 밀다원으로 가는 것이다.

밀다원은 부산 광복동에 있는 다방이었다. 2층 밀다원 아래층에는 문총(전국문화단체총연합회) 사무실이 있었으므로 이 다방에는 늘 문인들로 법석거렸다. 조현식, 허윤, 송 화백, 박운삼, 길 여사를 비롯해 밀다원에는 거의 모두가 알 만한 얼굴들이 꿀벌 떼처럼 모여 있었다. 외롭고 처량한 신세인 이중구에게 문인들이 노닥거리는 밀다원은 온기를 누릴 수 있는 유일한 안식처였다. 소

1951년 부산 광복동 입구다. 이곳에는 수많은 피란민이 몰렸고, 다방들도 번창했다. 소설 『밀다원 시대』의 배경이 되는 밀다원은 광복동에 있던 다방이었다.

소설 『밀다원 시대』를 쓴 김동리(가운데). 이 소설에서는 김동리의 절박한 심정과 고통스런 피란생활이 주인공 이중구에게 투영되어 나타난다.

설『밀다원 시대』의 이야기는 사실에 가까웠다. 김동리는 피란 시절 부산의 밀다원 다방에 대해 이렇게 말했다.[5]

> 소위 예술 문화인들만큼 난리 속에서 약하고 무능하고 서글픈 부류도 없지 않았을까 생각한다. 나는 그때 찻집 밀다원에 모여들던 소위 예술 문화인들을 생각할 때만큼 이 부류 사람들에게 친근감을 느낀 적이 없다. 웬일인지 어쩔 수 없는 가족 같은 생각이 들곤 한다. (…) 밤에 들어가 잠자는 시간 이외엔 모두가 거리에 나와 있었고, 거리에 계속 돌아다닐 수도 없으니까 결국은 아는 얼굴들이 모이는 다방을 찾을 수밖에 없었다. 그 첫 번째 다방이 밀다원이었는데……

밀다원 시대의 무대가 된 밀다원 다방은 문학평론가 김병익의 말처럼 "당시 갈 곳 없는 문인들의 안식처였고, 찾기 힘든 동료들의 연락처였으며, 일할 곳 없는 작가들의 사무실이었고, 심심찮게 시화전도 열리는 전시장"이었다. 부산에 피란 온 김동리도 가족 같은 문인들이 모여 있던 밀다원에 자주 드나들었다. 따라서 이 다방에서 만난 실제 인물들이 고스란히 소설 속에 담겼다. 김동리는『밀다원 시대』에서 이봉구를 이중구로, 조연현을 조현식으로, 김말봉을 길 여사로, 정운삼을 박운삼으로 등장시켰다고 한다.[6] 하지만 소설 속 이중구는 김동리의 아바타에 다름 아닐 것이다. 김동리가 피란지 부산에서 느꼈던, 약하고 무능하고 서글펐던 감정을 그대로 이중구에게 이입시키고 있기 때문이다.

다방의 역사, 예술인들의 아지트

커피와 다방의 역사는 개항장의 역사와 함께한다. 부산과 인천 등 개항장은 외국 문물이 들어오는 창구였으니 이곳을 통해서 커피도 들어왔을 것이다. 우리나라 다방의 역사가 시작된 곳도 개항장이다. 1888년 인천에 우리나라 최초의 호텔인 대불호텔과 슈트워드호텔이 지어졌고, 여기에 커피를 파는 부속 다방이 들어섰다. 커피는 서양 문물과 분위기의 상징이었다. 고종이 커피를 즐겨 마시자 커피는 왕실에서 벗어나 중앙 관료와 지방 양반들까지 마시는 기호품으로 점차 확대일로를 걸었다. 1910년대에는 명동과 충무로 일대에 일본인들에 의한 근대식 다방이 생겨나 일반 사람들도 자유롭게 커피 맛을 볼 수 있었다.[7]

1927년 한국인이 문을 연 다방도 생겨났다. 서울 종로구 관훈동에 '카카듀'라는 다방이 들어섰는데, 이 다방의 주인은 영화감독 이경손이었다. 우리나라 영화산업의 선구자이자 항일 소설을 발표했던 이경손은 하와이에서 온 아름답고 젊은 여인과 함께 이 다방을 운영했다.[8] 다방의 이름인 카카듀는 프랑스 혁명 때 경찰의 눈을 피해 모이는 비밀 아지트인 술집 이름이었다니 상하이로 가서 임시정부 활동까지 했던 이경손의 의도가 담긴 것으로 풀이된다. 카카듀가 문을 닫은 뒤 한국인이 운영했던 멕시코 다방은 예술인과 언론인들의 아지트가 되었다. 이광수를 비롯해 시인 변영로, 시인 김석송(김형원), 영화감독 안석영 등 쟁쟁한 문인과 음악가, 배우, 언론인 등이 멕시코 다방에 몰려들었다.

멕시코 다방은 단순히 차를 마시는 장소라기보다는 예술인들의 연락 장소이자 모임 공간인 사랑방이라 해야 맞다. 우리나라의 사랑방은 늘 바깥손님들이 드나들며 교류하는 인적 네트워크의 장소였다. 또한 사랑방은 마을 사람들이 모여서 이야기도 하다가 놀이판과 술판도 벌이는 그야말로 다목적 공간이었다. 친분과 안면으로 얽혀 있는 농촌사회에서 사랑방이 마을 주민들의 주요한 아지트였으나 식민지 도시사회에서는 일상적 지연의 연결고리가 해체되고 비일상적인 만남이 늘면서 사랑방 역할이 다방으로 넘어간 것이다.

잘 알려져 있듯이 1930년대에 다방에 대한 열정이 대단했던 작가는 이상이다. 이상은 건축기사로서 스스로 설계까지 하여 차린 제비다방뿐만 아니라 쓰루鶴 카페, 무기麥다방 등을 운영했다.[9] 하지만 이윤에 밝지 못한 그가 운영한 다방들은 오래가지 못하고 번번이 문을 닫아야 했다. 그럼에도 다방에 대한 애착을 버리지 못한 까닭은 문인들의 사랑방으로 다방을 운영하고자 했던 이상의 열정 때문이리라. 실제로 그는 자신의 다방을 통해서 이태준, 박태원, 김기림, 윤태영 등과 교류를 시작했다.

이상이 『소설가 구보씨의 일일』에 직접 삽화를 그려줄 정도로 친분이 돈독했던 박태원 역시 다방에 대한 애정이 남달랐던 문학가다. 그는 '다방의 취미'라는 바이러스를 인텔리들에게 전염시켰던 문인으로서 회자된다. 박태원에게 다방은 창작의 동력원이었다. 즉, 『피로』『소설가 구보씨의 일일』『애욕』 등 박태원의 소설에서 다방은 주요 배경으로 나온다.[10] 아울러 그는 다방을 창작 공간으로 활용했다. 그에게 다방은 소설에 대해 고민하고 원고를 작성하는 곳이었으므로 지금의 커피전문점처럼 다방은 커피 공장 이상의 창작 공장이었던 셈이다.

1930년대 우리나라의 다방은 유럽에서 문인, 예술가, 철학자 등의 아지트가 되었던 커피 하우스와 별반 다르지 않다. 당시의 다방은 문학과 예술을 논하는 인텔리 계층이 모여 자신들의 동류의식을 강화하는 장소였다. 어느 다방에 출입한다는 것만으로도 그들만의 독특한 취향과 의식을 알 수 있는, 그래서 그들이 지향하는 문학과 예술의 경계를 만들 수 있는 '구별짓기 문화'의 일종이었다. 그러나 일제가 태평양 전쟁을 일으키던 1940년대는 물자 부족과 전쟁 분위기로 인해 예술가들의 아지트였던 다방은 철퇴를 맞았다. 다방이 다시 우후죽순으로 일어선 때는 해방을 맞이한 뒤였다.

    1945년 일제의 속박에서 벗어난 부산은 인구가 급속히 늘어났다. 일본과 만주 등지에서 귀환동포들이 대거 부산항으로 입국하면서 부산은 사람들의 물결로 몸살을 앓아야 했다. 부산은 해방 이후에도 줄곧 우리나라의 대표적인 무역항으로서 무역 거래를 하려고 오는 사람들로 붐볐다. 무역 상인과 중개인들이 활개를 친 부산은 상업과 유흥업이 발달한 도시였다. 당시 신문에서는 부산이 서울보다 유흥업소 경기가 더욱 활황이라고 보도했다.[11]

> 그 이면을 살펴보면 여기에는 무역 '뿌러커'의 활동이 눈부시게 커다란 역할을 하고 있다는 것을 여실히 규시窺視할 수가 있다. 그 때문인지 부산에는 서울에 비하여 요정, 카페, 다방, 술집 등의 경기가 좋고 또는 설비도 규모가 째어(?) 화려한 편이다. 이것은 해방이 낳은 특수한 현상이라 아니할 수 없다.

    당대 여론에서는 다방을 화려하고 사치스러운 공간으로 보았다. 다방이 요정과 술집 등 유흥업소의 하나로 분류된 사실을 보면 알 수 있다. 화려한 패션의 마카오 신사와 무역 브로커들이

종횡무진했던 부산에서 다방은 제2의 호기를 맞았다. 부산의 유흥업 경제를 뒷받침해준 것은 밀수선들의 무역 거래였다. 밀수선들은 대체로 떼돈을 벌 목적으로 귀금속과 사치품들을 밀수입했던바, 요정과 다방은 이런 밀수꾼과 브로커들의 아지트가 되었다. 그리하여 『경향신문』 1949년 8월 8일자에서는 이렇게 쓰고 있다. "역시 부산은 항구도시로 해서 그런지 당국으로부터 금지된 낮술이 공공연히 기생들의 장구 소리와 함께 팔리고 있는 것은 가관이었다. 각 요정은 대만원을 이루고 있고 음식점, 다방에는 손님으로 대번창이다. 오히려 서울보다 별천지의 느낌이었다."

임시수도 부산, 다방의 번창

하지만 한국전쟁 시기에 비한다면야 해방 이후 부산에서 다방의 번창은 약과가 아닐까? 한국전쟁으로 인해 1950년 8월 18일 임시수도가 된 부산은 전례 없는 인구 폭발을 맞았다. 전쟁 전에 47만 명이었던 부산 인구는 1952년에 약 88만 명으로 늘었다.[12] 고향을 등지고 온 피란민들이 지금의 원도심권에 머물렀으니 인산인해의 부산은 발 디딜 틈조차 없었다. 더욱이 서울에 있었던 관공서와 학교, 회사 등 수많은 기관과 단체가 부산에서 임시 사무실을 차리고 업무를 보았다. 여기서 일하는 수없이 많은 사람이 만나고 이야기할 수 있는 곳, 다방에 대한 수요가 급증했음은 두말할 필요가 없다. 전쟁 전 부산에 47개소였던 다방 숫자가 1951년 말에는 78개소, 다시 1952년 말에는 99개소로 늘어났다.[13] 1953년 7월 24일 『동아일보』에서는 피란살이 3년의 발자취를 되돌아보면서 다방이 증가하는 이유를 이렇게 설명했다.[14]

——— 한국전쟁 시기 부산에서 물동이를 이고 다니는 행렬(위), 깡통을 모아서 재활용하는 사람들(가운데), 부모를 잃은 어린이들(아래).

떼를 지어 밀려온 부산. 목숨의 피란처를 찾아 남단의 항구 부산에 다다랐을 때 눈앞에는 다시 삶의 영위라는 계속적인 지상과제가 우뚝 솟아올랐다. 막상 와보니 모두들 널따란 집도 없었고 일정한 사무실도 없었으며 설령 있다 하더라도 급자기 흩어져버린 활동 체계의 혼란 속에서 피차의 연락조차 두절되어 자연 누구를 만나보거나 찾아보려고 하여도 혹시나 하고 다방에 가볼 수밖에 없었고 또 사업 진행에도 다방만이 유일한 사무실이 되어버렸다. 이리하여 다방은 어느덧 피란민들에게 없을 수 없는 귀중한 존재가 되었고, 매일매일 활동의 근거지가 되었으니 이때부터 부산의 다방 수는 스스로 하루하루 불어만 갔다.

갑작스레 피란 온 부산에서 제대로 된 사무실이 있을 리가 없었으므로 다방은 연락처, 집무실로서 빼놓을 수 없는 귀한 장소였다. 1952년 4월 24일 『경향신문』에서도 임시수도 부산에서 매일같이 늘어가는 것이 두 개 있는데, 그 한 가지는 판잣집이요, 또 한 가지는 다방이라고 했다. 그러나 임시수도 부산에서 다방을 바라보는 시선은 결코 곱지 않았다. 다방에 앉아서 늘어놓는 대화라는 것이 99퍼센트가 별을 따는 내용이라는 혹평이 쏟아졌다.[15] 식수를 구하기조차 어려운 형편의 난민들이 보기에 다방 출입은 호사스러운 행위에 지나지 않았다. 다방 손님들은 전쟁터에서 스러져가는 청년들 혹은 부평동 자유시장에서 죽기 살기로 일하는 상인들과 견주어지면서 그들에게 '고급 피란객'이라는 딱지가 붙었다.[16] 이제 다방은 문학과 예술을 논하는 살롱이 아니라 퇴폐와 향락을 조장하는 온실로 치부되었다.

1952년경 동광동 거리(현 백산기념관 거리)에 있던 뷔엔나 다방. 일본식 목조 건물에 입주해 있었다.

우국하는 인사들의 눈물겨운 호소를 마이동풍인 양 어제도 오늘도 다방에는 호화로운 몸채림의 고급 피란객들이 어깨와 등허리를 마주 대고 양담배를 피우며 천정을 쳐다보고 있다. 그들의 얼골에 그려진 표정은 염전厭戰과 패전의 기분 그것이고 또 혼자서만 살아보겠다는 탐욕의 개인주의 그것이다. 이러한 고급 피란객들이 입추의 여지 없이 들이찬 비위생적인 다방문 밖에는 그 명예로운 한 잔의 커피를 얻어 먹을려는 또한의 무리가 자리 나기를 기다리고 있다. 그러나 차라리 부산 거리에 사남하는 것은 술이다. 낮술이 횡행하고 있다. 백주에 술을 파는 자가 있고 술을 마시는 자가 있고 술 내음새를 풍기는 취객이 있다.

목숨 걸고 싸우는 피비린내의 전쟁터가 지척이었는데 부산의 다방에 모여 앉아 담배 피우고 커피를 마시는 모양새가 좋게 보일 리 없었다. 또한 1·4후퇴 이후에 전세가 악화된 터였으므로 다방에서 오가는 대화는 수세에 몰린 전황에 대한 것이거나 또 다른 피란처를 물색하는 내용임이 뻔했다. 다방을 향한 여론이 급속도로 나빠지자 장면 총리가 나서서 다방과 요정을 출입하는 공무원을 색출하라는 명령을 내렸다. 1952년 5월 8일의 단속 결과에 따르면 191명의 공무원이 적발되었는데, 그 가운데는 모 부서의 차관을 비롯해 고위직 공무원도 적지 않았다.[17] 그러나 장면 총리의 명령에도 불구하고 공무원들의 출입은 여전했으며, 다방을 찾는 손님은 줄지 않았다. 임시수도 시기의 끝 무렵인 1953년 6월에는 무허가 다방까지 합쳐 부산의 다방이 123개소에 달했다.

다방의 가십: 레지와 커피 얌생이질

다방에 남성들이 드나드는 이유 중 하나는 젊은 여성인 '레지'들이 반겨주기 때문이었다. 한국전쟁으로 인해 생활고에 시달렸던 여성들은 행상과 날품팔이를 하거나 다방, 미장원, 요정 등과 같은 업소에서 종사했다.[18] 변변찮은 일자리조차 구하지 못했던 임시수도에서 다방 레지는 젊은 여성들을 유혹하는 직업이었다. '레지'라는 명칭이 언제 생겨났는지는 확실치 않으나 카운터에서 요금을 계산하는 레지스터register에서 나왔다는 게 일반적인 설이다.[19] 1930년대만 하더라도 레지스터라는 말로 불렸는데[20] 점차 레지는 다방에서 차를 나르고 손님을 접대하는 젊은 여성을 뜻하게 되었다.

전쟁기였지만 남성들에게 부산의 다방은 여전히 예쁘고 젊은 레지들을 만날 수 있는 사랑과 욕망의 공간이었다. 남성들이 레지에게 프러포즈를 하는 일이 흔했고, 결혼과 이별을 사이에 두고 젊은 청춘들의 심각한 고민은 끊이지 않았다. 레지들은 부모와 일가가 없는 불우한 처지에 놓인 자가 많아서 마땅히 고민을 털어놓을 상대가 부족했다. 그리하여 일간지의 '여성싸롱' 코너에 해결책을 문의하는 레지들도 있었다.[21]

> 문) 나는 여학교 3학년생이었는데 부모 일가도 없는 고아입니다. 할 수 없어서 지금 부산 ○○다방에서 레지를 밑보고 있는데 A라는 남자와 B라는 남자가 '프로포'하고 있습니다. 앞으로 나 자신을 걷잡을 수 없는 무서움이 닥쳐올 것 같은 예감이 도는데 이를 어찌하였으면 좋겠습니까?(金)

'여성싸롱'에서는 김 레지가 만약 학생이었으면 학기시험 때문에 밤잠을 못 잘 귀여운 여학생의 나이에 불과하다면서 아직 애정 문제를 판단하기에는 이르다는 답변을 내놓았다. 그래서 두 남자가 프러포즈한다 해도 조급히 서두르지 말고 시간과 여유를 가지라는 충고를 한다. 또한 고아라는 외로움과 우울감으로 자기 자신을 천대하거나 소홀히 하지 말고, 자존심과 총명한 기지를 지니라는 심리학적 조언도 했다. 이처럼 '여성싸롱'이 꼼꼼하고 따뜻한 조언을 했던 것은 한국전쟁 시기 부산 다방의 종업원 대부분이 고아나 전쟁미망인 등 불우한 처지에 놓여 있었기 때문인 듯하다.

이와 반대로 레지를 사랑하는 남성들이 일간지에 해결책을 구하는 경우도 있었다. 부산의 모 다방 레지인 R양에게 결사적으로 구애하던 한 청년이 자신의 사랑이 받아들여지지 않자 『경향신문』 유관자有冠子 코너에 문의를 했다.[22] 그러나 R양은 이미 약혼한 상대가 있었으므로 유관자는 말이 되지 않는 수작을 한다면서 "썩 물러나시오"라고 거듭 호통을 쳤다. 약혼자가 있는 상대라지만 '여성싸롱'의 답변에 비한다면 매우 냉담한 반응이 아닐 수 없다. 남성들의 레지에 대한 구애는 대체로 즉흥적 감정에 치우친 인스턴트 사랑에 불과하다고 여겼기 때문일까?

이렇듯 애틋해 보이지만, 다방에서 레지와 청년 사이의 사랑이 열매를 맺는 일은 드물었다. 그런 사랑은 사회적 인습과 장벽을 허물지 못하고 비극적인 결과를 낳기도 했다. 사회적 약자였던 레지가 정식 결혼을 하지 못함을 비관해 자살로 생을 마감하는 사건이 곧잘 일어났다. 사랑하는 청년과의 결혼이 성사되지 못하자 '지상에서는 사랑을 이루지 못할 것이니 저세상에서 만나겠다'는 유서를 남기고는 쥐약을 먹고 자살한 '부산 보름달 다방 레

지 사건'은 부산 다방에서의 사랑이 참으로 이뤄지기 힘든 것임을 입증한다.[23]

임시수도 부산의 다방에서 자주 도마에 오르는 또 하나의 가십은 '커피의 공급처'였다. 당시 커피는 전적으로 수입에 의존하는 상품이었을 뿐 아니라 전쟁 기간 동안 급증했던 다방의 수요에 맞춰 커피를 조달하는 일이 쉽지 않았다. 이런 상황에서 다방들이 어떻게 커피를 공급했는지는 궁금증을 자아내는 가십거리가 아닐 수 없었다. 한국전쟁 기간에 커피가 흘러나온 곳은 미군 부대였다. 미군의 PX를 통해 유출된 인스턴트커피가 다방으로 공급되었고, 이것이 당시에 커피가 대중화될 수 있었던 기반이었다.[24]

전투 시에 커피는 잠을 쫓아내며 힘을 북돋워주는 역할을 했기에 미군의 전투식량인 C레이션에는 인스턴트커피가 포함되어 있었다. 미군의 야전용 봉지커피는 한국인들에게 커피 문화를 보급하는 데 지대한 영향을 미쳤다. 미군 부대의 한국인 군속과 졸부들은 선진 문화로 상징되는 미국의 커피를 즐기고 싶었는데, 쓴 맛을 이겨내기 위해 코를 잡고 마시는 촌극도 벌어졌다. 농촌에서는 커피를 먹는 방법을 몰라 우왕좌왕하고, 간장으로 착각해 칼국수에 커피를 넣는 해프닝도 일어났다.[25]

부산, 서울, 대구 등 대도시의 다방들이 커피를 구입하는 곳은 속칭 '양키시장'이었다. 당시의 커피는 정식으로 수입된 것이 없었으므로 미 군수품이 흘러나오는 양키시장에서 구입해야 했다. 피란 시절 부산에서는 깡통시장이 이런 역할을 했으므로 이곳을 통해 미군 부대에서 유출된 커피를 손쉽게 얻을 수 있었다. 그런데 커피의 유출 경로를 따져보면 모두 '얌생이질'에 의한 것이다. 얌생이질은 전쟁이 만들어낸 신조어로, 미제 물건을 몰래 가져

나오는 절도를 뜻한다.[26]

　한국인 종사자들이 몰래 주머니나 가방에 넣어오는 커피도 많았지만 이런 방식으로는 다방의 커피 수요를 도저히 당해낼 수 없었다. 좀더 규모가 크고 배짱이 센 얌생이질이 필요했다.[27] 그래서 미군 수송선에서 군수품이 날라져올 때 집채만 한 궤짝을 통째로 가져오거나, 군수품 수송 트럭 사이에 끼어 있다가 차떼기로 훔쳐오는, 아주 과감한 방식이 동원되었다. 물론 이런 얌생이질을 위해서는 미군 및 한국인 종사자들과 사전 협력 체제가 돈독히 이뤄지지 않으면 안 되었다. 한국전쟁 기간 다방에서 커피를 시켰다면 좋든 싫든 간에 얌생이질한 커피를 마실 수밖에 없었던 것이다.

문인들에게 좌석을 파는 다방

　임시수도 부산에서 다방은 다목적의 광장이었다. 집도 절도 없이 남쪽으로 밀려 내려온 피란민들이 안정되게 일할 수 있는 정주 공간을 기대하기란 어려웠다. 시대에 떠밀려온 그들은 어쩔 수 없이 피란형 유목민의 대열에 끼어 이곳저곳을 기웃거리는 유랑생활을 했다. 이런 유랑민들에게 다방은 객실이자 거래처였으며, 훌륭한 사무 공간이었다. 하릴없이 시간을 때우기 위해 다방을 찾기도 했지만 절대적으로 공간이 협소했던 임시수도 부산에서 다방은 일을 하기 위한 다목적 장場으로 이용되었다.

　정부를 따라 모든 기관이 부산에 집중되어 있다. 이것을 노려 우후죽순처럼 생겨난 것이 부산의 다방이다. 부산 거리 어느 골목에도 다방 없는 골목이 없다. (…) 집도 절도 없이 남으로 남으로 밀려온 친구들의 부산 다방은 그들의 객실이요, 거래처이며 또는 그들의 숨구멍이 되는 것이다. 나 같은 위인도 거리에서 간혹 지인을 만나면 으레 "요새 어느 다방에 나가시오?" 하는 것이다. (…) 부산의 다방은 차를 파는 다방이 아니고 좌석을 파는 다방이다. 다방에 드나드는 친구들도 차를 마시러 오는 것이 아니라 자기들 영업의 고객을 만나러 오는 것이다. 자리 값만 지변支辨할 여력이 있는 이면 저마다 그 다방을 그들의 점포로 사용하고 있는 것이다.[28]

차를 파는 다방이 아니고 좌석을 파는 다방이라 했다. 영업을 위해 고객을 만나고, 자신의 점포처럼 이용하는 다방은 가히 좌석을 파는 곳이라 할 만하다. 전쟁 기간 중 다방은 가장 인기 있는 대중적인 장소로 떠올랐기에 어느덧 사람들이 만나서 하는 인사말은 '요새 어느 다방에 나가세요?'가 되었다. 어느 다방이라고 물어본 이유는 다방마다 드나드는 손님들이 차이 났기 때문이다. 손님의 부류는 곧 직업의 부류요, 출입하는 손님과 직업의 부류는 그 다방을 다른 다방과 구별짓는 요인이었다.

밀다원의 대부분 좌석은 문인들에게 할애되었다. 소설 『밀다원 시대』에서 김동리는 다방 앞에서 가슴이 두근거리는 중구에게 묻는다. 밀다원 앞에 서면 "무엇이 그를 이렇게 즐겁게 하고 흥분시키는 것인가"라고.[29] 난리 통에 밀려온 외딴 타향에서 잘 아는 얼굴, 더구나 같은 직업으로 일하는 사람들을 만나는 것이 얼마나 가슴 뛰고 반가운 일이겠는가. 중구가 밀다원으로 들어가면 "얼른 보아도 한 20개나 됨 직한 테이블을 에워싸고 왕왕거리는 꿀벌 떼는 거의 모두가 알 만한 얼굴들"이 있어 일일이 인사하기가 쑥스러울 정도였다. 그러하니 중구는 편안하고 친절한 오정수의 집에서도 도망가듯이 나올 수밖에 없었다. 무엇이 그렇게 급한지 중구 자신도 알 수 없지만 덮어놓고 밀다원에 가보아야만 될 것 같은 마음이 들었기 때문이다. 조현식과 송 화백, 안정호와 허윤, 그리고 길 여사의 얼굴을 한시바삐 보아야 숨이 돌아가는 중구는 단단히 밀다원 시대의 톱니바퀴에 끼어들어갔던 것이다.

    피란 시절 부산의 다방은 문인들에게 글을 쓰고 고민하는 창작의 공장이었다. 소설 『밀다원 시대』에서도 밀다원 다방의 한 구석 자리에서 조현식이 원고를 쓰는 장면이 묘사된다. 부산으로 피란 온 김동리는 실제로 다방에서 원고를 쓰곤 했다. 그는 자전 에세이에서 "자랑스러운 일은 아니지만, 그 무렵 나는 가끔 다방에서 원고를 썼다. 서재나 사무실이 따로 없기 때문이기도 하겠지만, 역시 다방엘 자주 나오는 데도 원인이 있었다"고 했다.[30] 김동리는 부산 피란 시절에 백 씨의 집에서 방 하나를 얻어 곁방살이를 했다. 병든 노인과 싸우는 아이들(다섯 명)까지 대식구가 함께 있었으니 이 방에서 원고를 쓴다는 것은 거의 불가능했다. 김동리는 글을 쓰기에는 "괴롭고 불편한 조건을 가진 방"이라고 표현했지만 다른 피란 문인들에게는 이런 방조차 허락되지 않았다. 어쨌든 피란지 부산에서 '밀다원 시대'를 살아가는 문인들에게 다방은 좀더 자유로운 창작의 공방이었다는 점만큼은 분명한 사실이다.

    문총 바로 위층에 있는 밀다원은 문인들뿐만 아니라 화가들이 모여드는 장소이기도 했다. 문총은 1947년에 결성된 우익 계열의 단체로 문학인들을 비롯해 화가, 사진가, 연극 영화인까지 망라했다. 문인들에게 밀다원이 창작의 공방이었다면 화가들에게 이곳은 전시를 위한 갤러리였다. 전쟁 시절 밀다원에서는 남관 개인전, 전혁림 회화전 등 개인 전시회에서부터 해양미술전 등 단체 전시까지 다양한 미술 전시회가 열렸다. 밀다원 외에도 금강 다방, 대도회 다방, 뉴서울 다방, 다이아몬드 다방, 르네쌍스 다방, 봉선화 다방, 늘봄 다방 등 광복동과 창선동 일대의 다방들도 전시 갤러리로서 주요한 역할을 해주었다.[31] 이처럼 부산의 다방은 피란의 와중에도 화가들의 창작열을 불태울 수 있는 전시 공간이었으니 문인들만큼이나 화가들에게도 소중한 곳이었다.

시인 자살 사건

그렇다고 다방이 전쟁을 피할 수 있는, 삶의 고단함을 떨쳐 버릴 수 있는 안식처였다고 생각하면 큰 오산이다. 다시 말해 부산의 다방이 결코 낭만적인 장소는 아니었다. 전쟁의 상처와 피란의 아픔은 다방에서도 소용돌이쳤다. 다방에 앉아 문학을 논하며 커피를 마시고 원고를 쓴다 한들 여전히 고픈 배는 채워지지 않았다. 피란지 부산에서 생업 기술도 없고 생계 수단도 갖지 못한 문인과 예술인들은 먹고살 길이 막막했다. 전쟁 기간에 문학과 예술이 쓸모없는 불용품으로 취급되거나 문학과 예술이 과연 필요한가라는 근본적인 질문을 되뇌는 것은 그러한 이유에서다. 모두들 일차원적 불모지에 섰으니, 이중섭도 생계를 위해 부두노동자로 일했고, 박수근은 미군 부대에서 미군의 초상화를 그렸다. 또한 호구지책으로 영도의 대한도자기 회사에 취업해 도자기 그림을 그리거나 극장 간판을 그리는 일도 마다하지 않았다. 이런 화가들에 비한다면 피란 문인들의 사회적 일자리는 극히 부족했다.

김동리는 피란 시절 문인들의 비참한 생활에 대해 이렇게 말했다. "밀다원에서고 금강에서고 피란 온 문인들의 생활이란 비참했을 뿐이다. 아침부터 저녁까지 거의 날마다 다방에 나와 지껄이고 담배를 피우고 하다가 테이블 단위로 가락국수나 보리죽 따위로 점심을 때우면, 저녁때엔 또 그렇게 테이블 단위로 일어나 막걸리나 소주를 마시러 나가곤 했다."[32] 그나마 김말봉, 오영수, 한무숙, 김종문, 임긍재, 김광섭처럼 경제적으로 안정된 부산 출신 문인[33]들과 가까운 사람들은 이렇게 가락국수나 술까지도 얻어먹을 수 있었다. 이들과 안면이 없거나 얻어먹기가 창피했던 사람은 배를 움켜쥐고 참는 수밖에 다른 도리가 없었다.

문인들 가운데는 비참한 피란의 현실을 참지 못하고 극단적인 자살을 택한 이들도 있었다. 임시수도 부산에서 시인들의 자살 사건은 문학예술계뿐만 아니라 사회적으로 커다란 파장을 일으켰다. 소설 『밀다원 시대』에서도 끝 무렵에 박운삼 시인의 자살 사건이 나온다. 중구와 조현식, 그리고 길 여사가 자리를 비운 사이 박운삼이 밀다원 구석 자리에서 다량의 수면제를 삼킨 뒤 벽에 기대어 졸듯이 죽어갔다. 그가 마지막으로 남긴 유서는 '고별'이라는 짧은 글이었다.[34]

나는 미리 준비하고 있었던 페노발비탈 60알, 새콜사나듐 5알을 한꺼번에 먹었다. 나는 진실로 오래간만에 의식의 투명을 얻었다. 나는 지금 편안하다. 나는 지금 출렁이는 바다 저편에서 나를 향해 웃음을 보내는 나의 애인의 얼굴을 본다. 그리고 지금 나의 앞에는 나의 친애하는 벗들이 거의 다 모여 있음을 본다. 나는 그들이 나를 지켜주고 있는 이 시간 이 자리에서 더 나의 생애를 연장시키고 싶지는 않다. 잘 있거라, 그리운 사람들.
(51년 1월 8일 박운삼)

소설 속 박운삼은 실제로는 낭만파 시인 정운삼이다. 내성적인 정운삼은 실연의 슬픔까지 겹쳐 자신의 원고를 친구에게 맡기고 밀다원 다방에서 수면제를 먹고 스스로 목숨을 끊었다. 그의 자살 사건이 벌어지자 밀다원은 문을 닫았고, 아래층의 문총 사무실마저 집수리라는 핑계로 쫓겨났다.[35] 쫓겨난 문인들은 마땅히 갈 곳이 없으니 다시 금강 다방과 스타 다방으로 헤쳐 모였다. 하지만 비극적 자살 사건은 정운삼으로 끝나지 않았다. 이번에는 시인 전봉래가 수면제를 다량으로 먹고 스타 다방에서 자살한 것이다. 그는 '그리운 사람에게 보낸다'라는 유서를 남겼는데, 수면제를 먹고 눈시울이 무거워지는, 점차 죽음에 빠지는 자신의 모습을 드러내 더욱 충격을 안겨줬다. 감수성 예민한 시인들은 극단적인 궁핍의 상황과 불투명한 내일의 전망을 참아내지 못하고 스스로 죽음을 택한 것이다.[36]

밀다원 시대의 진화

시인이 택한 죽음이 어떻게 개인적인 자살이겠는가? 전쟁과 피란의 극한 상황에 몰려 불안한 심리와 감정이 오버랩된 것이니 사회적 타살에 다름없었다. 그런데 시인이 죽음을 선택한 마지막 장소가 다방이라는 점은 시사하는 바가 크다. 조용한 공간에서 홀로 자살하지 않고 수많은 문인이 오가는 다방에서 죽어간 것은 자신의 죽음을 사회적으로 알리고 싶어서였다. 전쟁과 문학, 이상과 현실 사이에서 벌어진 커다란 간극을 메우지 못했던 시인들은 극심한 우울증을 앓다가 결국 문인들의 네트워크인 다방에서 죽음으로 호소한 것이다.

한국전쟁 기간 머나먼 부산에서 전전긍긍하면서 살아가는 문인들에게 심한 무기력감은 그 어떤 불안감에도 비견되지 못할 만큼 괴로운 것이었다. 다방에서 서로 떠들며 전쟁과 피란의 피로감을 떨쳐 보낼 수 있을지언정 뼛속까지 사무친 존재에 대한 무기력함은 사라지지 않았다. 도대체 문학은 무엇이고 예술은 무엇이란 말인가? 민족의 비극인 전쟁 앞에서 아무것도 할 수 없는 문학과 문인들은 얼마나 무력하단 말인가? 이런 존재 자체에 대한 물음은 자신을 부정하는 파국으로 끝날 수도, 자신을 극복하고 더 나은 존재로 진화하는 변증법적 기회가 될 수도 있었다.

1953년 7월 휴전이 성립되자 정부는 서울로 환도했다. 많은 피란민이 다시 고향을 찾아 부산을 떠났고, 문인들도 제각기 바쁜 걸음으로 사라졌다. 피란 문인과 예술가로 붐볐던 부산의 다방은 한동안 공동화 상태에서 무기력한 재편기를 맞았다. 다방의 숫자는 3분의 1로 급격히 줄었고, 파리만 날리는 다방과 요정은 파산 지경에 이르렀다.[37] 이 또한 임시수도 부산이 겪어야 할 숙명적인 시련일 수밖에.

서울로 올라간 문인들은 이번에는 명동을 찾아서 제2의 다방 시대를 열었다. 밀다원 시대 이후 명동 다방 시대의 주역으로는 갈채 다방과 동방 살롱을 손꼽을 수 있다. 갈채 다방에는 박종화가 이끄는 한국문학가협회 멤버들인 김동리, 서정주, 박목월, 조지훈, 손소희 등이, 동방 살롱에는 『자유문학』을 통해 활동하는 김광섭, 모윤숙, 이헌구, 안수길, 백철 등이 모여들었다.[38] 부산의 밀다원 다방과 금강 다방에서 활동했던 김동리는 이번에는 명동의 갈채 다방에서 원고를 청탁받고 문인들과 의견을 교환했다. 김동리는 갈채 다방을 "그 무렵 문인들의 반사무실이요 응접실이요, 연락처였다"라고 하면서, 부산의 밀다원 시대처럼 '갈채 시대'라는 표현을 썼다.[39]

갈채 시대 이후 수많은 다방의 진화가 있었다. 다방은 음악 전문다방에서 퇴폐 다방까지 시대적 몸살을 앓으면서 커피전문점의 시대로 뚜벅뚜벅 걸어왔다. 밀레니엄 시대에 에스프레소를 시켰다가 창피를 당했던 나도 이제 아메리카노뿐만 아니라 카페라테, 카푸치노, 카페모카, 캐러멜 마키아토 등 커피 메뉴를 자유롭게 시킬 수 있다. 하지만 이 선택의 자유는 커피 대자본이 상업 전략에 따라 만든 것이므로 오히려 커피전문점의 시대로부터 내가 자유롭지 못하다는 사실을 반증한다. 대자본은 수많은 커피를 양산해 사람을 주눅 들게 했음에도 역시 커피는 목적이 아니라 연결고리다. 이따금 서울 출장을 위해 부산역 커피전문점에서 기차를 기다릴 때도 커피는 음료일 뿐 나에게는 조용히 책을 읽는 공간을 마련하는 게 주목적이다. 이곳에서 또 다른 누군가가 제2의 『밀다원 시대』를 탄생시킬 것인지는 아무도 알 수 없다.

6

그들은
왜 영도다리에서
몸을 던졌을까:

부산 사람들의 자살과 운명

영도다리에서 빠져 죽자

"니는 영도다리 밑에서 주워왔다 아이가." 부산 사람이라면 어렸을 적에 누구나 한번쯤 들어봤을 말이다. 이 말을 들은 아이는 서러워진다. 내가 우리 부모님 친자식이 아니란 말인가? 나의 진짜 부모님은 어디에 계신가? 친부모님의 존재에 대해 고민 고민하다가 실제로 가출을 감행한 아이들도 있었다. 그러나 이것은 아이들을 놀리기 위해서 하는 말일 뿐만 아니라 실제로 다리 아래로 낳았다는 은유다. 많은 다리 가운데 영도다리를 일컬은 것은 부산을 상징하기 때문이다. 만약 진짜로 아이를 어디선가 데려왔다면 꺼림칙해서 이런 말조차 할 수 없을 것이다. "니는 영도다리 밑에서 주워왔다 아이가"라는 말을 들었다면 오히려 친부모임을 증명하는 말일 테니 안심해도 좋다.

그런데 위 말에 비교될 만큼 부산 사람들이 자주 쓰는 관용어가 "영도다리에서 빠져 죽겠다"이다. "영도다리에서 주워왔다"는 말은 아이에게 놀림을 줄지언정 생명의 탄생을 은유하는 데 반해, "영도다리에서 빠져 죽겠다"는 말은 스스로 목숨을 끊을 정도로 힘들고 어려운 사정에 처해 있음을 내비친다. 가까운 친구가 이런 말을 했다면 바로 위로의 말을 건네는 게 좋을 것이다. 그런데 이 "영도다리에서 빠져 죽겠다"라는, 부산 사람들이 자주 하는 말이 전국적으로 화제가 된 적이 있었다. 바로 1992년 14대 대선 막바지에 일어난 초원복국집 사건에서였다. 이 초원복국집에서는 김기춘 전 법무장관을 비롯해 부산의 유력한 기관장들이 모여 특정 후보의 당선에 대해 논의하고 있었다. 이 자리에서 김 전 법무장관은 이렇게 말했다. "다른 사람이 되면 부산·경남 사람들 영도다리에서 빠져 죽자."[40]

초원복국집에서 내뱉은 이 말은 다분히 지역감정을 부추기기 위한 것이었다. 이때의 영도다리는 죽음을 생각할 정도로 힘든 상황에 처했음을 가리키는 것이 아니라 부산 경남 사람들의 '우리가 남이가'라는 지역감정을 자극하는 매개체였던 것이다. 영도다리는 좋든 나쁘든 부산 사람의 마음을 움직인다는 면에서 강한 상징성을 지닌다. '영도다리 밑에서 주워왔다' 혹은 '영도다리에서 빠져 죽자'는 모두 부산을 상징하는, 영도다리의 개념을 바탕으로 한 관용어다. 그러나 전자와 후자가 다른 점도 있다. 영도다리 밑에서 아이를 주워왔을 수는 없지만 영도다리에서 몸을 던져 바다에 빠져 죽은 사람은 부지기수라는 사실이다.

다리는 하천이나 바다 위를 통과해 땅과 땅을 연결시켜준다. 다리가 없다면 헤엄쳐서 건너거나 배를 타고 지나야 하는 수고로움을 들여야 하지만, 인위적으로 설치한 교량이 생기면서 구조물을 통해 사람들은 손쉽게 물길을 건널 수 있다. 영도다리는 부산의 도심(육지)과 영도(섬)를 이어주는 연륙교였다. 영도다리가 세워지기 전에는 나룻배를 타고 바다를 건너야 했다. 교통로로서 영도다리는 지난 70여 년간 훌륭한 기능을 했음은 두말할 필요도 없으며 '다리 이상의 다리'였다. 일제강점기 근대 공학의 최고 결정체로서 설치된 영도다리는 다리 한쪽이 들리는 도개교跳開橋였다. 육중한 몸의 한쪽을 들어올릴 때마다 영도다리가 힘겹게 느껴지는 이유는 수많은 부산 사람들 사연의 하중이 상판을 누르고 있

1960년대 후반의 영도다리. 1934년 준공된 우리나라 최초의 연륙교로, 부산의 내륙과 영도 섬을 이어주었으며 여기에는 부산 사람들의 삶과 애환이 배어 있다.

기 때문일 것이다. 그 사연이 일제강점기에는 식민지의 고통이었고, 한국전쟁기에는 민족 분단의 아픔이었으며, 산업화 시기에는 가난과 실업의 불안이었다. 역사의 극한으로 떠밀린 사람들은 끝내는 영도다리를 찾아갔고, 그 멍든 가슴이 낫지 않아 투신자살이라는 극단적인 선택을 했다. 분명한 것은 어떤 사람이 영도다리에서 세찬 바다로 몸을 던졌다면, 자신의 숨을 끊어버리는 것 이상으로 막장에 이른 자신의 사연을 영도다리를 통해 세상에 알리고 싶어서였다는 점이다. 그 사연을 보듬고 어루만져주는 것만이 어쩌면 수많은 부산 사람의 애환을 듣고 올렸던 영도다리의 역사를 제대로 복원하는 길일지 모른다.

'들리는 다리'의 탄생

영도다리에는 목도부산도진교牧島釜山渡津橋, 도진교, 도개교, 부산대교, 영도대교, 영도다리 등 시대의 변천에 따라 여러 이름이 붙여졌다. 1980년 현재의 부산대교가 가설된 이후 거의 사용되지 않지만 영도다리가 준공될 당시의 이름은 부산대교였다. 다리를 처음으로 조성할 때에는 목도(영도)와 부산을 잇는다는 의미에서 '목도부산도진교' '부산목도간도진교' 등으로 불렸지만 1932년에 이르러 부산대교라는 명칭으로 불렸다.[41] 부산을 상징하는 큰 다리인 만큼 부산대교라는 이름이 어울렸던 것이다.

부산과 영도를 잇는 다리 건설의 필요성은 1920년대부터 제기되어왔다. 1930년대 접어들어 영도 인구가 2만 명을 넘어서면서 도선渡船에 의존하는 해상교통은 한계에 다다랐다. 동시에 지역민들의 불만과 원성도 극에 이르렀다. 1926년 8월경 조선총독부는 당시 토목건축학계에서 최고로 유명한 도쿄제국대학 공학부의 세키 노부오關信雄 교수를 초대해 다리 건설의 타당성을 조사했다.[42] 조선총독부는 다리를 설치하는 예산에 큰 부담을 느끼면서도 동양에서 제일가는 거대한 다리를 놓으려는 구상을 하고 있었다.

1927년 조선총독부의 계획은 두 가지로 압축되었다. 첫 번째는 부산과 영도의 해안 사이를 아예 매립하고 중앙에 선박이 통행할 수 있는 갑문閘門을 설치하는 매립안이었다. 하지만 양안兩岸을 매립하면 큰 배가 출입하는 대항구로서 부산의 기능은 축소되고, 바닷물이 자유롭게 드나들지 못함으로써 수질이 나빠질 것이라는 위생상의 문제가 제기되었다.[43] 이에 대한 대안은 도선가교渡船架橋안이다. 이 계획은 영도와 부산을 왕래하는 곤돌라를 설치하는 것으로 다리 상판 일부를 가동시키는 도개교는 아니었다.[44] 당시까지 일본 최초의 것, 부산항의 일대 자랑거리를 삼는다는 계획은 있었지만 구체적인 도개교안은 마련되지 못했던 것이다.

이후 일본의 도개교 구상을 가능하게 해준 인물은 가동교可動橋 설계와 제작 전문가였던 야마모토 우타로山本卯太郎다. 미국에서 유학하고 가동교 특허를 보유하고 있던 그는 영도다리를 설계했으며, 도개식 교량 부분에 대한 시공을 했다. 그러나 당초 다리를 들고 내린다는 계획에 대해서 부산부 의원들은 의아해했다. 한 번도 본 적이 없는 그들로서는 당연한 일이었다. 야마모토 우타로는 이들에게 도개교를 설명하고 설득하는 데 진땀을 빼야 했다. 영도다리는 도개식 교량(31.3미터)과 고정식 교량(183.33미터)의 두 부분으로 나뉜다. 물론 영도다리의 핵심 기술은 상판이 들리는 도개식 교량에 있었다. 도개교의 철 구조물은 오사카 기차회사에서 직접 제작한 것을 가지고 와서 조립했다.[45]

―― 일제강점기 상판을 도개하고 있는 영도다리 광경이다. 당시는 영도다리를 부산대교라 불렀다. 다리의 상판 일부를 추켜올리는 웅장한 도개의 모습은 일제의 과학기술과 부산의 근대화를 상징했다.

　　1932년 4월 공사의 안전을 기원하는 기석 基石을 바다에 던져넣는 기공식을 시작한 뒤로 영도다리 건설 공사는 약 3년에 걸쳐 이뤄졌다. 일본 최초의 '들리는 다리'의 탄생을 위해 부산부는 근대 과학과 공학 기술을 총동원했다. 일제에게 영도다리는 식민지 조선의 발전상을 드러내고, 제국의 위용을 보여줄 수 있는 근대의 총아였던 것이다. 1934년 11월 23일, 드디어 360만 원의 어마어마한 공사비를 투입한 영도다리가 완공되었다. 영도다리 준공식을 대서특필했던 당시 언론에서는 "동양 제일이라는 도개식 장치를 한번 보는 자는 놀라지 아니할 수 없는데"라고 했다. 영도다리 홍보의 초점을 교량의 상판을 들고 내리는 도개식 기능에 맞췄던 것이다.⁴⁶

　　중앙공설시장에서 개최된 영도다리 준공식은 이케다池田 경무국장을 비롯한 500여 명의 관계자가 모인 가운데 성대하게 치러졌다. 준공식을 마친 뒤 처음 다리를 개통해 걸어보는 초도식初渡式은 완전히 축제 분위기였다. 부산항에 정박한 기선들의 기적 소리가 우렁차게 울렸고, 여기저기서 폭죽이 터지면서 행사가 거행되었다. 원래 초도식에는 인근의 고령자를 모셔서 치르는 것이 상례였는데, 영도다리 초도식에는 어린 학생 128명을 양방향에서 걸어오게 했다.⁴⁷ 상판이 들리는 특별한 도개교인 만큼 이벤트 효과를 극대화하기 위해서였다. 초도식을 마치자마자 영도다리는 대번에 난

장판이 되었다. 부산 경남 일대에서 '들리는 다리'를 보러 온 관중 7~8만 명이 서로 영도다리를 먼저 보겠다고 들이닥친 것이다. 당시의 풍경을 『동아일보』에서는 "양편 다리에 밀고 들어 대혼잡을 연출하였는데 부산 지방이 생기고 난 뒤에 처음가는 대성황을 연출했다"고 보도했다.[48]

영도다리에 울고 웃는 사람들

영도다리가 개통되자 영도와 부산 주민들은 다리 위로 걸어다닐 수 있게 되었다. 배를 타고 다니던 시절에 비하면 가히 혁명적인 변화였다. 게다가 영도다리가 개통된 뒤인 1935년 2월에는 전차선로까지 개설되었다. 전차까지 뚫리자 교통과 통행 여건이 크게 개선되어 이제 영도는 부산의 육지나 다를 바 없었다. 그런데 영도다리의 최대 수혜자는 사실 영도에 많은 토지를 보유하고 있던 일본인들이었다. 땅값이 크게 올라 이들은 순식간에 부자가 되었다. 영도의 토지에 대한 이용도가 높아짐에 따라 향후 공업지대가 구축될 수 있는 발판도 놓여졌다. 이처럼 영도다리는 많은 사람에게 웃음을 선사했다.

그러나 영도다리가 웃음만 준 것은 아니다. 교통과 물류의 변화로 인해 급격한 쇠퇴를 맞은 쪽도 있었다. 바로 해상교통이었다. 영도에서 부산 남빈정까지 왕래하는 도선渡船이 생긴 것은 개항 이후였다. 왕래객이 많아지자 1900년경 작은 목선은 발동선으로 바뀌었고, 1919년부터는 부산부에서 직접 도선을 운영했다. 영도와 부산을 왕복하는 선박은 10여 톤급의 배로 수환壽丸, 상반환常盤丸, 송도환松島丸, 목도환牧島丸, 주갑환洲岬丸 등 5척이었다. 이 발동선에서 일하는 선원은 32명이었다. 이들은 발동선을 운행하면서 새벽 5시부터 밤 12시까지 영도와 부산을 오가며 쉼 없이 일했다. 왕복 배 값 5전으로 발동선을 타는 선객들은 하루 평균 1만 명이었으며, 15년 만에 무려 5200만여 명에 달했다고 한다. 이렇게 수많은 사람을 지고 날랐던 영도 부산 간 뱃길은 영도다리의 개통으로 그만 운항이 중지되었다.[49] 출렁이는 물결을 헤치며 수천만 명을 태웠던 뱃길의 역사는 다리 개통으로 단번에 사라진 것이다.

부산항으로 출입하는 선박들에게 영도다리의 가설은 기쁜 일이 아니었다. 당초에도 해운업자들은 영도다리로 인해 선박의 자유로운 입출이 장애를 받는다며 반대 의견을 피력해왔다. 영도다리가 선박들의 통행을 감안해 도개식으로 설치되었지만, 과거에 비해 입출항이 자유롭지 못한 것은 어쩔 수 없었다. 영도다리는 하루에 여섯 번을 들고 내렸으며, 이때의 소요 시간은 15분이었다.[50] 영도다리를 통한 육상교통이 활발해지자 여섯 번의 개폐조차 줄여달라는 의견이 비등했지만 해운업자들에게는 당치도 않은 일이었다. 도개부가 열리기만을 기다리는 1000톤급 이상의 대형 선박들에게 6회 15분은 무척 짧은 시간이었다. 이 시간 동안 선박들은 항행 규칙에 따라 일사분란하게 움직이지 않으면 안 되었다. 영도다리에 적색등이 켜지고 사이렌이 울리면 도개부의 개폐가 시작되었으며, 녹색등의 신호에 따라 먼저 출항선이 나가고, 다음으로 적색등이 켜지면 입항선이 들어왔다. 시간이 부족하다보니 바람을 타고 움직이는 범선은 반드시 예인선의 견인을 받아서 신속히 움직여야 했다.[51]

소형 선박들은 대체로 교각 사이를 자유롭게 통행했지만

예기치 않은 사고에 직면할 때도 있었다. 영도다리 교각에 부딪혀 침몰하는 사고였다. 영도다리 아래를 통과할 때 조류의 흐름이 갑작스럽게 바뀌거나 빨라지면서 선체가 교각과 충돌해 배가 파손되는 사건이 일어났다.[52] 다리 위에서도 갖은 교통사고가 발생했다. 주로 전차와 영도다리의 차단기가 충돌하는 사건들이었다. 영도다리를 개폐할 때나 비상시에는 차단기를 내려놓았는데, 이를 전차 운전사가 보지 못하고 그대로 충돌했던 것이다. 1936년 7월 25일에 전차와 차단기 충돌로 인해 운전사는 차창에 부딪혀 중상을 입었고, 전차와 차단기도 무참히 파괴된 대형 사고가 벌어졌다.[53]

영도다리는 육상교통에 획기적인 발전을 가져왔지만 시간이 지나면서 이에 대한 불만의 싹도 하나둘 생겨났다. 개통 당시 영도다리의 일일 통행인이 6000명이었는데 4년이 지난 1938년 12월에는 2만 명으로 격증했다. 영도다리가 세워지자 통행 인원이 급증했고, 이 때문에 오히려 육상교통이 포화 상태에 이른 것이다. 영도 주민들은 영도다리의 개폐 회수가 많다고 지적하면서 이를 줄여달라는 민원을 부산부에 제출했다. 그들은 개폐 시설이 정기 선박 운항 때문에 만들어졌건만 실상 이를 이용하는 선박은 땔감을 나르는 운반선 등에 불과하다면서, "스피드 시대에 역행하는 대교 개폐 시설을 4회로 감소시켜 육상교통에 지장이 없도록 해달라"고 청원했다.[54]

영도다리 투신자살 미수 사건

『동아일보』 1934년 11월 30일자에서는 영도다리가 개통된 23일을 마지막으로 영도 도선의 운항이 폐지된다는 기사가 실렸다. 그런데 엉뚱하게도 이 기사 말미에는 투신자살을 예고하는, 다소 선정적인 글을 적고 있다.

> 다리 밑으로 왔다 가는 배들은 부산대교의 웅장한 장치에 머리를 숙이지 아니할 수 없겠다. 그러고 뽀릿배를 타고도 건너다가가 세상이 귀치 안히 투신자살자가 속출하던 물결 사나운 바다라 굉장한 다리 우에서 시펄은 물결을 나려다보고 죽음! 삶!에서 저주할 자는 몇이나 될 것이며 투신자살! 그중에도 미인의 투신자살의 사회면 기사의 주인공이 누구일까?

나룻배 시절에서 영도다리 시절로 옷을 갈아입었건만 여전히 관심을 불러일으키는 사건은 '자살 사건'이었다. 위 기사를 보면, 나룻배를 타고 해협을 건너가다가 바다에 몸을 던지는 사건이 속출했음을 알 수 있다. 영도다리 시절에서도 이런 자살 사건들의 전개 양상이 초미의 관심사가 된 것이다. 그런데 미인의 투신자살, 사회면 기사의 주인공이 누구일까라는 의문으로 보아 자살 사건이 흥미 위주로 다뤄졌음을 알 수 있다. 멜로드라마를 보듯 아름다운 여성의 자살을 연애와 치정에 얽힌 사건으로 바라보고 사람들의 관심을 환기시키는 것이었다.

이 기사가 보도된 뒤 7일 만에 첫 번째 영도다리 투신자살 사건이 벌어졌다. 투신을 한 사람은 아름다운 여성이 아니라 실직한 청년이었다. 이경순(25세)이라는 청년은 직장을 잃은 뒤 룸펜생활을 하다가 이를 비관하여 영도다리 중앙부의 물길이 사나운 것을 보고 그만 몸을 내던진 것이다.[55] 주소가 경북 청도면인 것으로 보건대, 대도시인 부산에 와서 직장생활을 하다가 쫓겨난 듯하다.

일제강점기의 자살 사건은 이처럼 실직으로 인한 것이 많았다.

일터에서 내쫓긴 것보다 더 비참한 것은 불의의 산재 사고를 당하는 경우였다. 안전시설이 미흡했던 일제강점기에는 직장에서 산업재해가 자주 발생했다. 사회보장제도 역시 취약하기 이를 데 없으니 산업재해를 당한 것도 억울한데 쫓겨나기까지 하는 일이 다반사였다. 그러한 개개인은 자신의 처지를 비관하고, 참다못해 자살을 시도했다. 1936년 1월 17일 젊은 청년이 영도다리에서 투신자살을 기도한 사건이 발생했다. 주인공은 영도의 한 도기회사에서 직공으로 근무하던 김원식(27세). 그는 도기회사에서 무난히 일을 하다가 그만 왼손이 잘리는 큰 사고를 당했다. 한쪽 손을 잃은 그는 커다란 시름에 잠겼고, 자신의 처지를 비관하던 중 술에 절어 있다가 백주 대낮에 영도다리에서 죽음을 택한 것이다.[56]

일제강점기에는 농촌의 경제 구조가 악화되어 자작농과 소작농들이 몰락하고 농업노동자가 증가했다. 농촌에서 토지를 잃고 대도시로 이주했으나 마땅한 직업을 얻지 못하고 궁핍한 빈민으로 떠돌이 생활을 하는 사람도 많았다. 경제생활의 파탄 속에서 종종 자살이라는 막다른 길로 내몰리는 사람이 많았는데, 식민지 관료들은 어처구니없게도 이를 자연스러운 현상으로 받아들였다. 문화의 진보, 경제의 발달에 따라 사회생활이 복잡해지면 자살자가 늘어난다는 논리였다. 아울러 자살자를 사회 구조적인 문제로 접근하지 않고 개인적인 사건으로 치부했다. 특히 정신착란이나 정신병으로 관련지어 자살 사건을 정신질환이 낳은 결과로 보았다.[57] 식민지 경제의 모순을 감춰야 했던 행정 관료들이 생활고 자살을 개인의 문제로 돌리는 것은 당연한 일이었다.

로맨스 소설과 같이 사랑에 울고 사랑에 웃다가 영도다리에서 자살을 시도하는 연인들도 있었다. 1940년 6월 7일 취락관取樂館이라는 카페에서 여종업원으로 근무했던 김옥천은 길융환吉隆丸의 선원 김도길과 함께 영도다리로 갔다. 그녀는 도길에게 마지막으로 애원할 생각이었다. 100년을 함께 살기로 맹세했건만 도길의 요사이 태도는 완전히 달라졌었다. 옥천은 굳게 마음을 먹었다. 부부로서 살자고 맺었던 언약을 도길이 지키지 않는다면 차라리 영도다리에서 뛰어내려 시퍼런 바다에 빠져 죽으리라. 그러나 마지막 애원도 소용없었다. 도길이 "너와 같이 살 수 없다"는 차가운 말을 내뱉는 순간 곧 옥천은 "죽겠다"는 말을 남기고 영도다리 위에서 몸을 던졌다. 막상 옥천의 투신자살을 보자 도길도 피가 거꾸로 솟았다. 그 역시 옥천을 따라 푸른 바다를 향해 뛰어내렸다.**58**

이런 영화 같은 스토리들이 남겨진 이유는 자살 사건이 미수에 그쳤기 때문이다. 옥천과 도길은 다행히 경비선에 발견되어 구조되었다. 이경순이나 김원식 투신자살 사건도 마찬가지였다. 그들도 지나가던 배에 의해 구조되었기 때문에 투신자살 사건으로 신문에 크게 실렸던 것이다. 그러나 구조되지 못하고 수장된 자살자의 아픈 사연은 시퍼런 바다에 그냥 묻혀버리고 만다. 그래서인지 영도다리에서는 정체를 알 수 없는 표류하는 시신들이 연이어 발견되기도 했다.**59** 그나마 시신이라도 찾으면 다행일까, 투신자살을 목격하고 경비선이 출동했다 하더라도 푸른 바다로 떠밀려간 경우는 신원조차 확인 못 할 가능성이 높았다.**60** 언론에 등장했던 영도다리 자살 사건은 빙산의 일각일지 모른다. 식민지 시기 사회적 고통과 개인의 아픔을 견디지 못하고 영도다리에서 몸을 던졌던, 그러나 시신조차 수습되지 못한 자살자들의 사연은 여전히 구조되지 못하고 좁은 해협 사이를 출렁거리며 맴돌고 있다.

불안과 기대, 점바치 골목

해방을 맞이한 기쁨과 새 국가 건설에 대한 열망도 잠시였다. 한국전쟁이 발발하자 더욱 무거운 민족 분단의 아픔이 영도다리를 짓눌렀다. 삶의 터전을 잃고 남으로 내려온 피란민들은 부산의 영도다리로, 영도다리로 몰려들었다. 노모만을 남겨두고 내려온 장남, 부인과 생이별한 가장, 전쟁으로 부모를 잃은 고아들의 아픈 사연이 영도다리를 누르고 지나갔다. 그러나 영도다리는 잠시도 멈추지 않고 자신의 몸을 들었다 내렸다. 왜냐하면 피란민들이 자신의 이름을 걸고 숱한 약속을 했기 때문이다. 북한에서 갑작스레 짐을 꾸려 고향을 떠났던 피란민들은 부산 영도다리에서 만나자는 말만 남긴 채 바로 가족들과 헤어졌다. 우리나라에서 제일 유명한, 몸을 들고 내리는 영도다리가 없었다면 과연 그런 약속을 할 수 있었겠는가.

한국전쟁 시기에도 육중한 쇠다리가 하늘로 치켜올라가 다시 내려오는 장관을 보려고 구경꾼들이 몰려들었다. 하지만 이제 영도다리는 이별과 만남의 랜드마크가 되었다. 영도다리에서 가족을 찾아 헤매는 피란민이 가득 찼고, 여기저기서 누구누구를 찾는다는 벽보들이 붙기도 했다. 한국전쟁 당시 함경남도 북청의 새댁이었던 김금복 할머니는 1951년 1월 남편, 시동생과 함께 포항을 거쳐 부산으로 내려왔다. 그는 판잣집조차 얻을 수 없었던 처지라 정박 중인 어선의 갑판 위에서 생활해야 했다. 둘째 아이도 배 위에서 탯줄을 끊었다. 김금복 할머니를 비롯한 피란민들에게 영도다리는 매우 소중한 다방과도 같았다. 그녀는 이렇게 말했다. "영도다리는 우리 피란민들에게 '다방'이나 매한가지였어. 영도다리의 영도 쪽이냐, 시내 쪽이냐, 아니면 한가운데냐만 약속 장소로 정하면 됐었으니께."[61] 부산 지리를 잘 모르는 타향 사람들도 손쉽게 만날 수 있는 곳이 영도다리였다.

    하지만 영도다리에 온 이들은 불안한 심정을 떨치지 못했다. 언제 전쟁이 끝날지, 과연 헤어진 북의 가족들과 상봉할 수 있을지, 전선으로 나간 아들은 살아서 돌아올지, 매시간을 조마조마한 마음으로, 살얼음판을 걷는 심정으로 살아냈다. 이런 불안한 심리와 우울한 시대 배경이 겹쳐지면서 영도다리 아래에는 점집들이 번창했다. 일제강점기부터 점 보는 집이 몇 곳 있었는데 한국전쟁 당시에는 80여 곳까지 늘어났다.[62] 전국 각지에서 몰려든 점쟁이들이 노점을 차리면서 영도다리 아래에는 점바치 골목이 조성되었다. 전쟁 동안 먹고살기 위해 점집을 차리는 생계형 점바치도 많았을 것이다. 한국전쟁 당시에 영도다리 아래(남포동 쪽)를 촬영한 사진들을 보면 제방을 따라 점 보는 집들이 쭉 늘어서 있다. 말이 점 보는 집이지 좌판을 깔고 장사를 하는 행상과 다름없다. 사주, 팔자, 궁합, 운수 등을 써놓은 종이를 좌판 위에 깔고는 수많은 점쟁이가 점을 봐주거나 손님들을 기다리고 있다.

    영도다리가 올라가고 내려가는 사이를 이용해 점을 보는 사람이 많았다고 한다. 과거에는 시각장애인들이 점을 쳐주거나 독경을 하는 점복업에 주로 종사했다. 1942년부터 영도다리 인근에서 점복업을 했던 김용진 할아버지에 따르면 전쟁 기간 중 영도다리 아래의 점쟁이 대다수는 맹인이었다고 한다.[63] 이 점쟁이들을 찾는 피란민들이 가장 궁금해했던 점은 역시나 북에 두고 온

―― 1960년대 영도다리 위에서 바라본 점집들이다. 한국전쟁 시기 영도다리 일대 중 남포동 방면에 많은 점집이 형성되었다. 이후 부산에서 본격적인 도시화가 진행되면서 영도다리의 점집들은 다른 지역으로 옮겨갔다.

가족들이었다. 누구나 한 명의 점쟁이가 이 불안한 시대의 운명을 바꿀 수 없다는 것은 잘 알고 있었다. 하지만 가슴속에 쌓아둔 물음을 던지면서 작은 위안을 얻었던 것이다. 점쟁이가 말해준 대로 다시 가족들을 만나는 경우도 있지만 좌절과 상실감은 더욱 크게 몰려왔다. 결국 남북 분단은 고착되었고, 통일이라는 시대 과제는 뒤로 미뤄졌기 때문이다.

영도다리 아래는 기대와 좌절이 엇갈리는 운명의 장소인 한편, 집 없이 떠도는 피란민들을 임시로 보듬어주었던 생활의 장소였다. 다리 아래에는 거적때기라도 붙여서 집을 만들면 비바람을 피할 수 있으며, 근처 부산항에서 부두 노동을 할 수 있었으므로 영도다리 일대에는 피란민들의 임시 가옥이 줄을 지었다. 이런 판잣집들이 무려 1000여 가구에 달했기 때문에 '교하촌橋下村'이라는 이름도 붙여졌다.[64]

피란촌이 급격히 형성되면서 의료 문제가 시급해졌다. 소소한 감기부터 위중한 질환의 환자까지 속출했지만 병원 진료는커녕 약조차 얻을 수 없었다. 1·4 후퇴 이후 고故 장기려 박사는 영도다리 아래에 천막을 치고 복음병원을 차렸다. 그 역시 아내와 가족을 북한에 남겨두고 차남만 데리고 남하한 피란민 처지였다. 그러나 피란생활 중에 제대로 치료를 받지 못해 죽어가는 사람들을 그냥 지켜보고만 있을 수 없었다. 야전침대 위에서 잠을 자면서 환자들을 치료했던 장기려 박사는 환자가 넘쳐나자 자신이 쓰던 침대마저 환자에게 내주고 바깥에서 잠을 잤다고 한다.[65] 그의 아름다운 행적과 천막 병원이 세상에 알려지자 영도다리 아래는 장기려 박사를 만나려는 인파로 더욱 북적거렸다.

한국전쟁 이후 영도다리는 이산과 만남, 사랑과 이별 등 한

한국전쟁 이후 불안한 심리와 우울한 시대 배경이 접목되면서 점집이 번창했다. 전국에서 몰려든 피란민들과 점쟁이들이 영도다리 아래로 몰려들었다. 부산박물관.

국 사람들의 아픈 정서를 대변하는 상징으로 통하면서 대중문화의 전면에 그 모습을 드러냈다. 1950~1960년대의 대중가요에서는 잘 알려진 '굳세어라 금순아'를 비롯해 영도다리가 등장하는 노래가 20곡에 이른다. 예컨대 1958년 윤일로가 부른 '추억의 영도다리'에서는 "몰아치는 바람결에 발길이 가로막혀 영도다리 난간 잡고 나는 울었네"라고 읊었으며, 1960년 박재홍이 노래한 '영도다리 비가'에서는 "영도다리 끊어질 때 사랑은 끊어지고 영도다리 내려올 때 사랑은 간 곳 없네"라고 했다. '울고넘는 박달재' '경상도 아가씨' 등으로 유명한 박재홍은 영도다리 밑의 점 보는 풍경을 '손금보는 내력'이라는 노래로 불렀다. "영도다리 난간에서 사주팔자 걸어놓고 손금점이 웬말이냐"라는 노랫말은 지푸라기라도 잡는 심정으로 헤어진 가족을 찾으려는 피란민의 애환을 담은 것이다.[66]

영도다리는 죽음의 다리?

남한의 마지막 보루였던 부산은 전쟁의 직접적인 참화에서 벗어났다. 전선에서 멀리 떨어진 지리상의 여건 덕에 총과 포탄으로 인한 도심의 물리적 상처는 피해갈 수 있었다. 하지만 전쟁이 가져온 트라우마까지 지울 수는 없는 법. 피란민뿐만 아니라 부산 사람들도 전투와 살상, 충격과 공포, 이별과 눈물 등 정신적 트라우마에서 좀처럼 벗어나지 못했다. 물리적 상처는 재건의 삽으로 극복할 수 있지만 마음의 상처는 쉽게 아물지 않는다. 경제를 다시 일으켜 세우는 데 정신없었던 시대였기에 심리적 고통과 충격을 이겨내도록 하는, 마음 치유를 위한 사회적 지원은 생각지도 못하는 상황이었다. 경제적 빈곤과 심리적 고통의 이중고에 몰린

이들은 극단의 선택을 할 가능성이 높았다.

전쟁으로 직접 피해를 입은 사람은 상이군인들이었다. 가까스로 전투에서 살아남았지만 손발을 잃거나 크게 다쳐 거동이 불편한 상이군인들은 제 손으로 일해서 생활을 영위하기 힘들었다. 정부는 부산 거제리 등에 임시 주거지를 만들어 상이군인들을 모여 살게 했다. 이런 주거지들이 용사촌의 전신이 되었다. 그런데 상이군인들을 위한 의료와 생활보장제도가 확보되지 못한 상황에서 정부가 이들을 제대시킨 뒤 군에서 내보내려고 했다. 상이군인들은 후생주택을 준다는 약속이 이행되지 않고, 제대 이후에는 살길이 막막해지자 '오지도 가지도 못할 거지 신세가 되었다'고 비관하면서 영도다리에서 투신자살을 했다.[67] 1959년 7월 27일 밤 영도다리에서 투신자살을 기도한 이두성(28)도 비슷한 경우다. 그는 안강전투에서 팔에 골절상을 입고 제대했으나 생활고에 심각한 고통을 받아왔던 터였다. 그는 투신하기 전에 영도경찰서에 전화를 걸어 자신의 시체를 처리해달라는 부탁까지 남겼다. 이승에서의 고통을 어서 빨리 끝내고 싶었지만 자기 시신이 바다에서 방치되는 것은 죽기보다 싫었던 것이다. 마침 순찰 중이던 경찰에 의해 그는 구조되었지만 이후 상이군인으로서의 삶은 고통스러웠을 것이다.[68]

군인 가족들도 경제적 피해와 정신적 고통이라는 거대한 그늘에서 벗어나지 못했다. 특히 남편이 전투에 나가 생사 확인조차 안 되는 부인들은 고통에 홀로 맞서면서 자식들을 키워야 했다. 1952년 11월 영도다리 아래에서 자살을 기도한 정효연(21)이 그런 사례다. 17세에 유임수와 결혼한 그녀는 2년이 지나 예쁜 딸 영자를 낳았다. 그러나 이때부터 비극의 서막이 열렸다. 영자에게

백일상을 차려주던 날, 남편은 '영자를 잘 키우라'는 한마디만 남기고는 전장으로 나갔다가 생사조차 모르게 되었다. 어린 영자를 홀로 키워야 했던 정효연은 시어머니에게 영자를 맡기고 여관에서 식모살이를 했다. 그러나 무심한 시어머니는 영자를 학대했고, 양육비로 받은 7만 원도 모자라다면서 더 많은 돈을 요구했다. 엎친 데 덮친 격으로 영자는 몸에 중병까지 얻었다. 마지막으로 그녀는 군인 가족으로 양곡 배급을 요청했으나 거절당하고 말았다. 실낱같은 희망조차 사라진 정효연은 영자를 데리고 영도다리로 갔다. 그녀는 넋을 잃은 채 아무것도 모르는 세 살배기 영자에게 마지막 말을 해주었다. "살아 있는 것보다 죽이는 것이 너를 위하는 길이다." 영자를 먼저 시키먼 파도 속에 던진 정효연은 영도다리 밑에서 몸을 던졌다. 그러나 그녀의 기구한 운명은 여기서 끝나지 않았다. 두 사람은 곧 구조되었고, 정효연은 살인미수 혐의로 법정에 섰다. 이 사건은 전쟁 중임에도 불구하고 '기구한 젊은 여인의 아이 살인 미수 사건'으로 세간의 관심을 끌었다. 재판관은 이 사건의 책임이 사회에 있다면서 낮은 형량의 판결을 내렸고, 출감 후 생활 방도까지 마련해주었다.[69]

한국전쟁 이후에는 가족집단자살도 급증해 사회 문제로 떠올랐다.[70] 이런 가족동반자살 사건은 다른 나라에서는 찾아볼 수 없는, 한국만의 특이한 자살 형태였다. 한국의 가족주의가 자살에도 반영된 것이다. 가족을 공동 운명체로 생각하는 관념으로 인해 죽음도 함께해야 한다는 생각은 참으로 어리석은 일이다. 특히 부모가 자녀를 먼저 죽이고 자신도 죽는 것은 자살이 아니라 살해로 비판받아 마땅했다. 하지만 정효연의 사건에서 보듯이 사랑하는 영자를 죽이고자 하는 행위의 배경에는 생존이나 안전을 보장받지 못하는, 사회적 소외가 자리 잡고 있었다. 남편은 전투에 나간 뒤에 생의 문턱을 넘어섰고, 시모로부터는 버림을 받았으며, 아이가 중병까지 얻은 터에 양육 책임을 젊은 여성이 홀로 지게 된다면 차라리 죽는 게 낫다는 생각을 하는 것이 당연하다. 이 공판을 맡은 재판관의 "책임은 결국 사회에 있다"라는 말은 그녀를 불쌍히 여긴 개인의 독백이 아니라 가족동반자살의 사회적 책무를 인정한 국가의 증언으로 보인다.

그러나 벼랑 끝에 내몰린 사람들의 환경은 개선되지 못했고, 1950년대의 영도다리는 수많은 자살미수 사건으로 점철된다. 1957년 10월에는 생활고로 인해 지 씨 부녀가 부둥켜안고 투신을 했으며,[71] 1959년 10월에는 수정동에서 식모살이를 하던 오차자(19)가 아버지까지도 직업을 잃고 곤경에 빠지자 삶을 비관해 영도다리에서 자살을 기도했다.[72]

전쟁이 끝나자 임시수도로서의 역할은 종결되었으며, 피란민들은 저마다 고향으로 발걸음을 했다. 이후 부산은 심장이 사라진 공백기를 맞았다. 혼란했지만 사람들과 원조물품으로 북적거렸던 임시수도 부산을 그리워하는 사람들도 있었다. 쓰나미같이 몰려왔다 빠져나간 피란민들의 뒤를 이은 이들은 이촌향도한 농민들이었다. 1955년 통계에 따르면 전국의 실업자 수는 200만여 명이고, 도시에서 떠도는 빈민이 1000만 명에 달한다고 했다.[73] 이들은 피폐해진 농촌을 떠나 대도시 서울이나 부산으로 이농한 사람들로 대부분 반실업 상태였다. 당시 언론에 보도된 영도다리 자살미수자의 주소를 보면 타지 사람이 꽤 많다. 농촌을 떠나 대도시 부산으로 왔건만 실업자로 전전긍긍하거나 생활고를 견디다 못해 끝내 영도다리를 찾았던 것이다.

1960년대로 접어들었음에도 불구하고 영도다리 사정은 마찬가지였다. 오히려 1962년에 영도다리는 '죽음의 다리'라는 오명까지 뒤집어썼다. 이틀 사이에 청소년 3명의 자살미수 사건이 연달아 벌어졌기 때문이다. 계모의 학대와 실직을 비관해 영도다리에서 투신한 주호경(18), 부모에게 서울 갈 여비를 달라고 했다가 거절당하자 영도다리에서 뛰어내리려 한 김승일(18), 동생의 입학 등록금을 마련하지 못한 것을 비관해 영도다리에서 몸을 던진 최명순(20) 등의 사건은 모두 1962년 3월 9일에서 10일 사이에 일어났다.[74] '봄의 영도다리는 죽음의 다리'라는 오명을 안겨준 최악의 청소년 자살미수 사건은 당시 언론을 공분하게 만들었다.

248명을 구해낸 박을룡 경사

『경향신문』 1962년 3월 16일자 기사에서는 이 연속된 영도다리 청소년 자살미수 사건을 '유행성 자살'이라고 규정했다.[75] 그런데 자살을 보는 언론의 시각이 식민지 시대보다 나아진 것이 없었다. 아니, 일제강점기의 행정 관료들의 생각과 다름없었다. 이 기사에서는 초반부터 "자살 행위라는 것이 그 동기나 원인이 어디 있음을 막론하고 정상적인 행동은 아니고 결국 그 사회 또는 개인의 비정상 상태를 폭로하는 것이다"라고 쏘아붙였다. 또한 자살의 원인은 정신질환에 있다고 하면서 이를 방지하기 위해서는 정신보건에 치중해야 한다고 주장했다. 그런데 이 기사의 말미를 보면 '육체자살'보다는 '정신자살'이 심각하다고 했다. 즉 정신자살 행위를 '독소를 끊임없이 발산하는 악귀들의 횡포'라고 했으며, 이 악귀 같은 자살행위자를 철저히 퇴치하는 방법을 강구하자고 제안하고 있다. 당시는 군사 쿠데타가 일어난 직후였다. 정신자살이란 군사 정부가 표방한 '국가 재건과 사회 안정' 이념에 반하는 행위일 것이다. 이를 자살이라 하고, 악귀들의 횡포로 규정한 것은 자살은 개인 문제이자 사회악이라는 군사정부의 시각을 그대로 드러내준다.

하지만 이미 100여 년 전 사회학자 에밀 뒤르켐은 『자살론』에서 자살의 원인을 신경쇠약증과 같은 정신질환으로 돌리는 것이 크게 잘못된 주장임을 밝힌 바 있다. 그는 자살과 정신질환이 반드시 연계된 것이 아니라는 주장을 뒷받침하는 근거로 숱한 사회적 통계와 수치를 들었다. 예컨대 정신질환자가 가장 적은 나라에서 가장 많은 자살자가 나오는 작센 지방의 예를 들기도 했다. 그리하여 에밀 뒤르켐은 "신경쇠약증이 자살을 일으키는 경우가 있다고 할지라도, 신경쇠약증이 반드시 자살을 일으킨다고는 할 수 없다"는 결론을 내렸다. 즉, 자살과 신경쇠약증의 분명한 인과관계는 없다는 것이다.[76]

영도다리에서 몸을 던지는 청소년들을 정신질환자로 보는 시선은 향후 자살을 방지하는 데도 별로 실효성이 없다. 설령 정신 질환이 있다손 치더라도 인생의 막장에 몰려 영도다리에서 죽음을 생각하는 데에는 여러 이유가 서로 얽혀 작용한다. 그러므로 그들을 냉정하게 몰아붙이기보다는 따뜻하게 감싸주는 것이 재발을 막는 길이 될 것이다. 사회보장제도를 갖춰 사전에 그들의 고통을 들어주고, 심리 치료를 받을 수 있도록 배려해주는 게 훨씬 효율적이라는 얘기다. 그런데 영도다리가 이처럼 어둡고 음울한 시대를 보내는 와중에도 자신의 온몸을 내던져 한 명의 자살자라도 구해내려 한 용감한 이가 있었다. 바로 박을룡과 김종구 경찰관이었다.

1950년대 후반부터 영도다리에서 자살을 시도했으나 박을롱 경찰관에게 구조되었다는 기사가 간간이 보인다. 영도대교 검문소에서 근무했던 박을롱 경찰관은 영도다리에서 뛰어내리는 자살자를 보는 순간, 용감하게 바다 속으로 뛰어들어 그들을 구출해냈다. 1959년까지 수십 명의 인명을 구출해낸 공로가 인정되어 치안국에서는 그에게 경찰최고공로훈장인 금색장을 수여하기도 했다.[77] 후배 경찰관 한 명과 함께 검문소를 지켰던 박 경찰관은 일주일에 하루밖에 귀가하지 못했다. 그는 슬하에 4남4녀를 둔 가장이었다. 보통 사람 같으면 딸린 식구를 생각해 자기 목숨을 무릅쓰고 바다 속으로 뛰어드는 일은 상상조차 못 했을 것이다. 그가 용감하게 자살자를 구해낼 수 있었던 것은 공직자로서 희생정신이 강한 한편, 남달리 뛰어난 수영 능력도 한몫했다. 하지만 억센 파도가 몰아칠 때는 그의 수영 능력에도 한계가 있는 법이었다. 그리하여 영도다리 검문소를 지키는 그의 유일한 소원은 쏜살같이 움직여서 재빨리 투신자를 구해낼 수 있는 소형 쾌속정 한 척을 얻는 것이었다.[78]

영도다리 지킴이 박을롱 경사가 눈을 부릅뜨고 자살을 막으려 했음에도 불구하고 영도다리 자살 사건은 수그러들지 않았다. 그가 검문소에 배치되어 영도다리를 지켜왔던 10여 년 동안 죽음에서 구해낸 투신자는 무려 248명에 달했다. 당시 신문에서는 부산의 미담 한 토막을 소개하면서 박을롱 경사에 대해 이렇게 말했다.[79]

> 부산의 영도다리는 아름다운 다리이지만 이 다리는 곧잘 비관과 과실의 실의에 몰린 인간들이 저승에의 발판을 삼는 수가 있

는 것이 탈이었다. 이 영도다리를 지켜오기 10여 년 한 독실한 경찰관은 지난 29일 새벽 한 시 한밤중에 바닷물에 뛰어든 늙은이를 구출하기까지 248명의 생명을 건져냈다. 이 숨은 생명의 은인은 영도경찰서 소속의 박을룡朴乙龍(45) 경사이다. 그는 영도 경비초소에 배치된 지 10여 년 동안 사람을 구하기 위해 바닷물에 뛰어든 것이 몇백 번인지 모른다.

박을룡 경사의 눈부신 활약이 세상에 알려지자 관계 당국에서도 영도다리 투신자 구제를 위해 한 걸음 나섰다. 1961년 부산시에서는 영도다리 자살 사건을 막기 위한 별도의 감시 초소를 세웠다. 이 감시 초소는 투신자살자를 구제하는 일을 전담하는 건물로 부산에서는 처음으로 세워진 것이었다. 이 감시 초소의 주인공은 박을룡 경사와 후배 김종구 순경이었다. 김종구 순경의 활약상도 만만치 않았다. 이 감시 초소가 생긴 이후부터 김종구 순경이 영도다리 투신자를 구제하는 일의 전면에 나섰다. 특히 1962년에 그의 활약이 두드러졌다. 영도다리가 '죽음의 다리'라는 오명을 얻을 때 연이은 10대 투신자들을 구해낸 이가 바로 김종구 순경이었다. 이후 4월에는 창녀 신세를 비관해 영도다리에서 뛰어내린 김정자(25)를 구출했고,[80] 5월에는 약혼한 남자와 헤어질 위기에 처하자 키니네를 먹고 영도다리에서 투신한 염복희(22)를 물속에서 건져냈다.[81] 엄동설한의 길목인 11월 말에는 한 노인도 구해냈다. 홀아비 신세를 비관하고, 며느리의 학대를 견디다 못해 영도다리에서 투신자살을 시도한 이정우(73)도 그의 손에 의해서 생명을 건질 수 있었다.[82]

노쇠한 영도다리 운명은 어디로

세월이 흘러 영도다리도 늙어갔다. 쇠다리를 하늘로 치켜들었던, 젊은 근대의 상징이었던 영도다리도 노쇠하고 병들어갔다. 영도다리가 그렇게 병약해진 것은 자신의 몸을 바쳐 세월을 떠받쳤기 때문이다. 얼마나 많은 시민이 그의 몸을 밟고 지나갔으며, 얼마나 많은 무거운 전차와 자동차가 그의 몸을 타고 넘어갔겠는가? 또 얼마나 많은 세상의 아픈 사연이 그를 억눌렀겠는가? 실로 영도다리는 죽음의 다리가 아니라 삶의 다리, 생활의 다리였다. 영도다리가 투신자살의 장소로 택해진 것은 그것이 보인 헌신적인 삶의 자세 때문이었으리라. 하루도 멈춤 없이 들고 내리고, 자신을 뉘여 그 무거운 교통수단의 중량과 육중한 시대의 아픔을 견뎌내 결국 부산의 상징이 되었기 때문이다. 부산의 상징을 찾아온 죽음의 발걸음을 영도다리인들 어찌할 도리가 있었겠는가.

세월의 무게 탓에 늙어간 영도다리를 바꿔야 한다는 주장이 제기되었다. 즉, 영도다리의 도개식 기능을 하루빨리 없애야 한다는 견해였다. 1957년 부산시의회가 나서서 영도다리 도개 폐지안을 제출했다.[83] 영도다리가 노후화되었으며 교통이 지체된다는 것이 그 이유였다. 다리를 들 때마다 수백 대의 차량과 수천 명의 인파가 부산시청과 영도경찰서 앞에 대기하고 있어야 했으니 답답하고 지루한 교통 상황을 참을 수 없었던 것이다. 세월이 참으로 무상했다. 초창기만 해도 이 도개식 기능 덕에 영도다리가 유명해졌는데, 이제는 교통 방해의 원인이라며 제거해야 할 대상으로 지목된 것이다. 하지만 수많은 논란에도 불구하고 도개식 기능을 없애지 않았다. 그나마 선박이 유일하게 통행하는, 해상 교통의 숨구멍이라는 반론이 설득력을 얻었기 때문이다.

도개식 기능이 폐지된 것은 10여 년이 지난 1966년 9월이었다. 수많은 시민이 아쉬워하고 서운해했지만 영도다리의 운명은 막을 수 없었다. 영도 인구가 크게 늘고, 부산 영도 간 육상교통이 급증해 도저히 도개식 기능을 유지할 수 없었다. 또 한편 화재가 발생했을 때 소방차의 출동이 지연되었고, 영도로 통과하는 상수도 송수관을 설치해야 한다는 중론을 더 이상 거스를 수 없었다. 1966년 9월 1일, 드디어 영도다리는 하루에 두 번씩 여닫던 개폐 기능을 역사의 뒤안길로 보내고 고착된 여느 다리와 같은 모습이 되었다. 영도다리를 통과했던 선박들도 이제 영도를 우회하여 지나갔다.[84]

1970년대 초반에는 영도다리 옆에 제2의 부산대교를 건설해야 한다는 여론이 비등했다. 오직 영도다리 하나에 의존해서는 늘어나는 교통량을 감당하지 못했기 때문이다. 1973년 당시에 영도다리 하루 통과 인원은 31만3000명이었으며, 통과 차량은 2만6000대(아침 7시~저녁 7시)에 달했다. 심각한 교통체증 현상뿐만 아니라 영도다리는 교각과 다리에 금이 갔고, 도개교와 빔 사이의 연결 부분에 응력이 약하다는 진단까지 받은 터였다.[85] 영도다리를 그냥 놔뒀다가는 대형 사고가 일어날지 모른다는 우려가 커졌다. 영도다리보다 더 강하고 큰 대형 다리를 가설하는 것만이 대안이라는 견해가 힘을 얻었다. 이렇게 해서 탄생한 것이 1980년 1월 30일에 준공된 현재의 부산대교다. 길이 260미터의 철강제 아치교로 지어진 부산대교는 새로운 부산의 명물로 등장하면서 시민들의 관심을 끌었다.

하지만 형만 한 아우 없다 하지 않던가? 아무리 강하고 세련된 부산대교라 한들 오랜 부산의 역사를 담아 곰삭았으며 그

1966년 9월 영도다리의 마지막 도개 장면을 보기 위하여 수많은 부산 시민이 몰려 있다. 부산 영도 간 육상교통이 급증한 결과, 영도다리의 도개식 기능을 폐지해야 한다는 주장이 설득력을 얻었다. 이 날을 마지막으로 상판 일부를 드는 영도다리의 웅장한 모습은 역사 속으로 사라졌다.

───── 1970년대 말 새로운 부산대교를 가설하는 공사 장면이다. 1970년대 초반부터 영도다리 옆에 제2의 부산대교를 건설해야 한다는 여론이 비등했다. 부산대교는 1980년 1월 30일에 준공되었다.

많은 사연 속에서 정이 들어버린 영도다리의 존재감을 앞지를 수 있겠는가? 안전 문제로 인한 존폐 논란 속에서도 영도다리가 철거되지 않고 보존 쪽으로 가닥을 잡은 것은 영도다리의 역사성과 잊을 수 없는 추억이 부산 시민의 마음을 움직였기 때문이다. 그러나 과거에 비해 영도다리에 얽힌 사연이 많이 줄었다는 점은 확실하다.

　　1970년대 이후 그 옛날과 비교해 투신자살을 기도하는 이들이 점차 사라졌다. 부산은 그 어려웠던 일제강점기, 한국전쟁

기, 산업화 시기의 고통을 온몸으로 받아냈다. 그 고통이 클수록 사연이 증폭되고, 그럴수록 영도다리 난간에서 삶과 죽음을 고민하는 사람도 많아졌다. 삶의 하중이 무겁게 내리누르던 시기에 영도다리 난간에 올라선 사람들은 죽음을 통해 자신의 뼈아픈 사연을 세상에 알리고 싶었던 것인지도 모른다. 절박하고 억울한 심경을 영도다리에 기대어 마지막 호소로 삼은 것이다.

투신자살이 연이어 벌어졌을 때 영도다리 난간에는 '잠깐만'이라는 안내문이 붙어 있었다. 극단적인 선택을 하기 전에 잠시 자신을 성찰하라는 이야기다. 잠깐의 휴식을 통해 자신이 살아온 인생을 돌아보고, 나를 사랑하는 가족과 친구 등을 떠올려보라는 주문이다. 이 찰나의 안내문이 많은 사람을 죽음에서 삶으로 끌

─── 오늘날 부산대교를 중심으로 영도를 바라본 풍광이다.

어내는 계기가 되었다. 부산 역사에서도 '잠깐만'이라는 휴식이 필요했다. 질풍노도의 고통스런 근현대사를 정면으로 통과했던 부산에도 찰나의 휴식이 주어졌다면 그렇게 많은 사람이 영도다리에서 몸을 던지는 일은 없었을 것이다.

7

부산 밀면은
어떻게
탄생했을까:

부산의 맛과 누들 문화

아버지의 밀가루

2010년 여름을 달구던 최고의 인기 드라마는 '제빵왕 김탁구'였다. 드라마를 별로 좋아하지 않던 나까지도 수·목요일 밤 10시경에는 항상 TV 앞을 지켰으니 말이다. 그런데 내가 '제빵왕 김탁구'를 좋아한 이유는 보통의 시청자들과는 조금 달랐다. 남들처럼 온갖 역경을 딛고 성장하는 김탁구의 일대기도, 탁구와 유경의 이루어질 수 없는 아픈 사랑도, 서인숙과 한승재의 검은 음모와 암투의 스토리도 내 마음을 잡아끌지 못했다. 나는 그저 드라마에서 에피소드로 나오는 제빵 장면들이 좋았다. 이 장면이 아버지에 대한 사라진 기억을 되살리고 어린 시절의 추억을 불러일으켰기 때문이다.

탁구의 아버지 구일중과 마찬가지로 돌아가신 나의 아버지도 제빵사였다. 구일중처럼 커다란 제과회사 사장으로 성공하지는 못했지만 1950년대에 빵쟁이로 입문해 1970~1980년대 제빵 공장과 제과점을 운영하셨다. 내 눈에 비친 아버지는 늘 밀가루를 비비며 만지고 계셨다. 아버지의 제빵복인 하얀 가운에는 항상 밀가루가 묻어 있었다. 드라마에서는 어린 탁구가 문틈 사이로 몰래 구일중이 밀가루를 뿌리면서 빵을 만드는 모습을 경이롭게 지켜보는 장면이 있다. 아버지의 제빵 작업이 내게 그 정도로 신비감을 준 것은 아니지만 밀가루 반죽을 다루는 아버지의 빠른 손놀림은 감탄사를 자아내기에 충분했다. 내게 '제빵왕 김탁구'는 재미로 보는 것이 아니라 내 속에 묻어두었던 아버지를 되살리는 추억의 드라마였던 것이다.

그러나 그처럼 추억의 감상에만 빠지기에는 마흔이 넘은 내 눈이 너무 예민해졌다. 구일중이 거성식품을 일구던 전후 시기는 바야흐로 '밀가루의 시대'였다. 한국전쟁 이후 대량으로 들여온 밀가루를 재료로 삼아 제빵, 국수, 라면 등의 식품 가공산업이 크게 발달했다. 미국은 '식량원조'라는 이름으로 잉여농산물을 해결했고, 한국 정부의 절미節米 운동과 저곡가 정책을 유지하려는 시대배경 속에서 밀가루는 '참 좋은 식량 재료'로 민중에게 널리 퍼져갔다. 그러니 나의 부친이나 구일중은 다름 아닌 전쟁 이후 밀가루 원조와 식품산업의 발전이라는 시대 흐름 속에서 제빵 공장에 입사해 제빵사로 일을 시작한 것이다.

'제빵왕 김탁구'가 히트를 쳤던 그해 여름은 참 무더웠다. 퇴근해서 아파트 계단을 잠깐 오르는 사이 등줄기에 땀이 금세 송골송골 맺혔다. 저녁 밥맛은 땀과 함께 그만 사라져버렸으니 가방을 놓자마자 가족들을 데리고 시원한 밀면집으로 향하곤 했다. 아마 일주일에 두세 끼는 밀면으로 때웠던 것 같다. 내가 사는 아파트 단지 앞에 있는 대청 밀면집은 나처럼 시원한 저녁을 먹으려는 사람들로 북새통을 이뤘다. 밀면집이 다 그렇지만 이 음식점의 메뉴도 매우 간단하다. 물면과 비빔면, 그리고 이곳의 독특한 메뉴인 물비빔면만이 메뉴판을 장식할 뿐이다. 물면은 육수가 들어간 밀면이며, 비빔면은 육수 없이 양념장으로 비비는 것이다. 당시 새로 출시된 물비빔면은 큰아들 녀석이 좋아하는 밀면으로 대청 밀면집의 인기 메뉴였다. 물비빔면은 꽉꽉한 비빔면에 약간의 육수를 부은 것으로 물면과 비빔면의 맛을 동시에 볼 수 있었다.

내가 좋아하는 물면을 시켜서 먹노라면 언제나 주방에서 땀 흘려 일하는 남성을 볼 수 있었다. 더운 여름 날 밀가루 반죽을 자동 제면기에 넣어 밀면 가락을 뽑아내고, 이내 찬물에 식혀서 면발을 감아올리는 주인장은 30년 전 밀가루 반죽으로 빵을 만들어내던 내 아버지의 모습과 같았다. 그들의 작업복과 얼굴에는 언제나 밀가루가 묻어 있었다. 밀면과 빵, 종류는 다르지만 모두 전후 밀가루 원조 시대에 때맞춰 유행을 탄 식품이었다. 그런데 밀면의 탄생 배경에는 무언가 특별한 점이 있다. 빵보다는 더욱 드라마틱한 음식사가 있는 것이다. 밀면은 전쟁이 야기한 피란민의 애절한 삶이 고스란히 담긴 부산의 음식이었다. 분단의 역사를 감아올린 밀면의 면발에는 한 가닥 한 가닥 피란민의 삶이 아로새겨져 있으니, 부산의 맛을 보려면 먼저 밀면집에 가야 마땅치 않겠는가.

밀면의 원조, 내호 냉면

지금 서울에 밀면집이 있는지 모르겠지만 내가 서른 살 무렵까지 서울에서 살 때는 찾아보기 어려웠다. 냉면집은 서울 어느 곳에서나 쉽게 눈에 띄지만 밀면집은 그렇지 않았다. 밀면은 전란을 맞아 북쪽의 피란민이 부산으로 유입되는 격동기에 탄생했다. 반세기가 지나는 동안 김해나 창원 등 부산 인근으로 밀면집이 퍼져나가 이제는 경상남도 일대에서도 흔히 밀면집을 볼 수 있다. 그렇다고 해서 밀면의 원조였던 부산의 위치가 흔들리는 것은 아니다. 여전히 밀면이 만들어진 발상지가 건재하기 때문이다.

부산 사람이라면 남구 우암동의 내호 냉면집을 한번쯤 들어봤을 것이다. 이곳이 바로 밀면의 역사가 시작된 곳이다. 우암동

부산 우암동의 내호 냉면집은 부산 밀면이 처음으로 만들어진 원조로 잘 알려져 있다. 1950년대부터 우암동 시장 골목에서 영업을 했던 내호 냉면집은 여전히 그 자리를 고수하고 있다. 이춘복 씨 가족이 대를 이어 밀면의 레시피를 전수하고 있다.

은 내가 근무하는 박물관과 가까운 거리에 있어 내호 냉면집에서 몇 차례 밀면을 먹어본 적이 있다. 나는 내호 냉면집의 유래에 대해 오래전부터 언론에 실린 기사를 보고 익히 알았지만 여전히 궁금한 점이 많았다. 그러던 어느 날 '제면명가'라는 프로그램을 기획한 요리전문 케이블 TV 채널의 황우광 PD와 함께 내호 냉면집을 방문해 인터뷰할 기회를 얻었다. 황 PD는 부산 밀면을 '실향민들의 그리움이 담긴 한 그릇의 밀면'이라는 콘셉트로 짜 촬영을 진행하던 중이었다.

우암동 시장에서 영업을 하는 내호 냉면집은 여전히 그때 그 자리를 고수하고 있다. 아팠지만 따스했던 우암동의 추억을 잊지 못해서일까. 부산의 대표 밀면집으로서 적지 않은 돈을 벌었음에도 번듯한 건물에 새 밀면집을 차리지 않고, 우암동을 떠나지 않았다. 하지만 50년 전의 밀면집 그 모습을 간직하고, 밀면의 레시피를 그대로 전수하는 것이 어쩌면 내호 냉면집으로 식도락가들의 발걸음을 끌어당기는 비결일지도 모른다. 내호 냉면은 3대째 가계를 이어 운영하고 있는데, 지금은 1대와 2대 주인들이 모두 돌아가셨다. 오늘의 내호 냉면을 운영하는 이는 이춘복 씨, 이미영 씨 등 3대의 며느리들이다. 금강산도 식후경이라 나는 먼저 내호 냉면집의 유명한 밀면 한 그릇을 해치운 뒤 둘째 며느리인 이미영 씨에게 내호 냉면의 유래부터 물었다.

내호 냉면의 1대 주인은 이영순 씨, 2대 주인은 정한금 씨로 둘은 모녀 사이다. 두 모녀는 1950년 흥남 철수 때 고향을 등지고 남쪽으로 피란을 내려왔다. 냉면집 이름에 '내호(內湖)'를 붙인 이유는 그들의 고향이 함경남도 흥남의 내호였기 때문이다. 현재 내호는 행정구역상 함흥시 흥남 구역에 속해 있다. 일제강점기 흥남은 비료공장과 고무공장 등이 들어선 공장지대였으며, 북한의 여느 곳보다도 물자가 풍족하고 매우 번화한 공업 도시였다. 흥남의 내호는 둥그렇게 들어간 함흥만에 위치해 있다. 일제강점기 흥남의 내호는 조선인의 상업 중심지로 성장했는데 중국 상인들과 상권을 두고 격돌하기도 했다.[86] 또한 내호는 명태잡이로 유명한 항구로 수산물과 동력선이 출입하는 함경도의 어업 전진 기지였다.

이 흥남 내호에서 이영순 씨는 1919년부터 냉면집을 운영했다고 한다. 1925년 맏딸인 정한금 씨가 태어나서 살림 밑천으로 성숙하자 이영순 씨는 딸과 함께 냉면집을 꾸려나갔다. 그때의 냉면집 상호는 동춘면옥이었다. 동춘면옥에서 파는 냉면이 바로 함흥냉면이었다. 함흥냉면은 비빔냉면과 물냉면 두 종류가 있는데, 그 진수는 생선회무침으로 비벼 먹는 회냉면에 있다. 동춘면옥에서는 함경도의 유명한 가자미 식해를 썰어서 냉면에 넣어 팔았다. 그런데 함흥냉면은 정말 질기기로 유명하다. 냉면의 면발은 메밀과 감자나 고구마 전분을 섞어 만든다. 이때 전분의 비율이 높을수록 면발은 질겨진다. 함흥냉면은 메밀과 전분의 비율이 1:2로 제조되므로[87] 상에서 먹다가 문 바깥으로 나가도 안 끊긴다는 말이 있을 만큼 면발이 질겼다.

冬냉이냐, 夏냉이냐

흔히 냉면을 여름철에 먹는 음식으로 알고 있다. 앞서 말했던 대청 밀면집이 문전성시를 이루는 것은 5월에서 9월 사이다. 반면 겨울철에 밀면집은 손님이 끊겨 썰렁하기가 이루 말할 수 없다. 그러나 원래 냉면은 동지섣달 한겨울에 이가 시리도록 먹는 찬 음식이었다. 이처럼 냉면은 이한치한으로 먹는 것이므로 냉면의 진미는 오직 겨울에 느낄 수 있는 법이다.

조선 후기까지 대표적인 냉면은 동치미 국물에 국수를 말아 넣은 동치미 국수였을 것이다. 1809년 빙허각憑虛閣 이씨가 의식주 생활에 관하여 한글로 쓴 책『규합총서』에서는 "동치밋국에 가는 국수를 넣고 무, 오이, 배, 유자를 같이 져며 얹고, 돼지고기와 계란 부친 것을 채 쳐서 흩고 후추와 잣을 뿌리면 이른바 냉면이다"라고 했다. 빙허각 이씨에 따르면 동치미 국수가 냉면이라고 했다. 조선 후기에는 겨울철 항아리에서 얼음을 깨서 퍼온 동치미 국물에 국수뿐만 아니라 채소와 과일 등 갖은 고명을 다 넣은 국수가 냉면이었다. 이 냉면은 한겨울의 별미이자 영양분을 보충해 주는 건강 음식이었을 터이다.

조선 후기 우리나라의 세시풍속을 기록한『동국세시기』에서도 냉면을 동짓달에 먹는 음식으로 소개하고 있다.[88]

> 메밀국수를 무김치나 배추김치에 말고 돼지고기를 넣은 것을 '냉면冷麪'이라고 한다. 잡채와 배, 밤, 쇠고기, 돼지고기를 썬 것과 기름과 간장을 메밀국수에다 넣은 것을 '골동면骨董麪'이라고 하는데, 비빔국수가 바로 이것이다. 관서 지방의 것이 가장 좋다.

조선시대에 국수라 하면 대개 메밀이 주재료였으며, 한자로는 목맥木麥 혹은 교맥蕎麥이라고 쓰곤 했다. 메밀은 서늘하고 강우량이 적당한 지역이면 어느 곳에서라도 잘 자라지만 강원도 태백산 지역이 우리나라 메밀 재배의 적지로 알려져 있다. 강원도에서는 이 메밀국수를 막국수라 일컬으며, 일본에서는 소바そば라 한

다.⁸⁹ 우리는 골동이라는 낱말을 오래되고 낡은 물건의 대명사로 사용하고 있는데, 실은 여러 자질구레한 것이 섞여 있는 것도 골동이라 한다. 메밀국수 외에도 야채, 배, 밤, 쇠고기, 돼지고기 등 갖은 고명이 들어가고, 기름, 간장 등의 다양한 양념도 첨가되었으니 '골동면'이란 말을 쓸 만하다. 관서 지방의 것이 가장 좋다고 했는데 이는 곧 평안도 지방을 말한다. 이미 조선 후기에 평양냉면이 가장 널리 이름을 얻었다.

유명세를 타면서 궁중의 잔칫상에도 냉면이 올라갔다. 순조 비의 육순을 축하하는 잔치와 경복궁을 재건하면서 열었던 궁중 연회에서도 냉면을 차렸다. 고종이 냉면을 좋아했던 사실은 널리 알려져 있다. 고종은 겨울철 야참으로 냉면을 즐겼다고 한다. 고종이 좋아하던 냉면도 동치밋국으로 조리했다. 냉면 사리는 대한문 바깥의 국수집에서 사다 썼으며, 배가 많이 들어간 동치밋국은 무척 달고 시원했다. 또한 편육을 열십자로 얹고 배와 잣으로 덮었다.⁹⁰ 고종은 순종에게 제위를 양위한 뒤 덕수궁에 머물 때 냉면을 즐겼으니 일제로부터 쌓인 한을 시원한 냉면으로 삭였는지도 모르겠다.

동치밋국에 말아 넣은 사리는 주로 메밀로 만들어졌으므로 지금의 냉면처럼 쫄깃쫄깃하지는 못했을 것이다. 고구마와 감자 전분이 들어가야 면발이 질겨지는데, 19세기 초반에 관북 지방으로 들여온 감자나 18세기 중후반에 부산으로 들어온 고구마가 전국적으로 재배되어 면발의 녹말로 사용되는 데에는 시간이 걸렸다. 어쨌든 동치미 국물로 만든 메밀국수인 냉면이 1900년대까지도 대종을 이루다가 점차 변화의 물결을 타기 시작했다. 1920년대에는 냉면이 오직 겨울철만의 음식이 아니라 사시사철 음식으로 등극했다. 특히 여름철 냉면의 등장은 계절의 한계를 극복하면서 사계절 대중 음식으로 보편화되는 계기를 마련했다.

1920년대에는 가게에서 파는 냉면과 집에서 먹는 냉면의 구분이 생겨났다. 가게에서 파는 냉면 시장이 급성장하면서 여름 냉면의 성격이 강화되었다. 1924년 이용기가 쓴 한국 음식 책인 『조선무쌍신식요리제법』에서는 가게에서 파는 여름냉면의 레시피에 대해 다음과 같이 언급하고 있다.

> 가게에서 파는 냉면은 고기나 닭국을 식혀서 금방 내린 국수를 말고 한가운데다가 어름 한 덩이를 느코 국수 위에다가 제육과 수육과 전유어와 배추김치와 배와 대초와 복숭아와 능금과 실백과 계란 살마 둥글게 썬 거와 알고명과 석이 채친 거와 실고초와 설당과 겨자와 초를 처먹으나 여러 가지 늣는 것이 조치 못하니 잡고명은 느치말고 김치와 배와 제육만 늣는 것이 조흐니라.[91]

가게에서 파는 냉면은 동치밋국 대신 고기와 닭국을 재료로 한 육수를 이용했다. 이 육수에는 면 외에도 온갖 고명이 들어가니 이용기는 오히려 잡고명은 넣지 말고 김치, 배, 제육만을 넣는 것이 좋다고 말한다. 겨울냉면은 바로 동치밋국에 국수를 말면 되지만 장국을 바탕으로 한 여름냉면에는 설탕, 겨자, 식초 등의 조미료가 많이 첨가된다.

그런데 여름냉면의 유행은 큰 폐단을 동반했다. 여름철이면 찾아오는 이른바 '냉면중독 사건'이 그것이다.[92] 일제강점기에는 여름철에 냉면을 먹고 중독되어 황당하게도 수많은 사람이 비명횡사하는 일이 자주 일어났다. 그래서 경찰서에서는 아예 여름철에 중독 사건을 방지하고자 냉면업자를 소집해 주의 사항을 시달하기도 했다.[93] 왜 냉면을 먹고 중독에 걸리는 것일까? 이는 고명으로 들어가는 돼지고기가 부패해 생기는 프토마인 중독도 있지만 무엇보다도 반죽할 때 사용하는 탄산소다(탄산나트륨) 때문이다. 메밀과 전분을 섞은 반죽에 소다를 넣으면 부풀어 오르며 맛을 좋게 하고 연하게 하는 효과가 있다. 그런데 단가를 낮추기 위해 값싼 탄산소다를 쓰거나 혹은 양잿물을 넣는 꼼수까지 부렸다.[94] 이런 재료로 만든 냉면을 먹으면 심한 복통을 앓다가 심하면 목숨까지 잃었다.

냉면집 배달부

함흥냉면의 진수가 비빔면과 회냉면에 있다면 평양냉면의 진미는 물냉면에 있다. 평양냉면의 국물은 동치밋국을 이용하거나, 오랜 시간 사골을 고아서 우려낸 육수를 섞어 만든다. 편육과 달걀, 배, 김치 등 다양하게 들어가는 고명도 평양냉면을 더욱 맛깔스럽게 한다. 함흥냉면은 전분이 많이 혼합되어 질긴 것이 특징인 반면, 평양냉면은 전분에 비해 메밀이 많이 들어가므로 아무래도 끈기가 덜하다. 그리하여 '밍밍하고 뚝뚝 끊어지는 면발을 무슨 재미로 먹느냐'며 함흥냉면파들이 지적한다면, 평양냉면파들은 '부드러운 면발에 담백한 육수가 최고다'라고 응수할 것 같다.

1929년 김소저가 쓴 「사시명물 평양냉면四時名物 平壤冷麪」이라는 글에서는 평양냉면이 팔도에서 유명한 사시사철 음식으로 예찬된다.[95] 평양냉면의 사계절 찬양은 이렇다. 꽃 피는 3, 4월의 봄 냉면은 피로를 흘려보내며 시장을 멈추어주고, 열도가 높은 여름에 먹는 냉면은 더위를 물리치고 개자와 신맛은 위태를 떨쳐버려준다. 또 가을에 오랜 친구와 먹는, 물어서 끊기 어려운 긴 냉면은 그들의 우정을 상징한다. 사시명물이라 한들 겨울냉면의 위상이 가시겠는가. 겨울냉면은 그 자체로 평양을 그리는 힘이다. 우리나라 사람이 외국에서 김치를 그리워하듯이 평양 사람이 타향에서 그리워하는 것은 겨울철 냉면 맛이다. 냉면 예찬자 김소저는 겨울철 평양냉면 맛을 "꽁꽁 얼은 김칫국을 뚫고 살얼음이 뜬 김장 김칫국에다 한 저 두 저 풀어 먹고 우루루 떨어서 온돌방 아랫목으로 가는 맛"이라고 했다. 아, 겨울냉면 맛은 차가운 김칫국으로 소름 맺힌 살을 아랫목에서 따습게 풀어버리는 한겨울의 정겨움이었다.

  북한에서 제일 큰 도시였던 평양에서는 일찍부터 요식업이 발달했다. 1920년대에는 평양에 수십 곳의 냉면집이 들어섰고, 이들은 평양면옥상조합을 결성하기도 했다.[96] 평양의 냉면집은 곧 경성까지 세를 뻗쳤다. 경성에도 냉면집이 크게 늘어나 1930년대에는 평양냉면과 해주냉면뿐만 아니라 서울냉면을 손꼽을 만큼 유명해졌다. 그러나 서울냉면은 평양냉면의 아류라 할 만했다. 평양냉면의 주인과 요리사들이 서울로 진출해 서울 사람들의 미각을 정복하려고 만들어낸 냉면이 바로 '서울냉면'이었다.[97] 이렇게 도시의 요리점에서 주요 메뉴로 자리 잡은 냉면은 점차 여름철 음식으로 이름값을 하기 시작했다. 얼음 유통이 활발해지고 화학조미료를 이용하자 부패를 막고 시원한 맛을 유지할 수 있었다. 경성에는 관청과 회사들이 밀집해 있어 여름철 냉면집의 전화통에는 불이 날 지경이었다. 도시의 냉면집이 크게 성장하면서 덩달아 냉면 배달업이 유행했다. 사무실이나 집까지 냉면을 날라줌으로써 손님은 편안하게 음식을 즐길 수 있고 냉면집은 공간의 한계를 벗어나 많은 냉면을 팔 수 있으니 주인과 손님 모두 좋은 윈윈 전략이었다. 이처럼 냉면집 배달부가 늘어나자 임금이 낮을 때는 상호 단결해서 파업을 감행하는 일들도 벌어졌다.[98]

　　냉면집 배달부들의 모습은 지금과 별반 다르지 않았다. 다만 오토바이 대신 자전거를 탔다는 점이 달랐다. 냉면 배달부들은 한 손으로 목판을 잡고 다른 한 손으로는 자전거 핸들을 잡은 채 목적지까지 페달을 밟았다. 목판에는 붉은 고깔을 씌운 냉면과 장국을 담은 주전자, 소독저, 김치가 올라 있었다. 한손으로 오토바이를 몰면서 아슬아슬한 곡예를 하는 오늘날의 배달 모습과 크게 차이 나지 않았다. 일제강점기에 대중 잡지였던 『별건곤』에는 「비밀가정탐방기, 변장기자」라는 재미있는 글이 실려 있다.[99] 이것은 기자가 냉면 배달부로 변장해 종로의 가정집으로 냉면을 배달하면서 본 세태를 만평한 글이다. 변장 기자는 냉면을 배달하면서 세상 깊숙이 들어가 타락한 현실과 직접 맞닥뜨린다. 냉면 배달을 통해 당대의 세태를 몸소 체험했으니, 이때 냉면은 시원한 음식일 뿐만 아니라 타락한 세상의 모순을 바라보며 차가운 현실을 느낄 수 있는 '세상의 창'이었다.

동래시장의 누들맨

　　이영순 씨 모녀가 흥남 내호에서 동춘면옥을 운영하던 것은 식민지 조선에서 요식업과 냉면집이 번창하던 시대 배경과 궤를 같이한다. 한반도 서쪽에서 평양냉면과 경성냉면이 주름잡고 있을 때, 동쪽에서는 함흥냉면이 명성을 쌓고 있었다. 그렇다면 한

반도 남쪽은 어땠을까? 크게 보면 냉면은 면麵, 즉 국수의 한 종류다. 국수는 곡물을 가루로 만들어 반죽한 것을 가늘고 길게 뽑은 식품을 총칭한다. 국수는 세계적으로 널리 분포해 있는 분식형 식품으로서 밀가루, 쌀, 메밀가루, 녹말가루 등의 재료로 만든다.[100] 전 세계적으로 누들 문화가 형성되어 있듯이 한반도 남쪽에서도 지역 특성이 담긴 국수 문화가 있었다.

    2010년 여름에 국립민속박물관 직원들이 기증받은 영상의 고증을 위해 부산을 방문했다. 이 영상물은 한국전쟁이 한창이던 1952년 수영비행장 군병원에서 치과 군의관으로 근무하던 찰스 버스턴Charles J. Burstone이 촬영한 영상물로 2009년 국립민속박물관에 기증한 것이다. 부산박물관 직원과 부산의 향토사학자들이 이 영상물의 고증을 위해 많은 노력을 기울였다. 나 역시 이 영상물을 보게 되었다. 찰스 버스턴은 수영 강변을 벗어나 동래시장에 와서 촬영을 했는데, 이때 젊은 남성 두 명이 국수의 재료인 건면乾麵을 만드는 모습이 앵글에 잡혔다. 한 명은 국수틀 위에서 건면을 잘라 말고 있었으며, 또 다른 남성은 막대기 위에서 말린 국수를 가지런히 정리하고 있었다. 시내를 촬영한 장면에는 냉면집도 등장했다. 낮은 2층 가게 문 앞에 '냉면'이라 쓰인 붉은 천이 바람에 휘날리는 모습이었다.

    나는 커다란 흥미를 느꼈다. 한국전쟁 시기 미군들이 찍은 사진을 본 적이 있지만 무비 카메라로 부산을 직접 촬영한 영상물은 처음 보았기 때문이다. 그런데 이후 더욱 놀라운 소식을 듣게 되었다. 동래시장에서 건면을 만들던 영상 속의 그 젊은 남성을 찾았다는 것이다. 그는 당시까지도 동래시장 인근에서 살고 있는 김종줄 씨였다. 당시 20대의 젊은 남성은 이제 60년의 세월과 함께 흘러와 87세의 노인이 되어 있었다. 미국에서 김종줄 씨를 찾았다는 소식을 접한 찰스 버스턴은 감회에 젖은 말을 남겼다. "동래시장 장면에 등장한 누들맨을 찾았다는 사실이 놀랍고 대단하다. 그 사람을 의도적으로 촬영하고자 한 것은 아니지만, 영상 속의 옛 인물을 찾았다는 사실에 감회가 매우 새롭다."[101] 그저 스쳐 지나갔던 한 장면에 불과하건만 영상 속에 담긴 인연들은 아직도 긴 국수 가닥처럼 소중하게 이어져온 것이다. 그러나 안타깝게도 병마와 싸우던 누들맨 김종줄 씨는 그해 10월 병석에서 일어나지 못하고 그만 숨을 거두고 말았다.

나도 누들맨을 찾았다는 소식을 접하고 김종줄 씨 댁을 방문했다. 그때 그는 뇌경색으로 이미 쓰러져 몸져누운 뒤였으므로 가족들과 이야기를 나눴다. 김종줄 씨는 10대 시절부터 동래에서 국수를 팔던 어머니의 일을 도왔다. 일제강점기에는 구포에 국수 공장이 많아 이곳에서 생산한 건면을 운반했다. 구포는 조선시대부터 곡물이 집산되었던 곳으로 일제강점기를 거치면서 정미 공장, 제분·제면 공장이 성업했다. 남선곡산과 영남제분 밀가루 공장과 조선도정은 해방 이후에도 그 명맥을 이어왔다.[102] 그는 동생과 함께 만덕고개를 넘어 구포까지 가서 국수를 지고 다시 동래로 넘어와야 했다. 어린 동생이 힘들어 못 가겠다면서 국수를 엎고 짜증을 내면 동생에게 그 자리에서 국수를 지키게 하고는 자신이 몇 번이고 왕복을 했다. 이렇게 힘든 국수 배달을 하다가 그는 동래시장에서 직접 국수틀로 국수를 생산해 팔게 되었다. 이렇게 국수를 뽑는 장면이 우연히 찰스 버스턴의 카메라에 잡혔던 것이다.

김종줄 씨가 살고 있는 집 마당에는 일제강점기에 지어진 흙집이 있다. 그는 이 집을 국수를 만드는 작업장으로 썼는데, 곳

― 김종줄 할아버지가 오랫동안 사용한 국수틀. 찰스 버스턴은 그를 누들맨이라 불렀다. 누들맨 김종줄은 10대 시절부터 어머니의 국수 파는 일을 도왔다. 그는 구포의 국수 공장에서 생산한 건면을 지고 만덕고개를 넘었다. 이후에는 직접 국수틀과 국수기계를 설치해 국수를 뽑아내는 일을 했다.

곳에 국수를 걸어서 말리는 막대기, 국수를 일정한 간격으로 자르는 틀이 흩어져 있었다. 그는 국수를 뽑아 바람에 말린 건면을 생산했기에 흙집 주위에도 국수를 거는 시설이 설치되어 있었다. 그런데 나는 낡은 집 안에서 김종줄 씨가 50년 이상 애지중지하며 국수를 뽑아온 국수 기계와 맞닥뜨렸다. 그는 쓰러지기 전인 2010년 2월까지도 이곳에서 국수 뽑는 일을 했다고 한다. 김종줄 씨 가족의 증언에 따르면 50여 년 전 동래시장이 화마에 휩싸이면서 이 집으로 이사를 왔고 그때부터 사용한 국수틀이라고 했다. 롤러와 벨트에 의해 자동으로 움직이는 이 국수틀은 주인의 병환으로 이제 멈춰 서버렸다. 비록 이것은 현대의 생활 자료이지만 나는 언젠가 이 국수틀을 박물관으로 옮겨가 동래 국수의 제면법을 알려주는 유물로 활용할 것이라 마음먹었다.

    보통 국수를 만드는 제면법은 성형 방법에 따라 세 가지로 분류된다.[103] 첫째는 손으로 밀가루 반죽을 늘여서 만드는 수연면 手延麵이다. 즉 중국식 요릿집에서 볼 수 있는 수타면이다. 밀가루 반죽을 위아래로 흔들고 늘이고 치는 과정을 되풀이하다보면 어느새 가늘고 긴 국수 가락을 얻게 된다. 둘째는 칼로 썰어서 만드는 절면切麵으로 우리나라의 칼국수에 해당된다. 밀가루 반죽을 얇게 민 뒤 칼로 썰어서 국수 가닥을 만든다. 이 방식을 기계화하여 대량 제조하는 기계면이 탄생했다. 셋째는 틀을 이용해 국수를 뽑아내는 방법이다. 작은 구멍이 나 있는 국수틀에 반죽을 넣고 위에서 압력을 가하면 가느다란 면이 뽑아진다. 1670년 안동 장씨가 쓴 우리나라 최초의 한글 음식 조리서인 『음식디미방』에서 말하는 세면법이 바로 이것이다. 안동 장씨는 면발이 가는 세면細麵을 만들려면 "면본에 눌러 찬물에 건져 씻어 얼음물에 담겨두고"

라고 했는데, 실국수를 만드는 이 면본이 국수틀이다.[104]

　이러한 국수틀은 우리나라 제면법의 특징을 잘 담고 있다. 메밀국수나 냉면은 대체로 이 방법에 따라 만들어졌다. 함경남도 흥남에서는 집집마다 지렛대가 달린 국수틀을 두어 남자들이 이것을 눌러 국수를 뽑아냈다고 한다. 이렇게 완력을 써야 하는 국수틀을 이용하는 까닭은 무엇일까? 그 이유는 서양의 밀과 달리 국수의 주재료인 우리나라의 메밀에는 글루텐이란 성분이 부족하기 때문이다. 서양의 밀가루는 글루텐 때문에 물을 넣고 개면 끈기와 탄력이 높아지므로 밀가루 반죽을 많이 늘이고 잡아당기면 자연스레 국수 가락이 뽑힌다. 글루텐 조직은 오징어 결같이 한 방향으로 가지런하기 때문이다. 반면 글루텐이 부족한 메밀이나 전분으로 국수를 만들려면 성형을 유도할 틀이 필요하다. 국수틀로 뽑힌 면발은 바로 뜨거운 물에 넣어 끈끈한 성분을 제거한 뒤 다시 차가운 물에 넣어 헹궈냄으로써 쫄깃하게 만든다. 이렇게 반죽한 것을 가열해 생산한 국수가 생면生麵이다. 지금의 냉면집에서 자동화된 국수 기계 역시 예전의 국수틀에서 발전한 것으로, 국수 가닥을 만들어내는 원리는 거의 동일하다.

우암동 밀면의 탄생

　1950년 10월 국군과 유엔군은 파죽지세로 북한군을 몰아가 두만강 유역까지 진출했다. 승리를 눈앞에 두고 기쁨의 함성을 지를 무렵 예상치 못한 중공군의 공격이 가해졌다. 추운 겨울과 더불어 밀어닥친 중공군의 맹공은 금방 전세를 뒤집었다. 다시 국군의 후퇴가 시작되었다. 중공군과 북한국의 협공으로 포위되었

흥남 철수 장면이다. 당시 흥남부두는 아수라장이나 다름없었다. 이때 군인 12만 명과 함께 피란민 10만 명이 남쪽으로 철수를 했다.

던 미군과 국군은 12월에 흥남부두로 집결해 남쪽으로의 철수를 단행했다. 이것이 그 유명한 '흥남철수'다. 이때 군인 12만 명과 함께 피란민 10만 명이 남쪽으로 철수를 시작했으니 당시의 흥남부두는 아수라장이나 다름없었다. 동춘면옥의 이영순 씨 모녀도 가족과 함께 흥남부두에서 간신히 배를 얻어 타고 죽기 살기로 남쪽으로 넘어왔다. 처음에 그들은 거제도 피란민 수용소에 수용되었다가 다시 적기 피란민 수용소로 보내졌다.

적기赤埼는 남구 우암동 일대를 말한다. 일제강점기 우암동에는 소를 검역하고 일본으로 반출하는 검역소와 우사들이 모여 있었다. 해방 후에 일본에서 돌아온 귀환동포들이 살 곳이 없자 임시로 소막을 개조해 생활하고 있었다. 다시 한국전쟁으로 피란민들이 우암동에 몰려들면서 인구가 급증했다. 피란민들은 소막을 개조하거나 판잣집을 지어 살았으며, 공동묘지가 있는 산으로

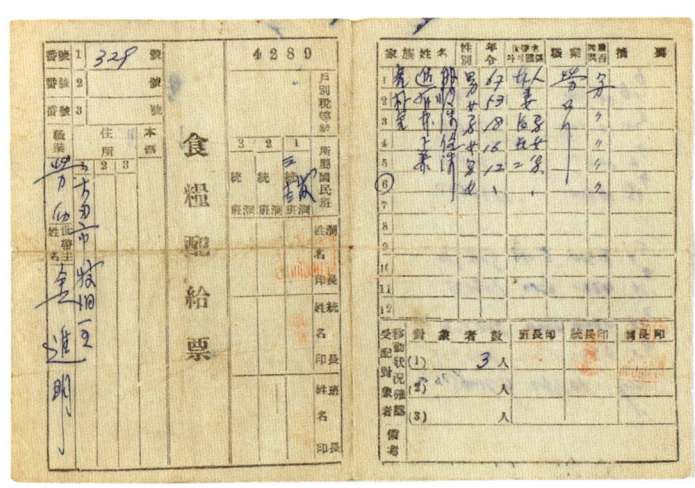

식량배급표, 1956, 대한민국역사박물관. 한국전쟁 직후 국민은 식량을 배급받아 생활을 이어갔다.

까지 진출했다.[105] 이영순 씨 모녀도 머나먼 부산의 우암동까지 구사일생으로 다다랐지만 막상 이곳에서의 삶은 비참하기 이를 데 없었다. 소막 한구석의 7~10제곱미터라도 머무를 집이 있다면 천만다행이었다. 집보다 더 큰 문제는 먹는 것이었다. 배급 식량으로는 끼니를 때우기 힘들자 부두에 나가 노역을 하거나 시장에 가서 뭐든 팔아야 했다.

피란 온 여성들은 돈을 벌기 위해 주로 행상을 했다. 시장 주변에서 먹거리 장사를 하거나 먹거리를 만들어 수용소나 부대 주변을 돌아다니면서 팔았다. 이때 북쪽 피란민을 대상으로 장사하기에는 냉면이 제격이었다. 적기와 비슷한 피란민 마을인 당감동에는 본정냉면, 흥남냉면 등 냉면집이 많이 들어섰고,[106] 전쟁 당시 부산 시내를 촬영한 사진에 냉면집이 자주 등장하는 것도 모두 이러한 이유에서다. 피란민들을 대상으로 하는 영업으로는 무엇보다 북쪽의 음식이었던 냉면이 가장 안성맞춤이었던 것이다. 정한금 씨도 흥남에서 했던 냉면 장사를 다시 시작했다. 식탁이 있을 리 만무하니 나무 상자를 엎어 사용했고, 사기대접 몇 개를 얻어다 냉면을 말아 팔았다. 그러나 냉면은 생각보다 잘 팔리지 않았다. 피란민들은 차치하고라도 부산 토박이들이 냉면을 잘 먹지 않았기 때문이다. 동래의 누들맨이 만들어낸 국수 문화, 즉 부드럽고 유연한 국수 맛에 익숙해 있던 경상도 사람들은 질긴 냉면을 먹을 수 없었던 것이다. 그래서 꾀를 낸 것이 냉면과 국수 장사를 같이 하는 것이었다. 즉 냉면은 피란민에게, 국수는 경상도 사람에게 파는 방식을 생각해냈다.

이러는 동안 적기의 피란민들에게 구호식량으로 밀가루가 배급되었다. 미국은 전쟁 기간 동안 한국인의 식량난을 해소하고 사회 안정을 이루기 위해 농산물을 원조했는데, 대표적인 원조식량이 밀이었다. 식량 원조는 미국의 잉여농산물 재고를 줄이기 위한 목적도 있었다.[107] 굶주림에 지친 피란민들에게 식량원조는 그

자체로 희소식이었지만, 막상 밀가루를 받고 보면 북한 사람의 음식 재료로는 맞지 않았다. 정한금 씨도 밀가루를 받았지만 북쪽에서는 수제비를 잘 먹지 않았던 까닭에 별로 쓸모가 없었다고 한다. 그렇다고 아까운 식량을 버릴 수도 없는 일. 그래서 냉면에 들어가는 전분이 비싸기도 했고 구하기도 쉽지 않았으므로 밀가루를 섞어서 냉면을 만들어보기로 했다.

밀가루만으로 냉면을 만들었더니 면발에 힘이 없고 뚝뚝 끊어졌다. 수차례 실험한 끝에 밀가루와 전분을 3:1의 비율로 혼합해봤다. 쫄깃하면서 고소한 맛이 나는 게 진미였다.[108] 내친김에 정한금 씨는 이 새로운 냉면을 손님들에게 팔기 시작했는데, 이를 먹어본 사람은 누구나 좋아했다. 원래 정한금 씨는 이 냉면을 밀가루가 들어간 냉면이라 해서 밀냉면이라 불렀다고 한다. 그러나 성질이 급한 부산 사람들은 밀냉면을 줄여 '밀면'이라 했다. 이처럼 밀가루와 전분이 적당히 섞인 밀면의 탄생은 시대가 만들어낸 사회상, 사람들의 입맛과 선택이 버무려진 결과였다. 서로 다른 문화가 만나서 상호 작용해 만들어내는 문화변동을 흔히 '문화접변'이라 한다. 한국전쟁은 참혹한 인명

1951년 국제시장 냉면집. 부산에 피란 온 여성들은 돈을 벌기 위해 시장 주변에서 먹거리 장사를 하거나, 음식을 만들어 수용소와 부대 주변을 돌아다니면서 팔았다. 부산에는 북쪽에서 내려온 피란민이 많았으므로 냉면 장사도 꽤 성행했다.

원조물자를 하역하는 장면(위)과 미국이 원조해준 밀가루를 담는 포대(아래).

　피해와 비참한 민족 분단을 가져온 한편, 북한의 피란민들을 대거 남쪽으로 유입시키면서 다양한 문화접변이 일어났다. 크게 보면 밀면의 탄생도 문화접변과 문화변동의 한 현상 아닐까. 함경도의 냉면과 경상도의 국수가 만나서 상호 작용했고, 다시 서양의 밀가루가 혼합되면서 문화접변으로서의 누들인 밀면이 탄생한 것이다.

추억으로 먹는 밀면

　내호 냉면집에서 밀면이 출시되어 부산 사람들의 입맛을 사로잡은 뒤 여러 곳에 밀면집이 들어섰다. 1970년대 전후로 가야 밀면을 비롯한 밀면집들이 생겨나면서 밀면은 대중화된 음식으로 전성기를 맞는다. 이제 부산 밀면은 부산을 대표하는 음식이자 서민들이 즐겨 찾는 면으로 자리를 잡았다. 부산 사람들은 여름철 입맛이 떨어졌을 때, 간단하고 값싼 음식으로 식사하고 싶을 때 밀면집을 찾는다. 서울 사람들이 내게 밀면의 맛을 묻는다면 나는 '새콤, 달콤, 매콤'이라고 말한다. 그렇다고 신맛과 단맛 그리고 매운맛이 따로 떨어져 나는 것이 아니라 이 세 맛이 조화를 이루어 독특한 맛을 낸다. 정말 알 수 없는 설명이라며 고개를 젓는 사람들에게는 '먼저 드셔보는 게 최고'라며 궁금증을 유발시킨다.

    냉면도 그렇듯이 밀면 맛의 기본은 육수와 면발 그리고 양념에 있다.[109] 육수는 쇠뼈, 사골, 돼지뼈 등을 푹 고아서 우려내며, 한약재나 채소류를 넣는 곳도 있다. 면발은 중력분 밀가루를 반죽한 뒤 찐 고구마나 전분을 섞으며, 소금을 약간 넣기도 한다. 그런 다음 반죽을 압착해 기계로 뽑아낸다. 면발은 뽑아낸 즉시 바로 물에 삶고, 다시 냉수에 여러 번 씻어내서 면을 쫄깃하게 만든다. 고명으로는 돼지고기 편육과 얇게 썬 무, 오이, 양념 다대기 등이 간단히 들어간다. 이렇게 보면 냉면과 밀면은 면발을 제외하고는 주재료에 있어 큰 차이가 없어 보인다. 하지만 귤화위지橘化爲枳의 고사성어처럼 강남의 귤을 강북에 옮겨 심으면 탱자가 되는 법이다. 귤과 탱자 사이에는 기후와 토양의 문제가 있듯이 흥남의 냉면이 부산의 밀면이 된 배경에는 전쟁과 피란 등의 역사적 아픔이 배어 있다.

    내호 냉면에서 촬영이 끝나갈 무렵 연세가 지긋한 손님들이 들어왔다. 내호 냉면집의 가장 오랜 단골로 박혜숙 할머니 일행이었다. 그는 함경남도 흥남의 내호에서 이영순 씨 모녀와 이웃해 살았으며, 흥남 철수 때 함께 부산으로 피란 왔다. 지금은 김해에 살고 있지만 냉면을 먹기 위해 꼭 먼 이곳 우암동까지 찾아온 다고 한다. 나와 황 PD는 멀리까지 냉면을 드시러 온 이유가 궁금해졌다.

"이 먼 곳까지 오신 이유가 있어요?"

"다른 집 냉면은 입에 맞지 않아. 서울 오장동에 가면 이북냉면 하는 데 있거든. 거기 가야 되지. 다른 데 가면 안 맞으니 서울에서는 오장동 가고 부산에서는 적기로 오고."

"드시는 냉면에 어떤 의미가 있나요?"

"고향 생각하면서 먹지. 추억을 생각하면서 먹어. 우리 여고 시절 때……"

추억을 떠올리면서 먹는 냉면! 이렇게 말하며 박혜숙 할머니는 고향 땅 내호에서 보냈던 여고 시절의 추억으로 돌아가고 있었다. 다니던 학교까지의 거리가 30리나 되었기 때문에 그는 기차로 통학했다. 그런데 기차가 가다가 연료인 석탄이 끊기면 멈춰 섰고, 그러면 어쩔 수 없이 걸어서 집까지 와야 했다고 한다. 그때는 친구들과 함께 냉면집에 들러서 냉면을 먹곤 했다.

나는 밥맛이 없을 때 밀면을 먹지만 고향 잃은 실향민 할머니는 아스라이 내호의 추억이 떠오를 때 냉면을 드시는 것이다. 그렇다. 음식에는 맛도 있지만 역사성과 사회성도 있으며, 또한 개인의 추억과 아픔도 담겨 있다. 요사이 내가 빵을 먹을 때 돌아가신 아버지를 그리워하는 것도 같은 이유 아닌가.

어쩐지 내 눈시울이 뜨거워질 무렵에 백석의 「국수」라는 시가 생각났다. 백석은 평양북도 정주 출생으로 고향 땅의 토속어를 담아 정말 맛있는 「국수」라는 씨를 썼다. 고향 마을을 생각하면서 쓴 이 시는 이렇게 끝을 맺는다. "아, 이 반가운 것은 무엇인가. 이

히수무레하고 부드럽고 수수하고 슴슴한 것은 무엇인가. 겨울밤 쩡하니 익은 동치밋국을 좋아하고 얼얼한 댕추가루를 싱싱한 산꿩의 고기를 좋아하고 그리고 담배 내음새, 탄수 내음새, 수육을 삶은 육수국 내음새 그 자욱한 더북한 삿방 쩔쩔 끓는 아르궅을 좋아하는 이것은 무엇인가." 아! 백석의 국수처럼 내게 추억을 떠올릴 수 있는 반가운 음식이 무엇이더냐. 실향민에게 고향땅을 회상하게 만드는 그 반가운 음식이 과연 무엇이더냐.

8

「1번가의 기적」은
부산 산동네의
기적일까:

부산 산동네와 영화

윤제균 감독의 화려한 변신

　　코미디 영화감독 윤제균이 재난영화 「해운대」를? 나는 이 소식을 듣고 크게 놀라지 않을 수 없었다. 정의로운(?) 조폭을 등장시킨 「두사부일체」(2001)나 좌충우돌 섹스어필의 「색즉시공」(2001)으로 영화계에 등장한 그는 무엇보다 코미디 장르 감독이라 생각했기 때문이다. 고난도의 CG(컴퓨터 그래픽)와 장대한 스펙터클을 살려야 하는 재난영화를 코미디 영화감독이 소화할 수 있을까? 그러나 윤제균 감독의 변신은 화려했다. 우리나라 영화사에서 다섯 번째로 천만 관객 동원이라는 흥행 기록을 세우면서 그는 코미디 감독이라는 고정 명패를 갈아치웠다.

　　영화 개봉 전 떠들썩한 홍보 마케팅에 몇 번이나 속았던 나는 영화 「해운대」를 봐야 할지 말아야 할지 저울질하고 있었다. 더구나 나름 영화 마니아라고 자처하는 내 마음속에는 흥행과 상업 위주의 영화감독에 대한 부정적 이미지가 있었다. 그런데 개봉 후 인터넷상에서 영화 평점이나 관객 리뷰를 확인해보니 반응이 썩 괜찮았다. 막상 극장에서 만난 영화 「해운대」는 나의 의심을 거대한 쓰나미로 무너뜨렸고, 윤제균 감독의 변신을 인정하지 않을 수 없었다.

　　윤제균 감독이 제작한 「해운대」에 대해 「일본침몰」이나 「2012」와 같은 '재난영화'라고 표현하는 것은 적절치 않아 보인다. 정확히 말하면 영화 「해운대」는 한국형, 아니 윤제균표 재난영화였다. 윤제균 감독은 「해운대」를 탄생시키고자 할리우드의 CG 제작자인 한스 울릭, 한국의 모팩 스튜디오와 함께 거대하고 생생한 물을 시각적으로 구현하는 데 큰 공을 들여야 했다. 130여 억 원이라는 어마어마한 제작비가 들어간 것도 이러한 CG 제작 때문이었다. 하지만 「해운대」의 성공은 마지막에 등장하는 쓰나미 CG 효과가 아니라 중반부까지의 다양한 에피소드 덕이었다. 해운대에 쓰나미가 들이닥치기 전 다양하게 펼쳐지는 군상의 스토리들 말이다. 만식(설경구)과 연희(하지원), 형식(이민기)과 희미(강예원), 김휘(박중훈)와 유진(엄정화) 등의 인물과 사건들이 중첩해 만들어낸 「해운대」의 이야기가 흥행 쓰나미를 발휘하지 않았을까.

그런데 영화 「해운대」를 살펴보면 부산의 문화적 특징을 내세웠음을 알 수 있다. 천만 관객을 돌파한 한국 영화의 흥행사는 말하고 있다. 한국형 블록버스터가 할리우드를 따라갈 것이 아니라 분단과 전쟁 같은 한국사를 배경으로 하거나 사회 모순을 향한 메시지를 보내야 한다는 점을. 「해운대」가 우리나라의 거시사를 배경으로 한 것은 아니지만 부산 문화를 등장시키거나 부산 이미지를 재현하려 한 점에서 할리우드식 재난 영화와는 거리가 있으며, 한국 영화의 흥행 공식을 따르고 있다.

예컨대 해운대에서 꽤 많은 시간을 할애한 부산의 야구 문화를 보자. 야구에 몰입하고, 롯데 자이언츠에 승부를 걸다 술에 취하는 부산 사람들의 진상이 영화의 재미를 더한다. 신문지를 찢어서 만든 '흔들이'와 주황색 비닐봉지는 롯데 열혈팬들의 응원 도구다. 이것을 가지고 일사불란하게 응원하는 장면이 나오면 마치 롯데가 승부를 벌이는 야구장에 온 것 같은 착각에 빠진다. 뿐만 아니라 술을 몰래 마시다가 롯데가 지자 소동을 벌이는 만식은 실제로 사직 야구장에 자주 출현하는 인물이다. 이외에도 광안리 불꽃 축제를 배경으로 프러포즈를 하는 장면을 통해 부산 축제를 재현하고, 겉으로는 무뚝뚝하면서도 내심은 따뜻한 만식과 형식은 부산 남자의 전형적인 이미지를 드러내고 있다. 이렇게 영화 곳곳을 장식하고 있는 부산의 지역문화가 해운대의 강점으로 작동했던 사실은 부인하기 어렵다.

윤제균 감독이 이처럼 부산 문화에 주목한 이유는 그가 부산 사람이기 때문이다. 영화 「친구」를 만든 곽경택 감독처럼. 그는 고등학교 때까지 동래 낙민동에 살았는데, 동남아의 쓰나미 뉴스를 접했을 때는 해운대 신시가에 있었다고 한다. 동남아의 쓰나미를 지켜보면서 '해운대에 저런 쓰나미가 발생하면?'이라는 상상을 했던 것이 영화의 출발점이 되었다고 한다.[110] 소설가의 소설에서부터 영화감독의 영화까지 모든 장르의 작품들이 스스로의 삶과 경험을 바탕으로 삼는 것은 당연하다. 「해운대」에 출현하는 부산 횟집과 억센 사투리, 달맞이 고개와 누리마루, 이기대와 광안대교 등의 부산 이미지는 윤 감독에게 각인된 일상의 바탕이자 생활의 세계다.

「1번가의 기적」을 촬영한 산동네

사람들은 윤제균을 코미디 감독이라는 테두리에 묶어두었지만 그의 변신과 장르의 탈주는 예고된 사실이었다. 「1번가의 기적」이 바로 그 예고편. 그런데 나는 「1번가의 기적」(2007)을 볼 때는 그에 대해서 별로 관심을 갖지 못했다. 그가 부산 사람이라는 사실도, 「1번가의 기적」의 촬영 장소가 부산의 산동네라는 것도 알아

차리지 못했다. 이후 「해운대」가 크게 흥행하면서 윤제균 감독이 부상했고 여러 소식을 접하며 「1번가의 기적」에 대해 캐묻기 시작했다. 그런데 「1번가의 기적」과 「해운대」는 영화의 장소성에서 변화가 매우 컸기에 감독의 변신에 대한 의문이 풍선처럼 부풀었다.

그는 상업용 코미디라는 큰 흐름을 지향하면서도 징검다리를 건너듯 무언가 띄엄띄엄 새로운 시도를 했다. 잘 알려져 있듯이 영화 「1번가의 기적」을 촬영한 장소는 부산 연제구 연산동에 있는 물만골이라는 산동네다. 영화의 스토리는 청송 마을 1번지에 철거 깡패 필제(임창정)가 들어오면서 생기는 산동네의 철거 문제를 중심축에 두고 전개된다. 그런데 윤제균 감독이 부산 산동네의 철거 문제를 영화 전면에 배치한 이유는 여전히 이해가 안 가는 대목이다. 코미디에서 재난영화로의 변신보다는 산동네 1번가에서 신시가지 해운대로의 변신 보폭이 훨씬 크기 때문이다. 그는 왜 가난과 철거의 상징인 산동네에서 부와 개발의 상징인 해운대로 장소 이동을 한 것일까?

역설적이지만 부산의 산동네와 해운대는 공통점도 있다. 둘은 동전의 양면처럼 부산의 장소성을 상징적으로 대표한다. 부산의 공간적 특징은 근대, 현대의 시간축에서 골고루 분포되어 있다. 쉽게 말하면 일제강점기의 주택도, 농어촌의 시골 풍경도, 신시가지의 마천루도 모두 볼 수 있는 곳이 부산이니 세련된 신시가지의 장소성과 낡은 산동네의 장소성을 모두 안고 있다. 그래서 어느 영화감독은 이렇게 말했다. "부산의 가장 큰 매력은 새로운 것과 오래된 것들이 도시 안에 공존한다는 것이다. 영화를 제작하는 사람들에게 부산은 거대한 세트장이다."[111] 그는 부산을 거대한 영화세트장이라고 했다. 시간과 공간의 다양성이 공존하는 곳

―― 황령산이 감싸고 있는 산동네 물만골. 산을 경계로 하여 고층빌딩으로 가득 찬 도심 풍경과 확연히 대비된다.

이 부산이라는 이야기다. 부산이 영화 도시인 이유는 부산국제영화제라는 큰 행사를 개최하고 행정적 지원도 풍부하거니와 로케이션이 쉬운, 촬영하기 좋은 도시이기 때문이다.

 나는 『콘텐츠 부산』이라는 책의 일부를 맡아 쓰면서 해운대와 산동네 사이에서 크게 고민한 적이 있다. 고민의 초점은 해운대와 산동네 가운데 부산 콘텐츠의 상징으로 무엇을 내세울 것인가였다. 이것은 단순한 콘텐츠 선택의 문제가 아니라 도시를 바라보는 철학의 문제이기도 하기 때문에 매우 중요했다. 그런데 나는 적어도 오늘의 도시 정책은 무분별한 개발주의에서 벗어나야 한다고 생각했다. 산업화 시기의 토목과 건축업이 우리나라 시민들에게 경제적인 부와 생활의 편의를 가져다준 것은 사실이지만 문화와 생태의 시대를 맞고 있는 지금 개발주의는 낡은 이념에 불과하다.

 1970~1980년대에 성장과 발전이라는 미명하에 도시에서 품고 있던 얼마나 많은 역사와 문화 콘텐츠를 없애고 말았던가. 땅을 싹 파서 뒤집은 뒤 생뚱맞게 고층 빌딩을 세우고 '먹튀'하는 토건 방식은 이제는 지양해야 할 유산이다. 왜냐하면 땅에 삽질을 하는 것은 그 땅에 살았던 사람들의 역사와 생활 문화에도 삽질을 하는 것이기 때문이다. 낡고 볼품없으며 아픈 생채기로 보이는 산동네이지만 부산의 맨살인 것을 어찌하랴. 부산의 산동네는 불편한 진실처럼 부산의 아팠던 근현대사를 품고 있는 곳이었다. 부산의 현대사를 논하기 위해서는 한번쯤은 산동네의 가파른 계단을 올라가봐야 하는 법.

 부산의 상징성을 도출하는 중대한 사안인 만큼 먼저 발품을 파는 것이 당연지사였다. 해운대는 이 일 저 일로 자주 가봤지만 부산의 산동네로는 한 번도 가본 적이 없었기에 먼저 「1번가의 기적」의 촬영지였던 물만골로 향해야 했다. 물만골이 연제구청 가까이 있다는 이야기를 듣고 구청 앞을 지나치는 연수로를 거쳐서 물만골로 들어섰음에도 이 앞에 산동네가 있다는 사실을 알아차릴 수 없었다. 황령산에서 이어져온 산줄기가 옷 앞섶처럼 슬며시 물만골을 가리고 있었기 때문이다. 나는 몇 번을 헤맨 뒤에 산줄기를 돌아서야 물만골로 진입할 수 있었다. 마을 입구에 선 나는 한국전쟁 이후에 사람들이 물만골에 정착한 이유와 윤제균 감독이 이곳을 영화 촬영지로 선정한 까닭을 비로소 이해할 수 있었다.

그들이 산으로 간 까닭은?

산동네의 불편한 진실 가운데 하나로는 부산의 지리적 환경이 있다. 부산은 따지고 보면 사람들이 살기에 좋은 환경을 갖춘 도시는 아니다. 집을 짓는 거주지든 농산물을 재배하는 논밭이든 넓고 평평하게 펼쳐진 평지가 좋은 곳이다. 배산임해背山臨海의 부산은 해안선을 따라 산세가 뻗어 있고, 그 사이에 좁은 평야가 형성되어 있다. 이처럼 좁은 평지를 가진 부산은 많은 사람이 모여 살기에도, 대규모로 농사를 짓기에도 그리 좋은 땅이 아니었다. 개항 이후 일제가 영선산을 깎아내린 뒤 매축 공사를 벌인 것도 암초와 같은 고지대를 제거하고, 부산항 근처에 일본인들이 거주할 수 있는 대규모 평지를 확보하려는 의도에서였다.

일제강점기 부산에서 해안선을 가로막아 매립을 진행했건만 늘어가는 인구에 비해 평지는 항상 부족했으며, 토지와 부동

산을 독식한 일본인들 때문에 조선인이 살 수 있는 땅은 많지 않았다. 이럴 때 조선인의 선택은 인적이 드문 산동네일 수밖에. 부산의 빈민들은 산에서 토굴을 파 살았다. 아미동에서 구술 조사를 하면서 실제로 토굴을 파서 살았다는 이야기도 들었다. 또한 가마니나 새끼를 엮어서 만든 토막집도 유행했다.

용두산 주변의 넓은 평지인 광복동, 보수동 등은 일본인의 거주지가 된 반면, 영주동과 초량동, 대신동, 아미동 등 도심의 변두리이며 산지인 곳은 조선인들의 거주지로 분할되었다. 식민지 부산에서 평지는 일본인, 고지대는 조선인이라는 주거 공간의 이분법이 생긴 것이다. 가난한 조선인들은 그래도 부산항 주변에서 막노동 등의 일자리를 찾을 수 있었기에 불편한 산자락이지만 토굴을 파거나 움막을 지어 정착했다. 근대 도시 부산이 거대해질수록 산비탈로 모여드는 조선인이 많아졌다. 운이 좋아 도심의 하천변이나 매축지에서 3.3제곱미터의 자리를 마련했던 조선인들은 비위생 주거지를 없애려는 식민지 권력에 의해 이내 쫓겨나 최후의 보루인 산동네로 향했다. 일제강점기의 부산 산동네는 가난한 조선인들이 사는 소외와 빈곤의 장소성을 상징했다.

해방 전 부산부의 인구는 32만 명까지 늘어났지만 지금과 같이 인구 밀집지역은 아니었다. 부산이 인구 포화 상태를 맞게 된 데에는 조금 아픈 기억이 있었다. 해방 후에 귀환동포 10만여 명이 부산에 정착했고, 한국전쟁 이후에 피란민 40여 만 명이 부산으로 이주해왔다. 적기 수용소와 대한도기주식회사 등 여러 곳으로 피란민을 분산 배치시켰지만 폭발적으로 늘어난 인구를 감당하기란 어려웠다. 수용 시설에 들어갈 수 있다면 천만다행인데 그렇지 못한 대다수의 피란민은 스스로 살 집을 마련해야 했다. 그들이 택한 방법은 산으로, 산으로 가는 길이었다. 산비탈의 경사면을 대강 다듬은 뒤 도심 주변에서 구한 볼박스나 판자, 거 적때기 등을 이용해 임시주거지를 만들어 살았다. 물도 없고 불도 들어오지 않았지만 그저 전쟁을 피해 살 수만 있다면 산꼭대기에라도 집을 지어야 했다. 전쟁 이후 아미동, 대신동, 보수동, 영주동, 초량동, 수정동 등 예전부터 산동네가 있었던 곳은 물론이요, 범일동, 감천동, 연산동 등 비교적 도심과 떨어진 고지대에도 산동

1970년대 가파른 산자락에 자리를 잡은 영주동 산동네 모습이다. 판잣집 사이사이로 헐리고 뜯긴 공지가 보인다. 1960년대 도시화 정책에 따라 판잣집에는 '불량주택'이란 딱지가 붙여졌고, 원도심권 주변 산동네 사람들을 강제로 이주시켰다.

네가 형성되었으니 이제 부산의 산비탈은 사람들이 모여 사는 주거공간이 돼버렸다.

하지만 산동네에서 게딱지 같은 판잣집을 짓고 사는 일도 녹록지 않았다. 전쟁 통에도 권력자의 시선을 의식해 판잣집을 철거하는 일이 잦았고, 전쟁이 끝나고 도시 정비가 본격화되면서 도시 미관을 해치는 산동네의 임시주택을 강제 철거하려 했다. 이때 산동네의 판잣집에는 '불량주택'이라는 이름표가 붙여졌다. 1962년 부산에서 최초로 불량주택에 대한 조사가 이뤄졌는데, 당시 그 수가 4만2734동이었다.[112] 그때의 조사 여건을 감안해보면 이보다 훨씬 많은 불량주택이 있었을 것으로 짐작된다. 부산에서 단행된 도시환경개선에 의해 불량주택에 사는 사람들은 또다시 쫓겨나야 할 처지에 놓였다. 1950년대에는 이념과 분단에 의해 산동네로 쫓겨왔다면 1960년대에는 도시화 정책에 따라 다시 쫓겨나야 하는 신세가 되었다. 하지만 판잣집에 사는 빈민들이 갈 수 있는 곳이 산동네 말고 또 어디 있겠는가. 도심의 산동네에서 방출된 사람들은 영도와 괴정동 쪽에서 다시 판잣집을 짓고 살았으며, 부산시의 이주정책에 따라 반송 지구를 비롯한 연산동, 대연동 등으로 떠나기도 했다. 1960~1970년대 도시개발 정책은 사실상 손바닥으로 하늘 가리기였다. 쫓고 쫓기는 철거 정책은 오히려 산동네가 사라지기는커녕 풍선효과처럼 부산의 전역으로 확산되는 계기를 마련하고 말았다.

내가 초등학교 시절을 보냈던 서울 금천구 시흥동에도 대규모 산동네가 있었다. 호암산과 관악산 산비탈에서는 합판을 얼기설기 엮어 판잣집을 만들어 사는 주민들이 큰 마을을 이루고 있었다. 내 친구 몇 명은 그 동네에 살았다. 그곳에 사는 친구들은 부끄러웠는지 가족과 집에 대한 이야기를 꺼렸다. 가끔씩 나는 또래 친구들과 호암산에서 뛰어 놀다가 물지게를 진 산동네 주민들을 만났다. 수도 시설이 갖춰지지 못한 산동네 고지대 주민들은 먼 약수터까지 물을 길어서 날라야 했다. 부산의 산동네나 서울의 산동네나 그곳 주민들의 팍팍한 삶은 매한가지였던 것이다.

그런데 서울에서는 산동네보다는 '달동네'라는 단어를 주로 썼다. 높은 산자락에 살고 있으니 휘영청 뜬 달이 잘 보인다는 의미로 1980년 TV 연속극 「달동네」가 방영된 이후 보편적인 용어로 쓰였다. 예전에 나는 논문에서 '부산의 달동네'라는 용어를 사용하면서도 의문을 떨치지 못했다. 서울에서는 대개 외곽지역의 산중턱에 달동네가 들어서 있으며, 달동네가 하나의 벨트처럼 연결된 것은 아니다. 하지만 부산에서는 망양로, 해돋이길 등 산복도로를 중심으로 산동네가 거대한 벨트를 이루고 있다. 달이 보인다는 감상적 의미보다는 거대한 산동네의 군락이 강한 인상을 남긴다. 달이 뜬 밤에 자갈치 시장에서 천마산 쪽을 바라보거나 부산역전에서 수정산 쪽을 바라보면 이곳에서 발하는 수많은 불빛 군락으로 인해 부산에는 '산동네 천지구나' 하는 생각이 절로 든다.

「1번가의 기적」은 물만골의 기적이었나

직접 가서 보니 물만골 마을은 도심지에 떠 있는 섬이었다. 물만골은 황령산에 움푹 들어간 분지로, 이곳 사람들은 도심으로 가깝게 왕래할 수 있지만 타지인들은 이곳을 쉽게 볼 수 없었다. 산업화 시대에 무작정 고향을 떠나서 도시에 온, 가난한 사람들이

―――― 영화 「1번가의 기적」 촬영지가 부산 연제구 연산동에 있는 산동네 물만골이었다.
부산의 산동네는 부산의 역사를 매개로 한 장소성을 상징적으로 보여준다.

정착해 살기에 좋은 '섬'이었다. 고층건물들로 들어찬 연산동과 얼마 떨어지지 않은 곳임에도 황령산 자락에서 내려온 숲들이 마을 주변을 빼곡히 감싸고 있었다. 아름다운 산세, 푸른 숲과 자연, 그리고 맑은 공기가 있는 산동네 1번가. 그래서 「1번가의 기적」에서 나오는 청송마을(물만골)을 보면 도심의 산동네보다는 마치 산간지대의 자연촌락인 '산촌'이라는 생각이 들 정도다.

마을 중앙에는 황령산 자락에서 흘러나온 계곡물이 관통

황령산 자락에서 흘러나오는 계곡물이 관통하는 물만골.

하고 있었다. 다단계 사업에 빠져 있으며, 자신이 사는 곳을 속이는 선주(강예원)와 생수 장사를 하면서 선주에게 프러포즈를 했던 태석(이훈)이 헤어졌다가 다시 만나는 장소가 이곳이다. 사람들에게 맑은 생수를 공급하는 태석의 이미지는 마을 사이로 흘러나가는 계곡물의 이미지와 중첩되면서 선주의 아픈 상처를 훈훈하게 씻어주는 역할을 한다. 물만골의 지명에서 알 수 있듯이, 이곳에서는 계곡물이 가뭄에도 마르지 않는 풍부한 수원을 확보하고 있었다. 물만골 사람들은 관정을 파서 지하수를 넉넉히 사용했으니 물만골로 어렵사리 들어온 사람들은 적어도 씻고 마실 물만큼은 걱정하지 않았으리라.

그러나 물만골의 역사를 깊이 성찰해보면 물만골의 자연환경에 대한 이런 생각은 낭만적인 감상에 불과할지 모른다. 도시 속 자연생태마을로 자리 잡기 전까지 물만골에서는 철거와 이를 막으려는 이들 사이에서 격렬한 싸움이 벌어졌다. 「1번가의 기적」의 모티프가 된 철거는 영화 속 허구가 아니라 현재의 물만골을 만든 실제 역사였다. 물만골에는 1953년부터 사람들이 살기 시작했으나 본격적으로 주민이 유입된 때는 1970년대 이후다.[113] 초량동에서 살다가 철거를 당한 주민들이 물만골로 들어왔으며, 공업화 시기 부산에 일자리를 찾아온 농민들도 물만골에 터를 잡았다. 1992년에는 385세대가 사는 무허가 주택의 밀집지역이 되었다. 이에 부산시의 철거가 단행되었는데 주민들은 격렬한 투쟁으로 맞섰다. 「1번가의 기적」에서는 철거 깡패와 용역들에 의해 마을 전체가 풍비박산 나고, 영화 속 주민들은 무릎을 꿇지만 실제로 이 철거투쟁에서 주민들은 승리를 거뒀다.

  물만골 주민이 승리했다는 것은 단지 철거를 막아냈다는 의미만이 아니다. 한 차례는 몰라도 거대 장비와 진압 도구로 무장한 공권력을 산동네 주민들이 최후까지 맞붙어 이기는 것은 사실상 불가능한 일이다. 물만골은 철거를 막아내는 동시에 마을 주민의 결속력을 강화시켰을 뿐 아니라 '물만골 공동체'라는 이상을 실현하기 위해 노력했다. 다시 말하면 '산동네의 주민자치'라는 어젠다를 내걸고 음식물 쓰레기 자원화 사업, 자원 재활용 사업 같은 생태마을 만들기를 기획했을 뿐만 아니라 공동체의 토지 기반을 마련하기 위해 주민들이 공동으로 부지 매입을 추진했다. 이런 물만골 주민들의 산동네 주민 자치를 위한 노력은 전국적인 모범 사례가 되었기에 훗날 시 당국까지 '도시생태마을 만들기 사업'에 관심을 기울였다.

  하지만 물만골 공동체의 역사는 끝내 기적을 이루지 못했다. 생태 공동체 운영에 있어 불투명한 문제들이 불거져 주민들 사이에 불신이 생겨났던 것이다. 이러한 이유 가운데는 「1번가의 기적」 촬영지로 물만골을 선정하면서 주민들의 합의를 이끌어내지 못했던 문제점도 작용했다.[114] 이 사업을 주도했던 운영위원장 A씨는 결국 자리에서 물러났으며, 그 뒤 지병이 악화돼 숨지는 안타까운 일이 벌어졌다. 이후에도 물만골의 도시생태마을을 지향

물만골 마을회관의 모습이다.

─── 물만골 마을의 집에 그려져 있는 벽화.

하는 사업들은 계속되고 있으나 과거처럼 적극적인 동력은 약화된 느낌이다.

이런 사실들을 접하면서 윤 감독이 그리고자 했던 「1번가의 기적」에 대한 의문이 증폭되었다. 특히 영화 종반부에 등장했던 '환상적인 놀이공원'의 이미지는 이해가 잘 되지 않는 장면이다. 여러 차례 비행을 시도한 끝에 청송마을 위를 날게 된 어린이의 눈에는 철거가 시작된 청송마을이 환상적인 놀이공원으로 비쳤을 수도 있다. 하지만 영화 제목처럼 이것이 「1번가의 기적」일까? 아니라면 산동네에서 기적 같은 일은 무엇을 말하는가? 갑자기 동화 같은 판타지를 내세운 것도 그렇지만 유명 복서가 된 명란(하지원)과 건달에서 매니저로 탈바꿈한 필제(임창정)의 기적적인 전환도 수긍하기 어렵다. 윤제균 감독이 처절한 투쟁을 겪은 물만골을 동화 속 마을처럼 그렸다는 비판을 받는 이유도 후반부의 장면들 탓이다.[115]

그런데 실은 물만골에서뿐만 아니라 부산의 산동네 생활에서는 거의 기적 같은 일들이 일어나지 못했다. 비탈진 산동네에서 가파른 삶의 고통을 이겨낸 것이 기적이라면 모를까, 산동네 주민들에게는 삶의 기적보다는 일상을 억압하는 가난의 피로가 계속되었다. 이 가난은 의식주를 해결하지 못한 절대적 빈곤이었으며, 아울러 아래 세대까지 대물림되는 구조적 빈곤이기에 산동네의 기적을 가로막는 심각한 사회 모순이었다.

일본 귀신이 출현하는 비석마을로

부산구술사연구회 모임에서 국립해양대의 김정하 선생이 산동네 마을을 조사해보지 않겠냐고 제안한 데에 대해 나는 흔쾌히 뜻을 같이했다. 부산의 산동네를 현지조사하고 싶은 생각과 물만골을 방문했을 때 떠오른 여러 의문점이 오버랩되면서 무조건 찬성을 한 것이다. 그러나 부산에는 산동네가 많기 때문에 어느 동네를 선정할 것인가라는 문제를 풀기란 쉽지 않았다. 산동네를 구술조사지로 제안한 김정하 선생은 친절하게도 서구 아미동 마을을 추천하면서 이 산동네가 갖는 역사적 의미까지 상세히 설명해주었다.

서구의 아미동 마을은 부산대학병원이 자리한 아래쪽부터 사하구 감천동으로 넘어가는 언덕 위까지 까치고개 길 주변에 형

부산 아미동 일대 풍경. 부산대학병원과 감천동으로 넘어가는 까치고개 일대의 동네다. 사진 아래쪽의 하늘색 3층 건물이 천주교 아파트다. 원래 이 자리에는 일본인들이 설치한 화장장이 있었다.

성된 산동네다. 이 아미동 마을에서는 이상하게도 우리나라 귀신이 아닌 일본 귀신이 출현한다는 도시 민담이 전하고 있었다. 대체 부산 산동네에서 전승되는 민담에 일본 귀신이 출현하는 이유는 무엇일까? 기모노에 게다를 신은 일본 귀신이 마을을 어슬렁거린다는 민담은 등골을 오싹하게 만드는 한편, 왜 자기 나라로 돌아가지 못하고 먼 타국의 산동네를 떠도는지에 대한 궁금증을 일으킨다. 그런데 답은 의외로 간단했다. 귀신은 죽은 자의 혼령인데, 혼령이 계속 나타나는 이유는 그곳이 바로 죽음의 공간이기 때문이다. 그랬다. 아미동은 오래전에 일본인들이 묻혔던 공동묘지였던 것이다.

    수백 년 전 왜관 시절에도 일본인들이 이 땅에서 죽으면서 묘지가 필요했고, 개항 이후 거류지가 형성되고는 사망하는 일본인 숫자도 기하급수적으로 늘어났다. 1907년 원래 용두산 앞 복병산에 조성된 일본인들의 공동묘지가 아미동으로 이전해왔다. 1909년에는 죽은 자를 화장시키는 화장장까지 아미동에 설치됨에 따라 일제강점기 아미동은 죽은 자가 묻히고, 이를 슬퍼하는 산 자의 곡소리가 계속되는 '죽음의 공간'이 되었다. 공동묘지의 위치는 현재 산 19번지라 부르는 곳이었으며, 화장장은 아래쪽에 있는 천주교 아파트 자리에 있었다. 지금도 아미동 입구 사거리에 있는 아동청소년 회관 자리를 '염불막'이라고 부르는 이유는 화장하기 전에 그곳에서 염불을 했기 때문이다. 1957년 화장장은 당감동으로 이전해갔지만 부정한 죽음의 자리에 건물을 짓고자 하는 사람들은 없었으며, 이를 미신이라 여기는 천주교 신자들만이 천주교 아파트를 건립할 수 있었다.

    일본 대도시에 가보면 빌딩숲 가운데 자리 잡은 공동묘지를 흔하게 볼 수 있다. 보통 큰 사찰 뒤에 공동묘지를 두지만 일본인들은 크게 개의치 않는 듯하다. 묘지를 바라보는 문화적 시선이 우리나라와는 다른 것이다. 우리나라 사람들은 죽은 자는 산으로 가고, 산 자는 집에 있는 것으로 여겨왔다. 산의 묘지는 죽음의 장소성을 상징하므로 산 자들 곁에 산소가 있는 것을 부정하게 생각했다. 그렇기에 화장장 근처에 사는 아미동 주민들은 대부분 가난하고 오갈 데 없는 조선인들이었다. 일본인들은 아미동을 일본식 지명인 다니마치谷町라 불렀으며, 1914년 행정구역 개편에 따라 아미동을 곡정 1정목과 2정목으로 개편했다. 일본 순사들은 아이들이 다니마치에 산다고 하면 무조건 뺨을 때렸다고 한다. 화장장 근처의 다니마치 주민에 대한 차별적 대응임은 물론이요, 아미동에 가난하고 저항적인 조선인들이 많이 살았던 탓이다.

일제가 물러간 뒤에도 일본인 공동묘지가 있던 산 19번지를 개척해 살고자 선뜻 나서는 사람은 없었다. 하지만 한국전쟁으로 피란민들이 몰려들면서 이곳에도 임시 천막 몇 동이 설치되었다. 삶과 죽음이 눈앞에서 교차되는 전쟁 통에는 '죽음의 공간'이라는 장소성도 작동할 수 없었나보다. 휴전 이후 시내의 판잣집들이 철거되면서 쫓겨난 사람들이 아미동으로 이주해왔고, 산 19번지를 개간하기 시작했다. 땅을 파면 뼈를 담는 장골기와 인골이 무수히 출토되었지만 그들은 살기 위해서 이 정도는 참고 견뎌야 했다. 아미동에 지금도 7~10제곱미터의 작은 집이 많은 이유는 묘지 구역 위에 그대로 집을 지어 올렸기 때문이다.

부산구술사연구회에서는 개인별 구술 조사를 시작하기 전에 먼저 회원들 모두가 아미동 마을을 함께 둘러보기로 했다. 까치고갯길의 아래쪽을 조사할 때는 여느 산동네와 다른 점을 특별

아미동 축대에 박혀 있는 비석. 아미동 산 19번지에는 일본인들의 공동묘지가 있었다. 1950년대 피란민들이 이곳까지 올라와서 집을 짓고 살았다. 지금도 그곳에 가보면 축대와 계단에 박혀 있는 묘비들을 쉽게 확인할 수 있다.

히 발견하지 못했다. 그렇지만 산 19번지 쪽으로 올라가자 묘지의 비석과 상석들이 축대와 담벼락에 그대로 박혀 있었고, 주춧돌이나 디딤돌처럼 주택 하단부에 비석이 끼어 있는 집도 있었다. 다들 놀라면서 비석을 확인하고 있을 때 누군가가 나지막한 목소리로 '비석 마을'이라고 했다. 비석 마을! 그 의미를 곱씹어보니 '삶과 죽음이 함께 있고 양자의 경계가 허물어진 마을'이라는 뜻 같았다.

아니, '죽음 위에 삶을 세우고, 죽음을 딛고 삶을 만든 동네'라는 뜻일지도 모른다. 그때 나는 이번 조사를 하러 오기 전 읽었던, 아미동에 대해 쓴 논문의 한 구절이 불쑥 떠올랐다. 아미동의 장소성을 집약적으로 풀이한 구절이었다. "아미동은 일본인에게는 삶에서 죽음으로 넘어가는 경계였고, 이주민에게는 농촌에서 도시로 들어서는 경계였으며, 피란민에게는 타향과 고향의 경계였다."[116] 그렇다. 경계의 땅 아미동. 아미동 사람들은 삶과 죽음, 농촌과 도시, 타향과 고향의 경계를 넘나드는 경계인이었던 것이다.

까치고갯길을 넘어 감천동 산동네로

하지만 아미동이 죽음과 삶의 교차로에 가로막혀 항상 무겁고 답답한 공간인 것은 아니었다. 빈곤과 고통 속에서도 아미동 주민들은 끼와 재능을 살려 다양한 민속 문화와 대중음악 등을 꽃피웠다. 이것이 '아미동의 작은 기적'이라 할 만하다. 한 예로 우리나라 국민의 최고 애창곡인 '눈물젖은 두만강'이 탄생한 곳이 바로 이곳이다. 가수 김정구 씨는 이 노래로 일약 스타 반열에 올랐는데, 안타깝게도 그만 어머니가 돌아가시고 말았다. 그는 장례 기간 동안에도 '눈물젖은 두만강' 노래를 계속 들려주었다고 한다. 또한 1980년에 부산시 무형문화재 제6호로 지정된 부산농악이 탄생한 곳도 아미동이었다. 부산농악을 '아미농악'이라고 부르는 것은 이 때문이다.[117]

요사이 언론의 관심과 시민들의 이목이 집중된 곳은 아미동 건너편의 감천동 산동네다. 이 감천동 산동네는 아미동 마을에서 까치고갯길을 넘어가면 금세 다다른다. 이 고개에는 화장장에서 나온 제물들을 먹으려고 까치가 많이 모여들기에 '까치고개' 라는 이름이 붙여졌다. 천마산과 아미산 사이에 있는 까치고개는 서구 아미동과 사하구의 괴정을 넘어다니는 길이었다.[118] 나는 까치고개를 넘을 때마다 아미동 산동네와 감천동 산동네의 차이점에 대해 생각해보곤 한다. 가까운 거리임에도 불구하고 두 산동네는 서로 다른 역사성을 간직하고 있을 뿐만 아니라 주민들이 키워온 문화도 차이가 난다. 이렇게 작은 산동네들도 각기 다른 역사와 문화의 토양 위에서 다른 색깔의 꽃을 피워냈다는 사실을 주의해 본다면 산동네를 그저 '토건과 개발'의 대상으로 바라보는 시선이 달라질 것이다.

잘 알려져 있듯이 사하구 감천2동은 태극도 마을이라 부른다. 지금은 태극도인들이 다른 곳으로 많이 떠나갔고, 타지인들이 이 마을로 이주해옴에 따라 종교적 색채가 옅어졌다. 하지만 1955년 이 마을이 들어선 초창기에는 거의 모든 주민이 태극도인이라고 할 만큼 신앙촌의 성격이 강했다. 1916년 조철제에 의해 세워진 무극도는 신도 수가 10만 명이 넘을 정도로 번성하다가 조선총독부의 유사종교해산령으로 철퇴를 맞았다. 교세가 크게 위축된 무극도는 해방 이후 다시 포교를 시작했고, 1948년에는 부산 보수동에 본부를 두고 교명을 태극도로 바꾸었다. 1955년 태극도인들은 집단으로 감천동으로 이주해 신앙촌을 이루며 살았다. 그러던 중 1958년 교주 조철제가 사망하면서 태극도는 신·구파로 나뉘었고, 신파의 박한경은 신도들을 이끌고 서울에서 대순진리회를 창설했다.[119] 이렇게 신종교사의 부침 속에서 이 마을에 남은 태극도인들은 감천2동을 자신들의 산동네로 가꾸어나갔다.

감천동 산동네에 가면 모두들 두 가지 사실에 놀라게 된

부산 감천동 일대 풍경. 아미동에서 고개를 넘으면 요즘 '감천문화마을'이라 부르는 감천동 산동네에 다다른다. 이곳은 과거 태극도를 믿는 교인들이 많이 살아서 '태극도 마을'이라 부르기도 했다. 마치 층층 계단처럼 집들이 쌓여 있다.

다. 첫 번째는 아름다운 자연 경관이다. 푸른 천마산과 옥녀봉이 감천동 산동네를 따뜻이 보듬고 있으며, 남쪽에는 파란 바다와 감천항이 펼쳐져 있다. 바다를 낀 부산 산동네에서만 볼 수 있는 장관이다. 두 번째는 60도에 이르는 급경사 지역에 켜켜이 쌓여 있는 주택 군락이다. 이 주택 군락은 건설 중장비도 없던 시절에 오직 사람의 손으로 만들어진 것인데, 정말 기적이라 할 만큼 작은 집들이 빼곡히 쌓여 있다. 호사가들은 이 풍경을 보고 '부산의 산토리니'라고 부르지만, 나는 이 표현이 썩 마음에 들지 않는다. 감천동 산동네는 차라리 '남해의 다랭이논'에 비유할 만하지 않겠는가. 바닷가 근처의 경사진 산비탈을 층층이 개간하여 만든 계단식 논은 바닷가 농촌의 '경작의 미학'으로, 층층 계단처럼 집들로 쌓인 감천동 산동네는 바닷가 산동네의 '건축의 미학'으로 대구對句를 세울 만하다. 둘의 공통점을 찾는다면 다랭이논이나 산동네 모두 가난한 사람들이 좁은 땅을 억척스럽게 이용하려는 '가난과 극복의 미학'을 몸소 보여준다고나 할까.

  초창기 전국의 신도들이 이주해왔으므로 태극도 마을을 지역별로 9감으로 나눈 뒤에 배치시켰다고 한다.[120] 이런 이유 때문에 자세히 보면 비뚤비뚤하고 하나도 일치하는 주택이 없지만 전체적으로 보면 감천동 산동네는 어떤 통일감을 지니고 있다. 처음에 이주민들은 좁고 경사진 땅을 다져서 임시 천막을 세워 살다가, 누군가 쓰다 버린 판자를 재활용해 판잣집을 만들었다. 그러다가 루핑집으로, 다시 슬레이트집으로 변모했고, 얼마 전 지금과 같은 조적조의 형태를 갖추게 되었다. 집의 형태만 바뀐 것이 아니라 이곳에 사는 주민들도 수없이 변화했다. 이런 과정으로 탄생한 감천2동 마을의 층층 계단식 주택 군락은 산동네 사람들이 60여

─── 감천마을을 '부산의 산토리니'라고 부르는 호사가도 있지만, 차라리 '남해의 다랭이논'에 비유하는 것이 적절해 보인다.

───── 감천마을 집의 작은 창문이 열려 있다. 감천마을 사람들은 작고 보잘것없는 창을 통해서도 세상과 소통해왔다.

년간 만들어낸 산동네 건축의 미학을 보여줄 뿐만 아니라 부산의 현대사가 만들어낸 복잡한 역사의 층위를 상징한다. 이 역사의 지층에는 태극도인의 종교사가 숨어 있는 한편, 산업화 시기 부산으로 이주해온 농민들의 이향離鄕의 역사도 녹아 있다. 농민에서 노동자가 된 이들이 부산의 공장과 부두에서 일을 했던 것은 감천동 산동네가 보금자리 역할을 해주었기에 가능했다.

산동네의 '똥'과 도시 재생

얼마 전 부산 산동네에서 공부방을 운영하면서 경험했던 따뜻하고 아름다운 이야기를 묶어 낸 책이 화제가 되었다. 최수연이 쓴 『산동네 공부방』이다.[121] 그는 서른세 살의 나이에 감천2동 산동네로 들어와 우리누리 공부방을 열고, 산동네 아이들의 엄마와 이모 노릇을 하면서 20여 년 동안을 이곳에서 살았다. 그가 쓴 책을 읽노라면 훈훈한 감정과 함께 산동네의 기억들이 아프게 밀려온다. 책에는 공부방에서 똥 폭탄을 맞는 대목이 나온다. 똥차가 압력을 견디다 못해 호스 연결 부위가 터지면서 공부방 출입문이 똥을 뒤집어쓴 것이다. 때는 마침 공부방을 연 지 1년이 되는 날로서 모두 기쁘게 1주년 행사 준비를 하고 있었다. 산동네의 비좁은 골목 사이에서 무리하게 인분 작업을 하던 똥차가 벌인 해프닝이었는데, 결과는 참혹해 기념식은커녕 공부방 출입문에 붙은 똥을 떼어내기 바쁜 하루가 되었다.

분뇨 처리는 산동네에서 정말 해결하기 어려운 문제였다. 간신히 7~10제곱미터의 땅을 구해서 사는 빈민들이 화장실을 별도로 설치하기도 어려웠거니와 정화시설도 없고, 퇴비를 만들어

뿌릴 논밭도 없었다. 그리하여 해결책으로 등장한 것이 공동화장실이다. 지금도 산동네에 가보면 여러 곳에 남아 있는 공동화장실을 볼 수 있다. 한국전쟁 이후에 생겨난 인천의 만석동 달동네에는 '똥마당'이라는 곳이 있다. 동네 한복판에 공동화장실이 모여 있을 뿐만 아니라 후미진 곳 아무 데나 용변을 보는 일이 많아서 똥마당이라 불렸다.[122] 공동화장실 몇 개로는 많은 주민의 생리적 욕구를 당해낼 수 없기에 똥마당의 후미진 곳이 해우소가 된 것이다.

     부산 산동네에서 살았던 사람들도 이 공동화장실에 대한 추억을 곧잘 이야기한다.[123] 아침마다 공동화장실 앞에 줄을 서서 배설 씨름을 하는 풍경은 웃음으로만 넘기기에는 안타까운 장면이다. 영화 「1번가의 기적」에서도 공동화장실 장면이 몇 번 나온다. 아이가 공동화장실에서 볼일을 보는데, 필제가 문을 열어 억지로 나오게 한다. 이번에는 필제가 휴지를 들고 용변을 보는데, 명란이 갑자기 문을 열어 당황스럽게 한다. 영화에서는 이를 코믹하게 처리했지만 실제 산동네 공동화장실에서는 안에서 볼일을 보는 사람도, 밖에서 기다리는 사람도 마음속 상처가 될 만한 일이었다.

     농촌에서는 똥이 퇴비로 재활용될 수 있지만 도시 산동네에서는 불결한 오물일 따름이었다. 도시에서 분뇨가 더욱 더럽고 지저분한 이미지로 추락한 데에는 근대 도시의 위생 관념이 한몫했다. 물론 폭발적인 인구 증가에 비해 분뇨를 처리할 수 있는 도시 시설이 턱없이 부족하기 때문이기도 하다. 자연친화적인 전통 농업의 시각에서 똥은 위생도 비위생도 아니며, 다시 자연으로 돌아가는 인간의 배설물이었다. 농촌에서는 이런 재생의 시스템 속에

감천마을에 남아 있는 공동화장실. 공동화장실에서 배설의 기억은 곧 산동네의 아픈 추억이었다.

서 '똥'은 '쌀'로 거듭나지만 도시에서는 혐오시설로 분류되는 분뇨처리시설을 작동시키지 않는 한, 똥은 그저 냄새 나고 더러운 찌꺼기에 불과하다.

그렇다면 자연친화적이지 못한 도시에서는 재생이란 없는 것일까? 아니다. 요즈음 도시학에서 중요하게 거론되는 논점이 도시 재생이다.[124] 이제 도시를 바라보는 패러다임이 크게 바뀌고 있다. 경제 개발과 산업화를 제1의 목적으로 삼았던 1970~1980년대에 도시는 단지 공업화를 위한 전초 기지였다. 공업 도시의 척도는 공업에 대한 기여도였다. 쉽게 말하면 도시가 사람의 생활을 배려하는 거주지가 아니라 공업의 발달에만 힘쓰는 산업 기지였던 것이다. 그러하니 산업화 시기의 도시화 정책에서 사람과 생활은 언제나 소외되어왔다. 특히 소외의 가장 어두운 그늘이 드리운 곳은 도시의 산동네였다. 산동네 주민들은 산업화를 위한 일꾼으로 총동원되었음에도 불구하고 이들의 집은 공업도시 미관을 해치는 불량주택으로 낙인찍혔다. 그러나 탈산업화 시기가 도래한 지금은 인간을 위한 도시, 인간의 생활과 문화를 생각하는 도시 개념이 중요해졌다. '인간적인 도시'에서 산동네는 뉴타운과 같은 '개발의 대상지'가 아니라 주민들의 생활을 우선 과제로 삼는 '재생의 대상지'가 되었다.

부산 산동네의 사소한 기적

부산에서는 1999년 이후로 500여 편의 영화와 영상물이 촬영되었다. 그래서인지 영화를 보노라면 부산 사람들에게 익숙한 거리나 동네 모습을 심심찮게 확인할 수 있다. 이 가운데 부산의 산동네를 배경으로 삼은 영화도 적지 않다. 물만골이 주요 세트장이 되었던 「1번가의 기적」을 비롯해 「친구」(2001, 곽경택 감독), 「사생결단」(2006, 최호 감독), 「히어로」(2007, 스즈키 마사유키 감독), 「마더」(2009, 봉준호 감독) 등에서 부산의 산동네를 볼 수 있다. 「친구」와 「사생결단」에서는 수정동 산복도로의 집들이 등장하며, 「마더」는 장면 대부분을 남구 문현동 돌산마을에서 촬영했다. 검사의 활약을 그린 일본영화 「히어로」에서는 감천2동 산동네와 안창마을이 주요 무대로 등장한다.[125] 그러나 액션, 스릴러, 누아르 영화라는 장르 때문인지 부산의 산동네는 범죄와 폭력의 장소로서 어둡고 그늘진 곳으로 비친다. 또한 강력계 형사와 범인 등 주로 남성들이 활약함에 따라 산동네가 마초들의 이미지로 굳어진다. 부산 산동네를 영화 장소로 로케이션한다고 박수 칠 것이 아니라 영화 속 이

벽화로 장식된 감천마을의 쉼터.

미지의 구현 방식에 대해서도 주의가 요구되는 대목이다.

영화는 재현과 형상의 매체다. 감독은 재현과 형상의 과정을 통해 영화를 하나의 허구적 사실로 만든다. 하지만 이런 허구의 창출에서도 역사적 사실과 대중의 보편적 정서가 투영된다. 예컨대 영화감독이 부산의 산동네를 그늘지게 표현했다면 그 배경에는 산동네의 음울한 역사와 대중의 실제 정서도 작용했다는 것이다. 영화 「1번가의 기적」에서도 산동네 청송마을은 결국 철거되며 마을 주민들은 흩어지고 만다. 실제로 철거와 이주의 대상이 된 산동네는 대부분 이런 내리막길을 걷다가 사라지고 말았다. 그렇다면 진정 「1번가의 기적」은 가능하지 않은 것일까? 영화 종반부에서 청송마을을 판타지로 장식하고, 명란이 유명 복서가 된 모습을 기적으로 그렸지만 이것은 기적이 아니다. 왜냐하면 '1번가'가 사라진 「1번가의 기적」은 존재하지 않기 때문이다. 1번가의 기적이 가능하려면 적어도 청송마을은 철거되지 않고 재생되었어야 했다.

감천동 산동네 공부방의 20년 생활사를 아로새긴 『산동네 공부방』에서는 매일 사소하고 아름다운 기적들로 가득 차 있다고 했다. 이 기적은 도대체 무엇이기에 산동네 공부방을 하루도 빠짐없이 채우는 것일까? 공부방 선생님인 최수연은 아이들이 우리누리 소식지를 만든 것도, 화장실이 있는 공부방으로 이사한 것도, 산동네 어머니들이 자기 이름을 쓸 줄 알게 된 것도 모두 기적이라고 말한다. 그중 말썽꾸러기였던 아이가 커서 공부방 교사가 된 것은 기적 중의 기적이다. 그는 산동네 아이들에게 희망과 행복을 주는 모든 것을 기적이라 본 것이다.

현재 감천2동 산동네에서는 기적 같은 일이 계속 일어나고 있다. 감천동 문화마을을 방문하는 사람들은 이구동성으로 도시

감천마을의 팍팍한 오르막길. 오르막길은 산동네의 역사를 상징한다. 벽화 속에서 한 아이가 몰래 숨어서 오르막길을 바라보고 있다.

개발과 뉴타운이 아니라 마을 만들기와 도시 재생을 말하고 있다. 마을 이름도 태극도 마을 혹은 감천2동 산동네가 아니라 '감천동 문화마을'이라 불린다. 물만골의 도시생태공동체 실험에 잔뜩 쏠렸던 이목이 감천2동 산동네의 문화마을 실험으로 옮겨간 듯하다. 전국 각지의 학생들이 문화체험 투어를 올 뿐만 아니라 외국인들도 자주 방문하는 명소가 되었다. 이제 정부와 서울시 공무원들도 이 작은 산동네를 벤치마킹한다면서 문을 두드리고 있다. 그리하여 노후 주택을 수리하고, 쌈지 공원을 세우는 등 마을 환경을 개선하게 되었으며, 빈집을 작은 카페와 전시관들로 리모델링하여 사용하고 있다.

      예전에 비해 마을이 활력 넘치고, 주민들도 각종 사업에 적극 참여하고 있으니 나쁜 일이 아니다. 하지만 나는 감천2동 산동네를 갈 때마다 이런 변모에 매우 놀라면서 한편으로는 기적 같은 일에 대해 적지 않은 걱정도 든다. 떠들썩한 여론의 관심과 마을의 급격한 변화는 주민들을 분열시킬 수 있기 때문이다. 산동네에서는 조용하면서 함께하는 기적이야말로 '지속 가능한 기적'이 될 수 있는 법. 그래서 나는 이 마을의 진정 모범이 되는 기적은 감천동 주민들이 스스로 감천의 삶을 다큐멘터리로 찍어서 시사회를 가진 일이라고 생각한다.[126] 대형 영화제작사가 산동네로 들어와서 「1번가의 기적」을 촬영하는 방식이 아니라 주민들 스스로가 자신의 삶을 촬영해 다큐멘터리로 알리는 방식이야말로 진정 산동네의 기적이다. 이런 기적이 바로 인간적인 도시 재생으로 통하는 길이며, 주민들을 중심으로 한 산동네 르네상스가 실현되는 길이 아닐까.

제3부

'라구요'

부 산 문 화 의 탄 생

9

부산 노래방에서
부르는
'~라구요':

부산의 '방' 문화와 노래

노래방의 첫 추억

군에 입대한 지 2년이 지났을 무렵이었다. 휴가를 받아 후배들을 만나러 학교에 갔다가 난생 처음 노래방이라는 곳에 가봤다. 그러나 노래방과의 첫 조우는 그다지 유쾌하지 못했던 것으로 기억된다. 마치 오락 기계처럼 노래 한 곡을 부르는 데 500원씩 넣어야 하는 시스템도 그렇지만 마이크로 노래를 부르는 것이 내게는 무척 어색했다. '노래라면 육성으로 불러야 진짜지, 이게 뭐람.' 나는 노래방으로 안내한 후배들에게 불평만 했을 뿐 앞으로 다가올 노래방의 번창과 노래 문화의 혁명적인 변화는 내다보지 못했다.

그도 그럴 것이 나는 어렸을 적부터 판소리를 들으면서 자라났다. 여동생이 배우러 다니는 판소리 학원에 곧잘 따라다녔고, 명창들이 직접 우리 집에 와서 전수해주기도 했다. 방학 때면 동생은 북한산 암자나 연천군 전곡의 과수원 등에서 고故 박귀희 명창의 지도를 받으며 목이 터져라 소리를 질렀다. 이에 소리는 모름지기 성대로 내는 것이 아니라 아랫배의 힘과 울림을 통해서 나온다는 고전적 발성의식이 내 머릿속에 굳어져갔다. 그런 내게 노래방에서 마이크를 입에 대고 노래를 부르는 방식이 맞을 리가 없었다. 하지만 후배 녀석들은 이 새로운 시스템에 벌써 익숙해져 제법 능숙한 솜씨를 발휘했다.

1980년대까지 대학가에서 '반주 깔고, 마이크 잡고' 노래를 부른다는 것은 상상하기 힘들었다. 그것은 집회 때 운동가요를 부르는 노래 동아리의 학생들에게나 가능한 일이었다. 그렇다면 노래는 언제 어떻게 부를까? 예나 지금이나 변하지 않는 사실은 여흥을 북돋우는 매개체로 술자리에서 노래를 부르는 것이다. 과거 술자리에서 부르는 노래 문화에는 몇 가지 특징이 있었다. 첫째는 특별한 반주 없이 그냥 부른다. 그러다가 썰렁함을 참을 수 없는 누군가에 의해 박수와 젓가락 장단이 더해졌다. 가끔씩 통기타 연주가 구비되면 이보다 더 훌륭한 반주를 기대하기란 어려웠다.

다음은 가사를 외워서 불러야 했으며, 가능한 한 큰 목소리로 부르는 것이 유리했다. 음치라 해도 박자가 정확히 맞거나 큰 목소리로 혼신을 다하면 인정을 받았다. 거꾸로 가수 못지않은 실력을 지니고 있다 해도 가사를 모르면 아무 소용이 없었다. 그래서 자신이 좋아하는 신곡을 부르기 위해 쪽지에 적어서 가사를 외우는 노래 마니아들이 꽤 많았다. 지금의 노래방 세대들은 이해할 수 없는 풍속이다. 마지막으로 술집에서 노래를 부르다보니 주인장에게 쫓겨나거나, 옆자리 손님과 티격태격하기 일쑤였다. '노래 부르기'가 허용된 대학가의 몇몇 술집은 항상 주당 가수로 북새통이었다. 이 노래 해방구에서는 말소리조차 들을 수 없었으며, 여기저기서 터져나오는 노래들로 최악의 불협화음을 이루었다. 그러나 이곳에도 엄연히 규율이 있어 10시가 넘는 야밤에 노래를 불렀다가는 주인장에게 쫓겨날 각오를 해야 했다. 야밤이 되기 전이라도 옆 테이블과 노래 배틀이 과해져 싸움을 벌이다가는 모두 퇴장을 당했다.

이러한 1980년대의 노래 문화에 익숙한 나에게 노래방은 정말 이해할 수 없는 여흥 공간이었다. 그나마 노래방의 첫 체험에서 내 눈길을 끈 것은 한 후배 녀석이 부른 '~라구요'라는 노래였다. 지금은 많이 달라졌지만 당시 운동권 주위를 어슬렁거렸던 이 후배에게는 '비판적 자유주의자'라는 칭호가 잘 어울렸다. 그래서인지 이 녀석이 운동권 가요를 부를 때는 뭔가 2퍼센트가 부족하다는 생각이 들었는데, "두만강 푸른 물에" 하면서 '~라구요'를 부를 때는 음정과 박자가 안정적일 뿐만 아니라 가사 전달과 감정 표현이 진솔하다는 느낌을 받았다. 마지막에 '좋겠구나. 라구요~' 하며 노래를 마칠 때는 코끝이 찡해왔다. 노래 가사처럼 아버지가 겪은 실향의 슬픔을 바라보는 아들의 마음도 슬프기는 마찬가지이며, 현실에서 운동권의 고통을 바라보는 후배의 마음도 고통스럽기는 마찬가지라는 생각까지 들었다.

    노래방 체험이 그렇게 끝나고 자대로 복귀하고는 몇 개월이 지난 뒤였을 것이다. 우리 부대에서는 사단에서 처음으로 사병들 복지 증진 차원으로 PX의 한구석을 막아 노래방을 만들었다. 말년 병장이었던 나는 동기들과 주말에 가끔씩 이 노래방에서 시간을 때웠는데, 그때마다 나도 모르게 '~라구요'를 선정했다. 노래방 첫 체험 때의 후배를 떠올리면서 "눈보라 휘날리는 바람 찬 흥남부두 가보지는 못했지만" 하고 '~라구요'를 불러보았지만 그 녀석의 분위기를 연출하기는 쉽지 않았다.

피란민 2세대의 '~라구요'

    1990년대 초반은 대학가의 문화가 역동적 변화를 이룬 시기였다. 나는 1980년대 끝물에 대학에 입학했는데, 실은 이때부터 급격한 변화가 예고되었다. 1960~1970년대에 우리나라는 민주화

보다는 경제발전에 모든 에너지를 쏟아부었다. 1980년대 후반에 대학에 입학한 새내기들은 이런 경제성장의 수혜를 입은 세대였으며, 그들에게는 농촌의 보릿고개라는 말이 낯설었다. 한편 당시는 정치 이데올로기와 학술적 관점도 크게 변화한 시기였다. 1990년 동독의 흡수통합과 1991년 소련의 해체로 인한 사회주의의 몰락은 이데올로기의 지형에도 커다란 균열을 일으켰다. 사회주의의 불시착으로 좌익 진영은 새로운 이념 모색에 박차를 가했고, 승기를 잡은 우익 진영은 예전보다는 좌익 이념에 좀더 유연해졌다.

당대의 변화는 자연스럽게 정치·경제에 서 있던 꼭짓점이 문화 쪽으로 이동하는 계기가 되었다. 상부구조(문화)는 하부구조(경제)에 의해 규정을 받는다는 일차원적 논리를 넘어 문화의 자율성과 독자성에 큰 의미를 두기 시작했다. 문화 활동가들의 현실적인 변신도 있었다. 운동권 노래패 성원 일부가 '의식 있는 대중 가수'로 진출했으며, 해적판에서나 듣던 운동가요들이 약간의 센스를 더하면서 정식 음반으로 취입되었다. 1992년 강산에가 부른 '~라구요'는 분명 운동가요는 아니지만 이런 변화의 흐름을 타고 유행한 노래다. 당시의 잣대로 나눠보면 운동권과 비운동권 모두가 전쟁과 분단의 아픔을 '소프트'하게 느껴볼 수 있는 대중가요였던 셈이다.

잘 알려져 있다시피 강산에는 거제도에서 출생했는데, 세 살 무렵 부암동 산동네로 이사 왔다. 그 이후로는 부산에서 쭉 성장기를 보냈다. 강산에의 부모님은 모두 북한에서 온 피란민이었다.[1] 함경도가 고향이었던 부모님들은 흥남부두에서 피란선을 타고 내려와 거제도에서 만났다. 모두 고향에 배우자를 둔 몸이었지만 이산가족이 된 그들은 이곳에서 다시 부부의 인연을 맺었다.

그런데 강산에가 걸음마를 뗀 지 얼마 되지 않아 부친이 돌아가시고 말았다. 한의사였던 부친은 실향의 아픔에 음주가 과해져 거의 알코올중독 상태로 말년을 보냈다. '~라구요'는 아버지의 이야기로 시작되지만 실은 강산에가 데뷔 전 어머니를 생각하면서 만들어낸 노래다. 어머니는 돌아가신 아버지를 그리워하며 흐느끼는 일이 잦았다. 강산에는 어머니의 가슴에 얼굴을 묻고 자다가 그가 흘린 눈물이 볼까지 타고 내려와 깬 적이 한두 번이 아니라고 했다. 노래 가사 중에 "남은 인생 남았으면 얼마나 남았겠니 하시고 눈물로 지새우시던 내 어머니"는 강산에의 실제 삶이 녹아 있는 경험담이었다.

그런데 강산에의 '~라구요'가 반향을 일으킨 이유는 리얼리티를 슬쩍 비틀어 전달한다는 점에 있다. 우리나라 가요사에서 분단의 비극과 실향의 아픔을 다룬 노래는 한두 곡이 아니다. 1950년대의 가요와 같이 "눈보라가 휘날리는 바람 찬 흥남부두"에서 끝났다면 1990년대에 그의 노래는 전혀 인기를 얻지 못했을 것이다. 강산에는 부모 세대의 비극이었던 분단과 실향의 아픔을 보여주면서도 '~라구요'라는 가사로 마침표를 찍어냄으로써 이 노래를 살짝 비틀고 있다. 보통 '라구요'는 남의 이야기를 전달할 때 쓰는 말이다. 결국 분단과 실향이 부모에게는 직접 경험이지만 자신에게는 간접 경험임을 내비치고 있다. 피란민 1세대는 실향의 아픔이 트라우마가 되어 헤쳐나오기 어렵지만 피란민 2세대는 그 아픔을 털어버리고 새로운 세상으로 나와야 한다.

'라구요'의 배경 가요 '굳세어라 금순아'

강산에는 '~라구요'의 2절에서 이렇게 노래한다. "눈보라가 휘날리는 바람 찬 흥남부두 가보지는 못했지만 그 노래만은 너무 잘 아는 것 내 어머니 레퍼토리 그중에 십팔번이기 때문에." 강산에가 흥남부두를 잘 아는 이유는 어머니의 레퍼토리 가운데 단골 노래인 '굳세어라 금순아'를 귀에 못이 박히도록 들었기 때문이다. 이 노래의 첫 소절은 "눈보라가 휘날리는 바람 찬 흥남부두에"로 시작된다. 이 마디를 강산에가 차용한 것은 무엇보다 피란민인 어머니의 절절한 사연을 그대로 드러내기 때문이다. 하지만 흥남부두에 절절한 사연을 남겨두고 떠난 사람이 어디 강산에의 어머니

한국전쟁 시기 흥남항구를 폭발시키는 장면이다. '굳세어라 금순아'는 흥남부두에서 이별한 피란민의 아픔을 노래한 가요다.

뿐이겠는가.

    1·4 후퇴 때 흥남부두는 아비규환 그 자체였다. 움직일 틈도 없이 사람들로 포화 상태가 된 배도 그렇지만 약속 시간까지 오지 않자 가족을 부르는 절규, 악착같이 배를 타려고 잡고 있는 사람, 한 명이라도 가족을 더 태우려고 미군들과 씨름하는 사람들이 뒤섞여 비극 그 자체를 연출했다. 다행히 흥남부두를 출발해 부산까지 무사히 도착했다 하더라도 고향에 두고 온 가족들에 대한 아픔은 고스란히 상처로 남았다. 전쟁으로 인해 사랑하는 가족과 생이별을 한 마음의 상처는 도저히 씻을 수 없는 법이다. '굳세어라 금순아'는 이렇게 분단의 비극과 피란민의 상처 위에서 탄생한 노래였다. 이 노래의 1절 가사는 다음과 같다.

> 눈보라가 휘날리는 바람 찬 흥남부두에/ 목을 놓아 불러봤다 찾아를 봤다/ 금순아 어디를 가고 길을 잃고 헤매었던가 / 피눈물을 흘리면서 일사 이후 나 홀로 왔다

    이 노래는 1953년에 강사랑 작사·박시춘 작곡으로 탄생했으며, 당대의 명가수 현인이 불렀다. 원래 '굳세어라 금순아'는 박시춘이 가요가 아닌 경음악으로 만들었으며, 악극에서 히트한 이후 강사랑에게 가사를 부탁함으로써 대중가요로 재탄생했다.[2] '굳세어라 금순아'는 발표되자마자 전 국민의 호응을 얻으면서 커다란 인기를 얻었다. 강사랑의 작사와 박시춘의 작곡도 더 말할 나위 없지만 현인이 이 노래를 부름으로써 '국민가요'로 등극할 수 있었다. 대중가수 1세대인 현인은 구포에서 태어났으며 원래는 일본의 우에노上野 음악학교(지금의 도쿄예술대학)에서 정식으로 성악을

공부한 음악가였다.[3] 그는 상하이의 악단 '신태양'에서 활동하다가 해방 이후에 한국으로 들어왔다. 이때 박시춘이 작곡한 '신라의 달밤'을 부르면서 본격적으로 대중가수의 길을 걷게 되었다. 바이브레이션이 강하고, 끊어질 듯하면서 다시 이어지는 그의 창법은 사람들에게 강한 인상을 주었다. 경쾌한 반주의 '굳세어라 금순아'는 실향민들의 통절함을 보여주는 가사와 흡인력 있는 현인의 목소리가 더해짐으로써 1950년대 불후의 명곡이 되었다.

대중가요가 크게 인기를 끄는 이유는 그 시대의 정서를 받아들이고, 삶의 아픔과 고통을 치유해주기 때문이다. 거꾸로 생각하면 당대의 인기 가요를 통해 그 시대에 살았던 사람들의 정서를 이해할 수 있다. 1950년대에는 부산을 노래한 대중가요가 크게 늘어났으며, 노래 가사에 부산의 장소들이 수없이 등장하고 있다. 이것은 1950년대에 살았던 사람들이 부산에 대한 경험과 기억이 여느 곳과는 남달랐기 때문이다. '굳세어라 금순아'의 2절을 살펴보자.

> 일가친척 없는 몸이 지금은 무엇을 하나/ 이내 몸은 국제시장 장사치이다/ 금순아 보고 싶구나 고향 꿈도 그리워진다/ 영도다리 난간 위에 초생달만 외로이 떴다.

국제시장과 영도다리는 부산에 들어온 피란민들에게 설움이 복받치는 장소였다. 모든 것을 고향에 두고 혈혈단신 떠나온 피란민들은 먹고살기 위해 국제시장으로 나가야 했다. 길거리에서 지게꾼을 하거나 가재도구라도 팔지 않으면 생계를 유지할 수 없었다. '이내 몸은 국제시장 장사치다'라는 가사는 절박한 상황에

피란민들에게 영도다리는 설움이 복받치는 곳으로 1950~1960년대 대중가요에 숱하게 등장했다.

놓인 스스로에 대한 자조적 표현이다.

밤이 되면 피란민들은 영도다리로 나갔다. 바다를 비추는 달빛을 보면서 서러운 마음을 달래보려는 뜻도 있었지만 헤어진 가족들을 행여나 만날 수 있을까 하는 기대에서였다. 지금의 광안대교는 비교될 수 없을 만큼, 1960년대까지도 영도다리는 부산을 상징하는 명물이었다. 흥남부두에서 안타깝게 헤어진 가족들은 아마도 부산 영도다리에서 만나자고 서로 소리쳤을 것이다. 그러나 '영도다리 난간 위에 초생달만 외로이 떴다'라는 가사는 가족을 만날지 모른다는 한 가닥 희망이 다시 수포로 돌아갔음을 말해준다. 그래도 '영도다리에서 기적 같은 만남'에 대한 희망만은 버릴 수 없는 법. 실향민들은 내일을 기약하며 달빛만을 등진 채 뚜벅뚜벅 한 평의 판잣집으로 돌아가야 했다.

'굳세어라 금순아' 외에도 전쟁과 이산의 후폭풍이 몰아쳤던 1950년대 대중가요의 상징은 이별과 슬픔이었다. 이런 정서는 대부분의 대중가요에 녹아 있는데, 이별과 슬픔을 노래하는 장소가 다름 아닌 부산이었다.[4] '경상도 아가씨'(손로원 작사·이재호 작곡·박재홍 노래), '함경도 사나이'(손로원 작사·나화랑 작곡·손인호 노래), '이별의 부산정거장'(유호 작사·박시춘 작곡·남인수 노래), '마음의 부산항'(허민 작사·한복남 작곡·허민 노래) 등 1950년대에 유행한 대중가요들은 모두 이별과 슬픔, 피란살이의 서러움 등을 노래하고 있다.

이 노래에 등장하는 장소는 부산항, 영도다리, 국제시장, 사십 계단, 부산역 등 현재 부산의 원도심권 지역이다. 이 장소는 실제로 1950년대의 부산을 경험하고, 느끼는 상징적인 공간이었다. 이 공간은 혹 전쟁이 끝난 후에 피란살이를 마치고 부산을 떠

―――― 떠나고 돌아오는 부산항의 모습이다. 1950~1960년대 대중가요에서 부산항은 이별과 아픔을 상징하는 장소로 불렸다.

난 실향민들이 있더라도 그들의 추억이 용해된 장소였다. 그들은 이러한 장소가 녹아들어간 대중가요를 부르면서 지나간 삶을 노래하고, 지나간 삶을 반추했을 것이다. 1950년대 정서는 1960년대까지도 이어져 슬픔과 이별을 노래하는 대중가요는 계속되었고, 그 안에 부산의 장소가 등장하는 것도 여전한 추세였다.

트로트와 왜색의 주홍글씨

노래방에서 사람들이 노래를 선곡하는 데는 여러 유형이 있다. 새롭게 뜨는 유행가를 즐겨 부르는 사람들이 있는 반면 과거부터 쭉 불렀던 자신의 단골 노래를 고르는 사람도 있다. 나는 후자에 속한다. 노래 실력도 좋지 않거니와 새로운 노래에 대한 두려움 때문이다. 나 같은 유형은 몇 가지 레퍼토리를 정해놓은 뒤 좌중의 나이와 분위기를 살펴 노래를 선정한다. 그 노래란 늘 부르는 단골 노래다. 나의 트로트 단골 노래 가운데서도 첫 번째는 '부산 갈매기'다. 나는 이 노래를 20대 후반부터 지금까지 불러왔는데 서울에 살 때는 사직 야구장을 초대형 노래방으로 만드는 야구 응원가인지도 몰랐다.

'부산 갈매기'는 김중순이 작사·작곡한 노래다. 간혹 가왕 조용필이 불렀다고 오해하는 사람도 있으나 1982년 문성재가 불러서 큰 인기를 얻은 가요다.[5] 문성재는 '부산 갈매기' 덕분에 10대 가수의 영예까지 안게 되었으나 대형 교통사고가 난 뒤에는 활동을 접고 고향인 제주도로 내려갔다. 문성재가 말하는 '부산 갈매기'는 아마추어가 부르기 쉽고 프로가 부르기 어려운 노래였다. 왜냐하면 이 곡은 가창력을 필요로 하지 않는 쉬운 노래이기 때문이다. 아마추어는 노래를 부를 때 자신이 기쁘면 되지만 프로 가수는 남을 즐겁게 해줘야 하므로 쉬운 노래를 부를 때 오히려 부담을 느낀다고 한다.

내가 '부산 갈매기'를 좋아하는 것도 이런 맥락에서다. 음계와 리듬이 단조로워 부르기 편하고, 무엇보다 신나게 부르는 곡이기에 어느 자리에서나 기본 점수는 딸 수 있다. 게다가 '부산 갈매기'는 모두 함께 부르는 곡이므로 앞 소절만 불러주면 큰 공을 들이지 않고도 완수할 수 있다. 그런데 '부산 갈매기'의 가사를 가만히 음미해보면 헤어진 옛 애인을 목 놓아 부르는 슬픔이 담겨 있

'임 그리워' '사랑은 눈물의 씨앗' 등 나훈아 히트 가요가 취입된 음반이다. 나훈아는 대표적인 부산 출신 가수다. 1947년 부산 동구 초량동에서 태어난 나훈아는 열아홉 살의 나이로 〈천리길〉 음반을 발표하면서 가요계에 데뷔했다.

다. 이 노래의 화자는 어여쁜 순이를 잊지 못해 오늘도 애를 태운다. 그러다가 그리움이 물결치면 다시 "부산 갈매기, 너는 벌써 나를 잊었나" 하고 외쳐본다. 대개의 트로트 가사는 이처럼 통속성을 특징으로 한다. 사랑과 이별 그리고 회한을 노래하며 대중의 감정을 사로잡는다.

1970~1980년대 트로트 가요계를 주름잡았던 가수 중에는 부산 출신이 적지 않다. 트로트계의 대표 주자라고 하면 역시 나훈아를 빼놓을 수 없다. 동구 초량동에서 태어난 그는 열아홉 살에 '천리길'로 정식 데뷔했으며, 간드러지면서도 꺾는 그의 창법은 트로트의 특징과 잘 맞았다. 그는 여성 팬들의 인기를 독점했고, 수많은 화제를 뿌리기도 했다. 특히 목포 출신의 남진과 영·호남 트로트의 라이벌 구도를 형성하면서 대중가요계를 장악했다. 하지만 두 남자 가수의 대결 구도는 팬들의 과열 경쟁을 불러일으켰고, 언론의 집중 포화를 받기도 했다.

1970년대의 양강 구도에 밀려 무명생활을 오래했던 현철도 부산 출신의 트로트 가수다. 1983년 구성진 목소리로 '사랑은 나비인가봐'를 히트시키면서 본격적인 트로트 가수로 떠올랐다. 1988년에는 '봉선화 연정'으로 전성기를 맞았다. 송대관, 태진아와 함께 '트로트 남성 가수의 트로이카 시대'를 열었던 설운도는 부산 해운대에서 태어났다. 트로트 가수 중에 드물게 싱어송 라이터인 그는 '잃어버린 30년'으로 톱스타 반열에 섰다. 아마도 노래방에서 제일 많이 불리는 트로트 가요를 꼽는다면 설운도의 '다함께 차차차' '쌈바의 여인' 등을 들 것이다.

트로트가 우리나라 가요에서 대표 장르로 자리를 잡은 것은 1960년대였다. 트로트의 기원에 대해서는 여러 논쟁이 있지만 대체로 일제강점기 일본 엔카演歌의 영향을 받아 우리만의 독특한 가요 양식으로 성립되었다고 본다. 트로트trot는 원래 서양에서 사교댄스의 리듬을 뜻했으나, 이것이 일본 엔카와 접목되어 식민지 조선으로 유입되었다. 해방 후 음악계에서 일본 잔재를 청산하기 위해 엔카풍의 가요를 '트로트'라 불렀고, '뽕짝'이라는 말도 유행했다. 뽕짝은 특정한 가요 양식을 비하하는 의미를 담고 있기에 공식 용어로는 쓰지 않는다. 이 트로트는 서양의 팝음악으로부터 영향을 받으면서 더욱 편안한 느낌으로 대중성을 얻게 되었다.

1960년대 트로트가 크게 인기를 끈 것은 이미자의 '동백

이미자가 부른 히트 가요를 담은 음반이다. 이미자는 1960년대 '동백 아가씨'를 불러서 일약 최고의 스타덤에 올랐다.

아가씨' 때문이었다. '동백 아가씨'는 무명의 이미자를 일약 최고의 스타덤에 올려놓았고, 당시 최고의 레코드 판매량을 기록하기도 했다. 이미자는 "엘레지의 여왕"이라 불렸는데, 100년에 한 번 나올까 말까 하는 깊은 호소력이 있는 목소리 때문이었다. 지금도 노래방에 가면 이 '동백 아가씨'를 멋들어지게 부르는 사람들이 있다. 나는 이 노래의 "헤일 수 없는 수많은 밤을~"이라는 첫마디에서 전율을 느끼고 만다. 그런데 '제2의 애국가'라는 이름까지 얻었던 '동백 아가씨'는 1975년 금지곡 처분을 받았다. 그 이유는 단지 '왜색'이라는 것뿐이었다.

당시 정부는 대중 트로트 가요에 '왜색'이란 주홍글씨를 새김으로써 정권의 본질에 물타기를 하고 있었다. 즉, 한일 수교 반대 여론을 호도하기 위해서 트로트 가요를 왜색으로 몰아붙임으로써 민족적인 정부임을 강조하려 한 것이다.[6]

가라오케 문화의 상륙

엔카에 영향을 받은 때가 1920년대인데 1970년대에 와서 일본 문화의 색깔이 짙다는 이유만으로 금지곡 처분을 한 일은 어불성설이다. 그런 논리라면 50년 동안 발표된 모든 트로트 계열의 노래를 금지했어야 마땅하다. 더구나 트로트가 일본 엔카로부터 어떤 영향을 받았는지에 대해서 음악사적으로 명확히 밝혀지지 못한 상황에서 막연히 '왜색'이란 올가미를 씌운 것은 다분히 정치적 의도라고 풀이할 수밖에 없다. 어느 나라 문화가 좋고 나쁘다는 식의 구분법은 감정적 대응이거나 국수주의적 태도일 때가 많다. 일제가 우리나라를 강압적으로 통치해 수많은 과오를 남겼지만 그렇다고 일본 문화 자체가 잘못되었다고 볼 수는 없다. '왜, 왜색의 가요는 문제가 되고, 양색의 가요는 문제가 안 되는가'라는 질문을 한다면 어떻게 답할 것인가.

한류가 태동한 지 10년이 훌쩍 넘은 지금 시점에서 본다면 왜색 문화론은 더욱 설 자리가 없다. 1998년 일본 문화 개방이 추진되자 일본 문화가 한국 문화를 지배해 한국 문화는 왜색성이 강화될 것이라는 우려의 목소리가 높았다. 그러나 결과는 정반대였다. 한국 문화가 '한류'라는 이름을 얻어 일본에서 크게 유행했을 뿐만 아니라 동아시아에서 가장 영향력 있는 문화가 된 것이다. 우려했던 바와 달리 일본 문화의 영향력은 미미했다. 이제 한국은 어떻게 하면 타국 문화의 장벽을 낮추고 한류를 수출할 것인가에 대해서 고민하고 있다. 뭐든지 역지사지의 자세가 필요하다. 앞으로 한류를 견제하고자 불고 있는 혐한류의 역풍을 막으려면 타국 문화와의 쌍방향 교류를 필히 인정해야 한다.

1980년대 부산은 '왜색 문화의 전파 기지'로서 혹독한 비판을 받아왔다. 한일 수교 이후 우리나라의 관문이자 일본과 가까운 부산은 다시 일본인들의 방문이 가장 높은 곳으로 기록되고 있다. 1980년대 초반 부관 페리호를 통해서 일본 서민들의 여행과 보따리 행상들의 방문이 급격히 늘어났다. 이들은 카메라 몇 개를 들고 와서 판 뒤 그 돈으로 부산에서 여행을 즐기다가 돌아가기도 했다. 한편 일본의 공중파가 부산에서 유행해 일본의 NTV방송이 KBS, MBC와 더불어 3대 방송으로 꼽히기까지 했다. 파라볼라 안테나(일명 접시형 안테나)의 보급이 일반화되자 일본 TV를 시청하는 부산 시민이 크게 늘어났다.[7] 당시『동아일보』는 부산의 이런 풍경을 우울한 톤으로 "관문이자 일본 문화의 접점 지대인 항

도 부산은 일본의 저급 대중문화에 가장 빨리 오염되어가고 있다"라고 묘사했다.[8]

　　부산이 일본의 저급 대중문화의 온상지로 비판을 받는 이유 중 하나는 1980년대 초반에 급속히 확산된 가라오케 주점들 때문이었다. 가라오케는 일본어 '가라空'와 영어 '오케스트라 orchestra'의 합성어다. 우리말로는 '가짜 오케스트라' 정도로 풀이할 수 있겠다. 가라오케에는 카세트 플레이어와 음성 증폭 앰프가 설치되었고, 악기 연주가 녹음된 테이프를 돌리면 가락에 맞춰 노래를 부를 수 있는 장치였다. 이 가라오케는 1978년 도쿄의 번화가인 긴자銀座에서 첫선을 보인 뒤 일본 전역에서 선풍을 일으켰다. 주머니 사정 때문에 생음악 밴드를 이용할 수 없는 일본인들에게 적은 비용으로 반주에 맞춰 노래를 부를 수 있는 가라오케의 보급은 희소식이었다. 일본의 가라오케가 부산에 상륙한 때는 1년이 지난 1979년경이었다. 처음에는 10여 곳에 불과하던 가라오케가 서울을 비롯한 인천, 대구 등 대도시의 관광호텔을 중심으로 급속히 퍼져나갔다.[9]

　　사실 노래를 부르는 기계 장치인 가라오케가 비판을 받을 이유는 없다. 문제는 가라오케 주점 안에서의 유흥 풍속이었다. 초창기 부산의 가라오케 주점의 고객은 대부분 일본인 바이어 혹은 여행객이었다. 그리하여 일본인 취객들이 한국인 여종업원들과 어울려 술을 마시는 모습과 이들이 가라오케 주점에서 부르는 일본 가요들이 도마에 올랐다. 가라오케 주점을 통해 부산에 상륙한 일본 가요들이 한국 문화에 악영향을 미칠 것이라는 우려가 터져나왔고, 이런 문제의 근원지로 부산의 가라오케 주점이 지목된 것이다. 그러나 당시 퇴폐적이고 사치스러운 유흥 문화는 가라오케보다는 고급 요정에서 양산되고 있었다. 권력과 부를 지닌 자들이 찾는 고급 요정들은 경제 불황 속에서도 호황을 누리면서 한국 사회의 부패 고리를 형성하고 있었다. 그런데 날이 갈수록 고급 요정들은 구시대의 산물로 퇴장하는 반면, 가라오케는 왜색이라는 사회 비판 속에서도 새로운 변신을 꾀하고 있었다. 1980년대 초반의 가라오케가 노래방으로 변해 대중문화의 전면에 등장할 줄은 아무도 몰랐다.

노래방의 진화론

가라오케는 새로운 영상 시스템과 만나 '비디오케'로 변했다. 1980년대부터 이미 대중문화는 '듣는 문화'에서 '보는 문화'로 이동하고 있었다. 안방을 선점한 TV와 더욱 스펙터클해진 영화가 사람의 시선을 끌면서 보는 즐거움은 훨씬 커졌다. 이제는 '들으면서 부르는 노래'보다는 '보면서 부르는 노래'에 사람들이 흠뻑 빠질 가능성이 높아졌다. 비디오케는 종래의 가라오케에 비디오 영상 기능을 결합시킨 영상 반주 기기였다. 가라오케가 오디오에만 의존했던 반면 비디오케에서는 노래에 어울리는 배경 장면과 가사 자막을 영상으로 볼 수 있었다. 이에 가사를 외우는 수고를 하지 않더라도 노래를 부를 수 있으며, 노래의 흐름에 따라 가사 자막의 색깔이 입혀졌으므로 엇박자의 음치들도 박자를 맞출 수 있었.

비디오케 역시 일본에서 만들어졌다. 1987년경 가라오케의 천국인 일본에서 가라오케 시스템을 영상 시스템과 접목시켜 개발했다. 이 영상 시스템의 핵심은 당시의 첨단 제품이었던 LDP(레이저 디스크 플레이어)로서, 이를 이용한 반주 시스템을 일본에서는 '레이저 가라오케'라 일컬었다.[10] 보는 시대의 조류에 편승해 수십 곡의 노래 영상이 수록된 레이저 디스크를 이용한 덕에 일본의 영상 세대와 가요 팬들로부터 큰 호응을 얻었다. 일본에서 비디오케가 유행한 이후 곧 부산에 상륙한 것은 필연적인 사건이었다. 이미 가라오케 주점들이 우후죽순으로 생겨났으므로 비디오케의 업그레이드는 그리 어렵지 않았다. 다만 일본어로 된 제품을 그대로 사용해서는 한국인들에게 널리 보급될 수 없었다. 우리나라의 대기업들은 이 비디오케에 대해 상당한 수요가 있음을 감지하고 한국형 모델을 개발했다. 그리하여 국내뿐만 아니라 미국 동포사회에서도 한국 제품 비디오케가 크게 유행했다. 이 비디오케의 선전 구호는 다음과 같았다. "음성과 박자는 물론 가사를 몰라도 됩니다. 완벽한 노래 반주에 맞추어 TV 자막에 새겨져 나오는 가사를 따라 부르기만 하면 귀하도 어엿한 프로가수처럼 노래를 즐길 수 있습니다."

나는 이 비디오케의 탄생으로 노래방의 기술 진화는 이미 완성된 것이나 다름없다고 생각한다. 그런데 노래방 반주기의 조상을 따져보면 비디오케가 아니었다. 노래 반주기의 DNA를 추적해보면 LDP가 아닌 컴퓨터에서 발생한 것이다. 1988년 한 중소기업(영풍전자)이 신시사이저 모듈과 컴퓨터 칩을 바탕으로 컴퓨터 음악연주기를 만들어 전자박람회에 출품했는데, 이 컴퓨터 반주기가 한국형 노래방으로 진화한 종이었다.[11] 그런데 노래방이 완성되기 위해서는 기술과 공간 문제가 접목되어야 했다. 테크놀로지가 성숙되었다고는 하나 노래를 즐기는 대중 공간이 확보되지 않고는 노래방이 출현할 수 없는 법이다. 성인들의 유흥주점이었던 가라오케 주점은 청소년들이 출입하거나 가족이 함께 여흥을 즐길 수 있는 장소가 아니었다. 가정용 비디오케가 출시되었지만 안방을 노래 부르는 무대로 삼기에는 공간 연출성이 떨어졌다.

노래방 탄생의 징조는 엉뚱하게도 부산의 한 오락실에서 나타났다. 1991년 4월 부산 하단 동아대 앞 오락실에서 동전을 넣어 노래를 부르는 오락기계(컴퓨터)를 이용한 노래반주기를 처음으로 설치했다.[12] 노래 오락기계는 기존의 컴퓨터 반주기에 부산의 로얄 전자가 노래가 흐르는 자막 기술을 결합시킨 것이다. 이 원조 노래방은 많은 사람이 소문을 듣고 몰려와 줄을 설 정도로 돌풍을 일으켰다. 300원을 넣고 자신이 원하는 곡을 선정할 수 있으며, 영상과 반주에 따라 노래를 부르는 오락기계는 앞으로의 노래 문화에 혁명적 변화를 예고하는 전주였다.

이 오락실의 실험을 보고 바통을 이어받은 곳이 부산 광안리 해수욕장 부근에 있는 한 업소였다.[13] 그해 5월에 이 업소는 '노래연습장'이라는 간판을 달고 현재의 노래방과 유사한 사업을 시작했다. 여러 개의 방을 만든 뒤에 방마다 노래반주기를 설치했으며, 오락실처럼 300원을 넣으면 사람들이 반주에 따라 노래를 부를 수 있도록 했다. 이 노래연습장에서는 주류 반입을 금지해 기존의 가라오케 주점과 차별화를 시도했다. 이런 아이디어가 건전성의 이미지를 얻게 되어 노래방의 상쾌한 첫출발에 도움을 주었다. 주로 성인들이 적지 않은 비용을 지불하고 출입하는 가라오케 주점에 비한다면 이용객의 대상과 범위가 훨씬 확장된 것이다.

방 문화의 실험실, 부산

광안리에 노래방이 처음으로 출현하고 6개월이 지나자 부산에서만 순식간에 노래연습장, 노래방, 뮤직박스 등의 간판을 내건 노래방이 100여 곳이나 생겨났다.[14] 부산의 영향을 받아 서울 신촌과 청량리 등지에서도 노래방이 영업을 시작했다. 저렴한 비용으로 노래를 부를 수 있는 노래방은 1990년대 초부터 우리나라의 노래 문화를 완전히 바꾸어놓았다. 이렇게 보면 부산은 대중문화의 실험실이자 새로운 노래 문화의 발상지였다.

    국내 마케팅 업계의 철칙 가운데 '부산에서 성공하면 전국에서 성공한다'는 말이 있다. 이것은 부산이 수많은 문화 요소를 받아들여 버무리고 창조하는 문화 생산 공장의 역할을 한다는 의미다. 부산에서 시작해 퍼진 찜질방의 사례를 보면 알 수 있다. 외래문화의 통로였던 부산에서 일본 문화와 서양 문화가 처음으로 상륙해 우리나라 문화와 결합된다는 사실은 부인할 수 없다. 부산이 일본에서 탄생한 가라오케 문화를 수용해 왜색 문화의 토양이 되었다는 비판을 받았지만 거듭된 진화를 보여주면서 결국은 새로운 대중문화를 창출하는 실험실 역할을 했다.

    대중문화를 바라볼 때 경계해야 할 시선은 엘리트주의다. 엘리트주의자의 눈에는 노래방의 노래 문화도 저급하며, 이것의 발상지가 된 부산의 대중문화도 저급하다. 대중이 즐기는 대중문화는 저속한 것으로 싸잡혀 비판의 대상이 된다. 하지만 이러한 엘리트주의 시각은 고급문화와 저급문화를 구분하고, 고급문화의 취향에서 대중문화를 바라보는 아주 위험한 발상이다. 왜냐하면 문화의 예술적 가치나 미적 판단 기준은 상대적인 것이기 때문이다. 그들이 좋아하는 고급문화도 당대의 사회를 배경으로 탄생한 역사적 산물에 지나지 않는다. 엘리트주의가 국가주의와 결합되면 더욱 위험하다. 독재정부 시절의 금지곡 정책과 같이 대중가요에 철퇴를 내리거나, 정권의 보위를 위해 대중문화를 통제하게 된다. 그러므로 노래방의 대중문화를 살펴볼 때에는 엘리트주의를 경계하고, 역사적 산물인 노래방 문화의 배경에 대해 성찰할 필요가 있다.

노래방의 탄생은 기술적 진화가 없었다면 불가능한 일이었다. 현대의 대중문화는 기계와 기술의 진화에 기대고 있으며, 여기에 새로운 문화 콘텐츠가 결합되어 나날이 변모하고 있다. 그런데 요사이 대중이 여가문화를 향유하는 공간은 각종 '방'이다. 수많은 대중문화가 방에서 탄생하고 있다. 만화방, PC방, 노래방, 찜질방, 비디오방……. 이 '방'자 돌림의 공간은 현대 대중의 여가문화를 장악하고 있으며, 하나의 문화 트렌드인 '~방 문화'를 형성하고 있다고 해도 과언이 아니다. 송도영은 '~방 문화'의 번성이, 도시는 급격히 팽창하는 반면 도시인들이 향유할 수 있는 문화 환경은 부족하기 때문이라고 지적했다. 그리하여 도시인들은 상업화된 문화 시설을 찾게 되었고, 자본을 증식시키려는 문화산업이 서로 접점을 찾은 결과가 '~방'이라는 것이다.[15] 이 지적은 일리가 있는데, 여전히 '방'이라는 이름을 내건 경향에 대해서는 의문이 남는다.

방은 사람들이 살고 활동하기 위해 일정하게 구획을 지은 칸이다. 방에서는 개인과 가족의 일상 활동이 보장되고, 편안하고 은밀한 내적 생활도 허용된다. 우리나라 사람들에게 방은 편안함과 여유를 주는 공간으로 인식된다. 이에 따라 문화 공간에서 '~방'을 차용할 여지가 생긴다. 스트레스에 노출된 현대인들에게 문화 공간으로서의 '~방'은 외부세계로부터 독립된 안가이자 동시에 안락과 여흥을 즐기는 여가 장소다. 그런데 대중의 여가 장소는 문화 콘텐츠가 없다면 성립될 수 없다. 노래방의 탄생은 이름 그대로 문화 콘텐츠인 '노래'와 여가 공간인 '방'이 서로 접목된 결과다.

이 노래방에서는 누구나 '스타'가 될 수 있다. 정확히 말하자면 노래를 부르는 자신이 스스로 스타라고 느낀다. 이를 굳이 명명하면 '스타 나르시시즘'이라고나 할까? 아름답게 흘러나오는 반주에 자신의 목소리를 마이크에 띄우면 청중은 모두 자신을 스타처럼 바라본다. 만약 노래 반주기가 100점을 줘서 팡파르가 터지면 정말 스타가 된 것 같은 황홀감에 빠진다. 나는 요사이 성행하는 오디션 프로그램을 보면서 노래방이 큰 역할을 했다고 생각한다. 노래방이 만든 스타들이 자신감과 실력을 확보하고는 오디션 프로그램으로 몰려드는 것이다. 그러나 이런 스타 나르시시즘은 역설적으로 정말로 스타가 되기 어려운 사회 구조를 반영하는 것일지 모른다. 모두들 부와 명예가 보장된 스타가 되고 싶어하지만 복권 당첨보다 어려운 실정 속에서 오늘 밤도 '노래방의 스타'들은 수도 없이 꽃피고 지고 있다.

'~라구요'에서 '삐따기'로

요즈음 대중음악계는 하룻밤에 떴다 사라지는 인기 스타들을 배출하고 있다. 연예기획사들은 대중의 기호를 살핀 뒤 규격에 맞는 가수들을 배출하고 있지만 이런 스타들은 대부분 인기 단명하고 있다. 그러나 진정한 스타는 자기 색깔을 버리지 않고 자신의 호흡에 맞춰 노래를 부르기에 인기도 오래간다. 데뷔 초기부터 강산에는 꽁지머리를 자르라는 방송사의 명령을 거부하고 획일적인 발상에 반기를 들었다.[16] 그는 인기를 위해 방송사를 택하지 않고 라이브 무대로 옮겨 열정적으로 노래를 불렀다. 오히려 이런 당당한 강산에의 면모에 팬들은 열광하고 모여들었다.

당당한 스타 강산에의 '~라구요'를 들으면 무엇인가 할 이야기가 많지만 눙치거나 절제하고 있다는 느낌이 든다.[17] 그는 1집 앨범에서는 직선의 지름길보다는 곡선의 우회로를 걸으며 노래를 불렀다. 즉, '통일이 되어야 합니다'라는 직접 화법보다는 '우리 아버지는 소주를 마시며 슬퍼하더라구요'라는 식으로 실향의 슬픔을 넌지시 전달하는 화법을 썼다. 간접 화법은 듣는 사람이 생각할 시간을 필요로 하게 하지만 대중의 마음을 사로잡기에는 훨씬 유리하다. 직설적으로 통일을 부르짖는 운동가요를 싫어하는 대중도 강산에의 노래를 들으면 통일의 필요성에 공감하는 것은 이런 까닭에서다.

그런데 엉뚱하고 재치 있는 로커인 강산에는 자신의 2집 앨범《나는 사춘기》부터는 점점 삐딱선을 타기 시작한다. 원래 자신의 눙치는 수법에서 벗어난 삐딱선이며, 세상을 좀더 비틀어 바라보는 삐딱선이다. 이제는 직설적인 표현도 적잖이 한다. 이 앨범에 수록된 노래 '더 이상 더는'은 "언제나 가진 자의 논리로 완성되어지는 비극의 끝은 그저 흘러가는 역사의 의미일 뿐, 아이들의 비명에 눈이 아프다"라는 육성으로 시작된다. 이 음반은 분단과 반전을 향한 사회적 메시지가 워낙 강해 이후로 강산에는 의식 있는 가수로서의 이미지가 확고해졌다. 물론 수험생들에게 폭발적인 인기를 끌었던 '넌 할 수 있어'라는 곡을 통해 그의 대중적 힘을 여전히 보여주기도 했지만.[18]

강산에가 다시 2년 뒤에 낸 3집 앨범은 제목부터 〈삐따기〉다. 세상을 삐딱하게 바라보는 그의 시선은 이 앨범에서 정점을 이룬다. 이 앨범 가운데 '삐딱하게'에서는 이렇게 노래한다. "너무

착하게만 보이려고 안간힘을 쓰네. 너무 훌륭하게 보이려고 안간힘을 쓰네. TV를 봐도 라디오를 켜도 삐따기의 모습 보이지도 들리지도 않네. 있는 그대로 애기할 수 있는 삐따기." 이 땅의 착하게만, 훌륭하게만 보이려는 사람은 '있는 그대로를 이야기하는 삐따기를 이상하게 쳐다보고, 손가락질한다. 그러나 노래의 마지막 가사처럼 이 땅이 "삐딱하게 기울어진 땅"인데 진정 누가 삐따기란 말인가?

이 앨범의 타이틀곡인 '태극기'에서의 삐딱한 장난기는 더욱 재미있다. 삐딱하게 걸린 시청 앞의 태극기를 보면서 "삐딱하게 걸린 널 보고 있으니까 왠지 나를 보고 있는 것도 같은데 (…) 나는 그래도 내가 만든 삐따기야. 하지만 너는 우리가 만든 삐따기"라고 노래한다. 우리는 각종 의례 때마다 '국기에 대한 맹세'를 해야 했으며, 길을 가다가도 애국가가 들리면 멈춰 서 국기를 향해 경례를 했던 시절을 보냈다. 그때 누가 높은 깃봉에 매달린 태극기의 삐딱함을 알아차릴 수 있었을까. 그런데 강산에는 그 태극기가 삐딱하게 걸려 있다고 지적했을 뿐만 아니라 국가주의의 삐딱함이 우리가 스스로 만든 것이라는 자성까지 했다.

강산에의 삐딱한 태도는 어느덧 내게도 다가왔다. 10여 년 전 부산으로 내려와 직장생활을 하면서 풀 방구리에 쥐 드나들 듯 거의 2년간은 숱하게 노래방에 다녔다. 직장에서 회식을 자주 해서도 그렇지만 노래방에서 함께 어울리면서 부산 사람들과 빨리 친해지고 싶었기 때문이다. 한번은 광안리 근처의 노래방에 갔을 때 예전의 후배 녀석이 생각나서 '~라구요'를 불러보았다. 내 노래를 듣고 나서 동료 한 명이 강산에 노래의 진수를 보여주겠다며 '와그라노'를 불러주었다. "와그라노 니 또 와그라노. 우짤라꼬 니

우짤라꼬 그라노(니 단디 해라!) 마 고마해란니 고마해란니(니 그라다 다친데이).” 처음에는 남미풍의 리듬에 경상도 사투리로 부르는, 하지만 중간 중간에 박자를 놓치는 그의 노래가 웃기기만 했다. 하지만 가만히 듣고 보니 웃을 일만은 아니었다. 서울내기들의 노래 패러다임에 대한 '삐딱한 대응'이란 생각이 들었기 때문이다. 노래는 서울의 표준어로 불려야 한다는 고정관념에 대해서 '와그라노'를 통해서 삐딱한 일침을 가했던 것이 아닐까. "니 고마 해라, 니 단디 해라!"라고 말이다.

10

조내기 고구마가
주는
'처음처럼'

조선통신사의 선물

겨울은 달다

우리 사회의 현실을 말해주는 88만원 세대의 대명사는 편의점 아르바이트다. 통유리의 세련된 인테리어와 다양한 상품이 깔끔하게 배열된 진열대를 갖춘 편의점은 실은 동네 구멍가게에서 진화한 잡화점이다. '게 있습니까?'라고 해도 한참을 기다려야 뒷방에서 고개만 삐쭉 내밀며 '뭘 찾는데요'라고 퉁명스럽게 답하는 구멍가게 주인과 달리, 편의점 아르바이트 학생들은 친절한 서비스 정신과 빠른 업무능력을 겸비하고 있다. 그러나 가게와 점원의 겉모습만 진화했을 뿐 노동의 강도는 세지고, 급여는 크게 후퇴해 아르바이트 학생들의 심정은 등록금의 무게에 항상 짓눌려 있는 것이 현실이다.

내 기억 속의 첫 번째 아르바이트는 학력고사를 마치고 기획했던 군고구마 장사였다. 불안전한 고용에 편입되지 않는 엄연한 창업이었지만 딱히 비정규직 아르바이트 자리가 없는 와중의 선택이었다. 이 군고구마 장사는 드럼통을 개조해서 만든 군고구마통, 리어카와 같은 하드웨어만 확보하면 쉬 할 수 있는 아르바이트였다. 그런데 감옥과도 같았던 학력고사에서 해방된 남학생이 벌이는 군고구마 장사의 목적은 지금과는 달랐다. 돈벌이를 위한 아르바이트가 아니라 다분히 겨울철 길거리 놀이였다. 추운 겨울에 버스 정류장 근처에 자리를 잡고 군고구마통 주변에 옹기종기 모여 불을 때고, 맛있는 군고마를 먹는 놀이였다. 제법 길어진 머리를 뽐내는 녀석들이 모여 학력고사 이후 긴 겨울을 나는 재미에 빠졌으니 제사보다는 젯밥에 정신이 없었다고 할 게다. 게다가 시커멓게 검댕이가 칠해진 녀석들은 예쁜 여학생이라도 지나칠라 하면 창피한 줄도 모르고 달콤한 군고구마를 건네면서 수작을 부렸다.

이따금 시비가 벌어지기도 했는데, 인근의 군밤 장수 아저씨 때문이었다. 정말 생계를 위해 장사를 하는 군밤 장수 아저씨에게는 이 놀이용 군고구마 장사가 마땅치 않았다. 게다가 둘은 '달콤하게 겨울 잊기'라는 콘셉트도 상당히 겹치는 장사였다. 군밤과 군고구마는 추운 겨울을 녹일 수 있는 간식일 뿐 아니라 달콤한 맛도 비슷했다. 군밤 장사는 홀로 장사에는 유리했지만 수분이 부족한 군밤은 약간 팍팍하기에 아무래도 인근의 군고구마에 밀릴 수밖에 없었다. 샐러리맨들이 귀가하면서 아이들을 위해 사는 겨울밤 간식거리로도 군밤보다는 군고구마가 제격이었다. 결국 군밤 장수 아저씨의 불호령을 들으며 다른 자리로 쫓겨갔지만 그래도 학력고사 세대의 군고구마 장사는 즐거웠다. 친구들과 노닥거리며 까먹는 군고마도 달았고, 학력고사를 끝낸 해방의 겨울도 달았다.

10여 년이 더 흘러 경상도 시골로 장가를 간 내가 처음으로 맛본 간식이 '빼떼기'였다. 북쪽의 서울내기였던 내가 이 빼떼기를 먹어봤을 리가 없다. 그런데 고구마를 얇게 썰어 볕에 말린 빼떼기는 경상도와 제주도에서는 널리 퍼진 간식이었다. 노르스름한 빼떼기를 보는 순간, 고구마로 만든 간식임을 알아차렸지만 따뜻한 군고구마의 매력에 빠져 있는 나로서는 쉽게 손이 가지 않았다. 그러던 어느 날 배가 고파 부엌을 기웃거리던 차에 마땅한 간식이 없어 처가에서 얻어온 빼떼기를 입에 넣게 되었다. 딱딱하고 차가운 빼떼기의 첫맛은 그다지 좋지 않았지만 혀에 녹아들면서 달콤한 뒷맛이 감돌았다. 그랬다. 추운 겨울, 서울의 길거리 군고구마는 빠른 단맛이 나야 하지만 경상도 시골집에서 먹는 빼떼기는 이렇게 천천히 단맛을 풍겨도 괜찮았다. 느리지만 은은한 단맛의 매력은 서울의 군고구마가 아닌 시골의 빼떼기에서 느낄 수 있는 매력이 아니던가.

경상도 빼떼기의 단맛을 알아갈 무렵, 우연찮게 영도의 '문화관광 콘텐츠 개발을 위한 스토리텔링 사업'에 참여하게 되었다. 수많은 영도의 문화 콘텐츠 가운데 유달리 관심이 갔던 것이 바로 '조내기 고구마'였다. 서울 겨울을 달게 보낸 군고구마뿐만 아니라 경상도 촌의 은근한 단맛을 느끼게 한 빼떼기의 조상은 바로 이 조내기 고구마였기 때문이다. 조내기 고구마는 우리나라로 들어온 유입 경로가 비교적 명확한 편이다. 고구마의 단맛에 흠뻑 빠져 있는 전국의 고

「조엄 초상」, 비단에 그림, 개인.

구마 마니아들은 조선의 통신사인 조엄趙曮과 동래부사 강필리姜必履에게 한번쯤 감사의 기도를 드려야 할 것 같다. 그들의 각고의 노력 덕에 우리가 고구마의 단맛을 맛볼 수 있기 때문이다.

영가대에 선 조엄

통신사행을 위해 서울에서 출발한 조엄이 부산에 도착한 때는 1763년(영조 39) 8월 22일이었다. 임진왜란으로 조일 국교가 단절되었으나 조선 정부는 포로들의 쇄환을 위해 1607년(선조 40) 강화를 맺고 일본에 통신사를 파견했다. 1607년 첫 번째 통신사 절단이 파견된 뒤 조엄의 통신사행은 열한 번째에 해당되었다. 통신정사 조엄, 부사 이인배李仁培, 종사관 김상익金相翊이 선발되었으며, 사절단의 총원은 477명이었다. 이번 통신사행의 목적은 일본 에도 막부의 제10대 쇼군인 도쿠가와 이에하루德川家治의 취임을 축하하기 위한 것이었다. 조엄은 부산에 도착하자마자 기나긴 여행을 인도해줄 배부터 확인했다. 전선戰船보다 크고 견고해 보이는 기선騎船을 보자 그는 마음이 놓였다. 조엄은 대항해의 앞날을 떠올리며 배 위의 의자에 앉아 출렁이는 바다를 내려다보며 큰 숨을 들이쉬었다.[19]

정사로 발탁되기까지는 우여곡절이 많았던 터라 조엄의 마음은 그다지 편치 않았다. 처음에는 정사로 서명응이 임명되었으나 곧 경성으로 유배를 갔으며, 이어서 교체된 정상순 역시 어명을 거역한 죄로 김해로 유배되었다. 조엄은 두 명이 유배된 끝에 임명되었다. 정상순이 어명을 거역한 이유는 일본 사행이 워낙 험난한 여정이었기 때문이다. 일본 에도까지의 사행길은 적어도 6개

「진도일기 조선통신사 행렬도」, 종이에 채색. 1811년 5~7월 초까지 2개월여 간 사행을 갔던 조선통신사 일행의 모습이다. 열여섯 명의 인원이 정사가 탄 가마를 메고 가고 있다.

월 이상 소요되었으며, 편도를 기준으로 총 4600리인데, 육로가 1310리, 해로가 3290리였다. 사행길의 3분의 2가 선박을 이용한 바닷길이었으니 운항 중 배가 파손되는 사고가 빈번했다. 정상순은 죽음을 무릅쓴 원행遠行을 택하기보다는 차라리 어명을 거역하고 유배를 간 것이다.[20]

그해 9월 8일, 조엄 사절단은 부산의 영가대永嘉臺에 모여 해신제海神祭를 지냈다. 영가대는 1614년 경상도 순찰사 권반이 부산진지성 바깥에 선착장을 축조하면서 생긴 언덕 위에 조성한 정자였다. 1617년(광해군 9) 두 번째 통신사였던 오윤겸吳允謙이 처음으로 영가대에서 일본으로 출발한 이후 통신사 일행이 출발해 돌아오는 장소가 되었다. 그리하여 조선의 통신사 일행은 일본으로 떠나기 전 이곳에서 안전 항해와 무사 귀환을 기원하는 제를 올렸다. 영가대 앞에는 해신제를 지내기 위해 3층의 제단祭壇을 쌓았다. 신위神位를 제일 위층에 모셨으며, 위패에는 '대해신위大海神位'라고 썼다. 단 아래에서 사절단은 홀기笏記에 따라 정성스레 제를 올렸다. 조엄 사절단의 간절한 기원이 해신에게 전달되었던지 저녁부터 동북풍이 살살 일어나기 시작했다. 사절단 일행은 "제례가 잘 진행된 덕이다. 반드시 좋은 바람을 만나 큰 바다를 무사히 건너겠다"라며 서로에게 축하를 했다.[21]

그러나 해신제를 끝낸 이후에는 서남풍이 불고 비가 오는 등 날씨가 좋지 않았다. 이런 날씨에 범선을 몰고 항해한다는 것은 곧 죽음과 마주하는 것을 뜻했으므로 조엄 일행은 무작정 기다릴 수밖에 없었다. 조엄은 당시의 심정을 "이런 바람에 어떻게 500명이 탄 6척의 배를 경솔하게 띄울 수 있겠는가. 종전부터 통신사 행차가 부산에서 체류한 것이 대개 역시 이러해서 그런 것이다"라고 토로했다. 조엄 사행단이 영가대를 출발한 때는 부산에 온 지 거의 두 달이 지난 10월 6일이었다. 이날은 맑고 쾌청했으며, 일본으로 항해하기에 적당한 동북풍이 불었다. 부산첨사 이응혁과 두 명의 만호萬戶가 병선을 타고 영도까지 배웅을 했다. 첫닭이 울자 출발한 조엄 사행단은 그날 오후 5시 즈음에 쓰시마의 사스나포佐須奈浦에 도착했다. 사절단을 기다리던 왜선 수십 척이 기선을 당겨서 선착장에 정박시키자 조엄 일행은 봉행단을 따라 국서를 받들고 포구에 설치된 관소館所로 들어갔다.[22]

사스나포는 쓰시마의 대표 항구로, 쓰시마 주가 대륙 교통의 시발지로 개척한 곳이다. 조엄은 10월 10일까지 약 5일 동안 사스나포에서 머물렀는데 이 기간 동안 고구마와의 운명적인 만남이 이뤄진 것 같다. 대개 통신사절단이 머무는 고을에서는 태수들이 예에 따라 음식물을 바쳐야 했다. 삼나무로 만든 3층 찬합에다 여러 과일과 떡, 음식을 담아서 수시로 사절단에게 바쳤다.[23] 아마도 조엄은 이 찬합에 담긴 음식 가운데서 고구마를 발견했을 것으로 생각된다.

애민정신이 있었기에

에도까지의 사행을 마치고 다시 쓰시마로 돌아왔을 때인 1764년(영조 40) 6월 18일, 그때의 일기에서 조엄은 고구마를 이렇게 회상했다.

> 지난해 좌수나포左須奈浦에 처음 도착했을 때 감저甘藷를 보고 두어 말을 구해서 부산진으로 보내어 종자를 삼게 하였는데, 귀로

의 지금에 또 이것을 구해서 장차 동래東萊의 교리배校吏輩들에게 줄 예정이다. 일행 중에서도 그것을 얻은 자가 있으니 이것들을 과연 다 살려서 우리나라에 널리 퍼뜨리기를 문익점이 목화를 퍼뜨린 듯 한다면 어찌 우리 백성에게 큰 도움이 아니겠는가.[24]

세상사 어떤 일이든 보는 것은 쉬우나 느끼는 것은 어렵다. 더욱이 느낀 것을 행동으로 옮기기란 쉽지 않다. 고구마가 쓰시마에 상륙한 때는 1715년이었으므로 앞선 사절단들도 고구마를 봤을 법한데, 이를 구해서 조선으로 보낼 생각은 못 했던 것이다. 그러나 조엄은 사스나포에서 고구마를 보자마자 종자를 구해 부산진으로 보냈을 뿐만 아니라 귀로에서도 고구마를 구해 동래로 가져갔다. 이처럼 조엄이 유심히 고구마에 관심을 갖고 종자를 구한 까닭은 백성의 굶주림을 해결하기 위해서였다. 그는 문익점의 목화 전파를 예로 들면서 고구마 종자가 조선에 퍼진다면 백성에게 큰 도움을 줄 수 있을 거라고 말했다.

조엄은 1757년 동래부사와 1758년 경상도 관찰사를 역임하면서 대일본 외교 실무를 쌓은 일본통이었으니 이미 고구마의 존재를 알았을 가능성이 있다. 그러나 앎에 비해 행동은 한 차원 승화된 것으로 조엄의 적극적인 구원 행동은 높은 애민정신에서 비롯된 것이었다. 목민관으로 경상도에서 재직할 때 조엄은 백성으로부터 높은 신망을 얻고 있었다. 조엄이 통신 정사가 되어 동래에 도착한다는 소식을 들은 수백 명의 백성이 그를 보려고 앞 다퉈 몰려왔다. 가마와 말을 잡으며 원행遠行을 위로하는 백성에게 조엄은 "연중 농사가 어떠하냐?"고 물었다. 백성이 큰 풍년은 아니지만 지난해에 비해 나아졌다고 하자 조엄은 크게 반가워했다.[25]

이 역시 백성을 지극히 아끼는 조엄의 품성을 확인할 수 있는 대목이다.

해외여행이 자유화되고 국제 교류가 빈번한 지금은 언제든 외국 문물을 받아들일 수 있다. 하지만 조선시대에 외국 문화의 주요한 수입 계기는 사행과 전쟁 등 특별한 경우로 제한되었다. 전쟁은 침략과 폭력을 동반하는 강제적 문화 접변인 반면, 사행은 선별적인 문화 수용이 가능한 통로였다. 그런데 성리학과 소중화小中華 의식으로 무장한 조선의 사신들에게 대개 일본 문화는 '야만'으로 비쳤다. 통신사 조엄도 왜인 풍속이 금수禽獸와 다르지 않으며, 학문도 이단에 가깝다는 신랄한 비판을 했다. 그럼에도 불구하고 유독 일본의 농업에는 큰 관심을 가져 일본의 관개용 수차를 그리게 하고, 일본의 제언과 제방을 세심히 살펴보았다. 일본 농업에 큰 관심을 보인 것은 조선에 식량이 부족하고 백성이 굶주림에 시달리는 배고픈 현실 때문이었다. 농업 생산력을 높이고 다양한 농사의 포트폴리오가 가능하다면 왜인의 농업이라도 적극 수용해야 했다.

조일 관계에서 선린의 상징이었던 조선통신사는 문화교류에 커다란 몫을 했다. 조선은 우월한 지위를 점하며 통신사 파견을 무지몽매한 일본에게 선진 문물을 전파하는 기회로 삼았다. 하지만 어느 나라를 막론하고 국가 간 문화교류는 일방통행이 아닌 쌍방통행이다. 한국과 일본의 문화가 서로 전파되고 융합되는 곳이 바로 부산이었다. 미우나 고우나 일본과 지척의 거리에 있는 부산은 대일외교와 양국의 문화교류를 담당해왔다. 그러하니 부산시가 매년 조선통신사의 역사적 재현에 신경을 쓰는 것은 당연하다. 쌍방으로 한일 문화교류의 장이었던 부산에서는 통신사 축제가 벌어지고 쓰시마와 시모노세키에서는 통신사 행렬이 재현된다.

한국과 일본은 통신사의 재현과 문화교류를 위해 애써 노력하면서도 그 흔적을 주로 사행단이 남긴 필담과 시문 그리고 서화에서 찾고 있다. 나는 조선통신사 행렬을 재현할 때 고구마를 수레에 싣고 가거나, 대형 고구마 이미지를 행렬에 포함시키는 상상을 해보았다. 통신사를 통한 고구마의 전파는 학문과 예술의 상호 교류보다 더욱 값진 의미를 지니고 있기 때문이다. 조선의 동래로 고구마가 들어온 이후 굶주린 백성이 배를 채우고, 기근에서 벗어나는 데 큰 역할을 해온 고구마의 가치를 어찌 다른 것과 비교할 수 있겠는가? 조엄이 고구마 종자를 그토록 구하려 했던 시도에는 애민정신이 깃들어 있었고, 조선 백성의 구황식품으로서 역할하기를 바라는 마음이 있었다. 실제로 고구마는 흉년과 전란 등 갖은 고난 속에서 조엄의 기대에 부응하는 몫을 톡톡히 해냈다.

고구마의 대항해

유치원에서 자연생태 체험의 일환으로 자주 하는 프로그램이 고구마 캐기다. 어렸을 적 우리 집 아이들을 친환경 자연 교육을 모토로 하는 유치원에서 보냈다. 이 유치원에서는 1년에 한 번 텃밭에서 가꾼 고구마 캐기를 부모들을 불러서 함께 했다. 고구마는 아무 토양에서나 잘 자라기 때문에 유치원에서 재배하기에도 그리 어렵지 않은 모양이었다. 고구마는 메꽃과에 속하는 쌍떡잎식물로 줄기와 잎은 땅 위에서 뻗어나가고, 덩이뿌리인 고구마는 땅속으로 자라난다. 고구마 넌출을 잡아당기고 땅을 약간 파헤쳐보면 고구마가 잡히는데, 재수 좋으면 제법 알맹이가 큰 것들이

딸려 나온다. 우리 아이들은 흙투성이가 되어도 고구마 캐는 재미에 푹 빠져서 시간 가는 줄 몰랐다. 캐낸 고구마는 바로 불에 구워서 시식한다. 손과 얼굴에 시커먼 그을음이 묻는 것을 아랑곳 않고 아이들과 부모들은 모두 고구마 먹기에 여념 없었다.

지금 고구마는 나라 전역에서 생산되고 있다. 우리나라는 여름철에 기온이 높고 고구마 생육 기간이 짧기 때문에 함경도와 자강도 등 일부 추운 지역을 빼놓고는 대부분 재배가 가능하다. 주산지는 경기도, 전라남북도, 경상남도, 충청남도 등 5개 도로서 전국 재배 면적의 78퍼센트를 차지한다.[26] 1인당 소비량은 1970년대 이후로 약간 떨어졌으나 그래도 꾸준한 선을 유지하고 있다. 요즈음 고구마는 항암식품으로 크게 각광받고 있다. 고구마에 다량으로 함유되어 있는 베타카로틴이라는 물질이 항암 작용을 하는 것으로 알려져 고구마를 권장하는 목소리가 여기저기서 들린다. 굶주림을 구제하던 조선시대의 구황식품이 현대의 항암식품으로 진화한 모습을 보면 조엄 통신사도 크게 기뻐할 것이다.

세계에서 아시아는 고구마의 주요 재배지다. 그 가운데 중국은 전 세계 재배 면적의 69퍼센트를 차지하고 있으니 고구마 대국이라 해도 틀림이 없다. 고구마는 열대식물이지만 한여름에 기온이 올라가면 생육이 가능하기 때문에 온대지역까지 널리 걸쳐 있다. 그렇다면 고구마의 원산지는 과연 어디일까? 원산지는 멕시코와 콜롬비아 등 아메리카 지역이었다. 15세기 대항해 시대가 개막됨에 따라 고구마는 담배, 옥수수, 호박, 감자, 고추, 사탕수수 등과 함께 아메리카에서 유럽으로 전해졌다. 마야, 아스테카, 잉카 문명 등 수준 높은 문화를 꽃피웠던 인디오들은 다양한 작물을 재배하고 품종을 개량했다. 신대륙을 발견한 콜럼버스 일행은 유럽인들에게는 선구자였지만 인디오들에게는 철저한 약탈자였다. 평화롭게 살면서 농업의 선진화를 이룬 인디오들의 여러 작물은 콜럼버스 일행에 의해 대가없이 수집되어 유럽에 전달되었다. 이 덕분에 고구마가 전 세계로 전파되었으나, 그렇다고 인디오들을 살육했던 침략의 꼬리표가 사라지는 것은 아니다.

이후 고구마는 스페인의 식민지였던 필리핀으로 전해졌고, 16세기 후반 명나라 상인 진진룽陳振龍이 필리핀에서 고구마 종자를 얻어 중국의 푸젠 성福建省에서 재배했다.27 푸젠 성은 타이완과 마주하고 있는 중국 동남부 지역으로, 류큐琉球 왕국과 교류가 활발했다. 류큐 왕국은 작은 섬나라이지만 동아시아 해양의 중심지로서 중계무역을 펼쳐 크게 성장했다. 류큐 왕국의 사신인 노쿠니野國 총관總管이 백성의 식량 문제 해결을 위해 푸젠 성의 고구마 재배법을 배워왔다. 이때가 1605년이었다. 100여 년 동안 대서양을 건너고 다시 태평양을 지난 고구마의 대항해가 이로써 막을 내린 것은 아니었다. 류큐와 인접한 일본의 사쓰마 현 가고시마鹿兒島로 고구마의 항해는 계속되었다. 세계적으로 식량이 부족했던 중세에는 누구나 고구마의 발견을 획기적으로 받아들였다. 조선에는 조엄이 있듯이 류큐에는 노쿠니가 있고, 일본에는 이토 마사아키井戸正明가 있었다. 1731년 기근 해소를 위해 혼슈本州 지역으로 고구마 종자를 얻어간 이토 마사아키는 후세들에 의해 고구마 대관大官으로 불렸다.

일본에는 고구마의 명칭이 매우 다양하게 있다. 사쓰마에서 처음 재배되었다는 뜻의 사쓰마이모薩摩芋를 비롯해 지역마다 각각의 이름을 가지고 있다. 쓰시마에서는 고구마를 고코이모孝行芋 혹은 고코마孝子麻라 불렀다. 곡물이 귀해 항상 조선에 식량을 부탁하는 처지였던 쓰시마에서는 1715년 하라다사부로 우에몬 原田三郎右衛門이 사쓰마로부터 고구마 재배법을 배워온 뒤로 고구마가 급속히 퍼져나갔다. 그가 주민들의 식생활을 개선한 공로가 인정되어 막부는 그의 자손을 사족士族으로 승격시키고, 쓰시마 주민들은 기념비까지 세웠다.²⁸ 쓰시마 노인들의 배고픔을 해소시키고, 가문의 지위까지 향상시킨 고구마이므로 충분히 '효행孝行' 혹은 '효자孝子'라는 말을 붙일 만하다.

우리가 지금 많이 쓰는 고구마라는 명칭은 쓰시마의 발음을 옮기다가 생겨났다. 조엄은 『해사일기』에서 고구마의 이름에 대해 이렇게 말하고 있다.

> 이 섬에 먹을 수 있는 풀뿌리가 있는데 '감저甘藷' 또는 '효자마孝子麻'라 부른다. 왜음으로 '고귀마古貴麻'라 하는 이것은 생김새가 산약山藥과 같고 무뿌리菁根와도 같으며 오이나 토란과도 같아 그 모양이 일정하지 않다.²⁹

일찍이 부산 하단 출신의 역사민속학자인 손진태 선생이 지적했듯이 고구마는 고귀마에서 온 것으로 추론된다.³⁰ 조엄이 쓰시마에서 들어 채록한 이름이 '고귀마'였고, 이로부터 '고구마'로 변음된 것이다. 그런데 전국에 널리 흩어져 있는 고구마의 이름을 살펴보면 고구마뿐만 아니라 감자라고 부른 지역도 꽤나 많다. 조엄도 말했듯이 실학자들의 저서나 사료 속에서는 고구마보다는 감저甘藷라고 적힌 곳이 더 많다. 그렇다보니 감자와 고구마를 모두 감자라고 쓰는 지역이 있다. 감자라는 명칭이 헷갈려서 이를 구별하기 위해 감자 앞에 무시, 무수, 호, 왜, 사탕, 일본이라는 접두어를 붙이는 지역도 생겨났다. 주로 북한 지역으로서 고구마를 '호 감자' '왜감자' '사탕감자'라고 했다.[31]

조내기 고구마를 찾아서

영도의 해양대학교에서 해양문화특강을 할 기회가 있을 때 나는 가끔씩 학생들에게 '조내기 고구마'에 대해서 물어본다. 우리나라 대학생들이 대개 수업에 임하는 태도가 그렇듯이 돌아오는 답변은 거의 없다. 나서기 싫어하고 쑥스러움을 많이 타서 그런 것도 있지만 아무래도 조내기 고구마에 대해서 들어본 적이 없는 듯하다. 하긴 고구마보다는 인스턴트 식품을 간식으로 먹고 자란 20대 초반의 대학생들에게 영도의 조내기 고구마에 대해 물어보는 내가 어리석은 것인지도 모른다.

'조내기 고구마'는 조엄이 쓰시마에서 동래로 고구마 종자를 이송시킨 뒤 최초로 재배한 고구마의 원형을 추적해볼 수 있는 귀한 존재다. 앞서 말했듯이 조엄은 쓰시마의 사스나포에 도착했을 때인 1763년 10월에 고구마를 보자 바로 두어 말을 구해 부산진으로 보내어 종자로 삼게 했다. 다음은 귀로 때인 1764년 6월에 다시 쓰시마의 고구마를 구해서 동래의 교리배들에게 보내줄 예정이라고 했다. 당시 부산첨사는 이응혁으로서 조엄의 친구인 이시보李時甫의 아들이었다. 이응혁에게 서둘러 종자를 보낸 까닭은 부산첨사이기도 하지만 개인적인 신뢰도 있어 누구보다 고구마를 시험 재배해주리라 생각했기 때문이다. 부산첨사 이응혁도 부친의 친구이자 통신사가 전해온 고구마 종자를 매우 소중히 여겨 정성스럽게 재배했음은 의심의 여지가 없다. 그런데 이응혁이 이 고구마 종자를 받아서 처음으로 심었던 시배지는 부산 어디일까? 지난 2011년 타계한 김재승 선생은 이 일대에 전래되는 구전을 바탕으로 영도의 동삼동 해안가에서 고구마가 재배되었다는 주장을 폈다.

> 당시 부산진 첨사의 관할 구역 중에서 고구마를 재배하기에 가장 적당한 장소가 절영도 봉래산 동쪽 해안가 구릉지대였다. 당시 절영도는 인가가 거의 없고 목마장 관리인과 해안 경비 수군들만이 상주하고 있어 경비가 쉽고, 쓰시마의 토양이나 기후와 흡사한 지역이었다.[32]

그는 구체적인 위치로 지금의 영도구 동삼동 1가 삼거리 해안의 야산지대를 꼽았다. 그가 이런 주장을 할 수 있었던 배경에는 영도의 조내기 고구마가 있었다. 영도의 청학동과 동삼동 일대에서 생산되었던 조내기 고구마는 크기가 작고 붉을 빛을 띠었으며, 삶은 밤보다 단맛이 났다. 일제강점기에는 일본인들이 조내기 고구마를 좋아해 다시 쓰시마로 역수출되는 상황이 벌어지기도 했다. 조내기 고구마 중에서도 청학 2동에 있는 일산배기 고구마가 가장 맛이 좋았다고 한다.[33]

나는 일본인들의 입맛을 녹였다는 조내기 고구마가 참으로 궁금했다. 작고 단맛이 강하다던 조내기 고구마를 한번 맛볼 수 있다면 좋으련만……. 영도의 토박이인 김이곤 선생과 함께 조내기 고구마가 널리 재배되었던 청학동과 동삼동 일대를 돌아다녀봤지만 허사였다. 그 유명했던 조내기 고구마는 이 일대의 구릉지에 주택단지들이 들어서면서 어느 순간에 자취를 감췄다. 그런데 '조내기'는 어떤 의미일까? 조내기라는 뜻을 풀이해보면 조내기 고구마의 실체를 잘 알 수 있지 않을까? 이에 대해서는 의견이 분분하다. 통신사 조엄이 이곳에서 처음으로 고구마를 재배하여 내었다고 해서 조내기가 되었다는 설, 청학동 바닷가가 썰물이 되면 조수가 내려 바닥이 드러난다고 하여 그리 불렀다는 설 등이 있다.

그러나 이러한 설들은 어쩐지 설득력이 부족해 보였다. 나는 영도 토박이들을 찾아서 인터뷰를 진행하던 중 청학동에서 태어나 영도에서 평생 살았다는 김영진 씨를 만났다. 그가 태어난 마을이 청학동의 넉슨바위였는데, 이곳을 '조내기 마을'이라고도 불렀다. 자신의 고향인 조내기 마을에서는 조내기 고구마를 많이 심었다고 한다. 그는 조내기가 조엄이 가져왔다는 뜻이 아니라고 잘라 말했다. 옛날 조내기 마을에서는 작은 것을 '쪽내기'라고 불렀고, 그래서 어린이나 작은 사람을 '쪽내기 같은 것'이라고 말했다고 한다. 조내기 고구마는 작고 붉은색이 특징으로 밤알마냥 매우 작았다. 결론적으로 그의 주장은 조내기의 유래가 '작다'라는 뜻의 '쪽내기'에서 왔다는 것이다. 나는 70여 년을 영도에서 살아온 이 주민의 주장에 맞장구를 쳤지만 이후 그의 견해를 뒷받침할 만한 사례들을 충분히 조사하지는 못했다.

강필리와 이광려

고구마는 크게 물고구마와 밤고구마로 구분한다. 물기가 많고 물컹한 것이 물고구마, 물기가 적고 퍽퍽한 것이 밤고구마다. 요새는 호박고구마나 자색고구마도 출시되어 인기를 얻고 있다. 현재 유통되는 고구마의 품종은 100가지가 훨씬 넘는다. 모두 시험장에서 육성되거나 일본에서 도입된 품종이다. 이처럼 품종 개종된 것들이니 재래종과는 사뭇 다르다. 조내기 고구마를 보면 우리나라에 최초로 들어온 쓰시마 고구마는 매우 작은 크기의 고구마였을 것이다. 조엄으로부터 이를 받아서 처음으로 재배한 곳은 영도의 해안가 구릉지였으므로 이곳은 최초의 '시배지'라는 배지를 붙여줄 만한다. 그런데 우리나라 전역으로 퍼진 고구마는 조엄이 1763년 부산진으로 보낸 고구마가 아니라 1764년에 동래로 보낸 고구마였다. 당시 동래부사였던 강필리姜必履의 노력이 없었다면 조엄의 고구마 종자의 전파는 헛수고가 될 수도 있었다.

고구마 전파를 향한 운대가 맞았는지 1764년 6월에 조엄이 동래에 도착해 고구마 종자를 남겨둔 뒤 8월에 강필리가 동래부사로 부임했다. 구황식품에 관심이 있었던 강필리는 그의 동생 강필교姜必敎와 함께 이 고구마를 시험 재배해 성공을 거두었다. 강필리는 기껏 2년 3개월간 동래부사 직을 수행한 뒤 다시 한양으로 전출되었고 1767년에 병으로 죽고 말았다. 계절풍 기후 지역인 우리나라에서는 1년에 한 번 고구마 파종이 가능하다는 점을 떠올려보면 강필리의 고구마 재배의 성공은 천우신조天佑神助라는 말이 딱 어울린다. 강필리와 그의 아우 강필교는 자신들의 고구마 재배 경험과 기술을 『강씨 감저보』라는 책으로 편찬했는데 아쉽게도 이 육종서는 전하지 않는다. 어쨌든 『강씨 감저보』는 우리나라 지식인들에게 신선한 충격을 주어 많은 실학자가 고구마 육종서를 남기는 배경이 되었다.

그런데 동래부사 강필리 못지않게 고구마에 지대한 관심을 갖고 고구마 전파에 투혼을 바친 이가 있었으니, 바로 이광려李匡呂다. 강화학파의 일원이었던 이광려는 민생 구제에 눈을 뜨고 중국

서광계가 지은 『농정전서農政全書』를 읽은 뒤 고구마 종자를 얻기 위해 백방으로 뛰었다. 그는 연행사로 베이징으로 떠나는 인척인 서지수徐志修에게 중국에서 고구마 종자를 얻어달라고 간곡히 부탁을 하는 편지를 보냈다.

이광려는 고구마가 손쉽게 자라고 종자는 적게 들면서도 수확량이 많은 작물이라고 생각했다. 또한 병충의 피해를 받지 않으며, 그 맛은 오곡과 같고 그 공용功用은 배가 된다고 주장했다. 풍흉을 구제할 수 있는 고구마는 '천하의 귀물貴物'이라며 극찬하기까지 했다.34 그의 표현처럼 천하의 귀물이라 그런지 고구마 종자의 도입은 쉽지 않았다. 서지수가 성공리에 종자를 구했지만 돌아오는 길에 모두 고사하고 말았다. 그러나 이광려는 여기서 포기하지 않았다. 그는 고구마 종자가 동래에 들어왔다는 소식을 듣고 그의 집에 왕래하던 식객인 강계현姜啓賢을 동래로 보냈다. 비장한 결심을 하고 동래로 떠난 오십 줄의 늙은이 강계현은 천신만고 끝에 고구마 종자를 받아서 당당히 한양으로 돌아왔다.35 이광려는 벅찬 마음으로 강계현이 가지고 온 종자를 받아들어 뜰에 심었다.

그러나 이광려가 재배한 고구마는 한양과 경기도 일원으로 널리 보급되지 못했다. 북쪽의 기후와 토양에 쓰시마 고구마는 뿌리를 잘 내리지 못했고, 농민들이 생각보다 고구마 재배에 적극적으로 나서지 않은 듯하다. 강필리가 한양으로 가지고 온 고구마 종자도 처음에는 자기 집 뜰에 심어서 성공을 거두었으나 겨울에 강필리가 숨을 거둬 소홀히 한 틈에 그만 종자가 썩고 말았다. 더구나 집 안에 간직하고 있던 『저보藷譜』까지 잃어버리자 강필교는 하늘이 무너지는 기분으로 "아! 공이 세상을 떠남에 고구마 종자 역시 끊어졌으니 백성에게 두루 혜택을 주고자 했던 공의 생각은 끝내 성취를 이루지 못했다"며 한탄을 금치 못했다. 과연 조엄과 강필리가 이뤄낸 세기의 프로젝트였던 고구마 전파는 실패로 끝났을까? 답은 "아니오"다. 강필리는 현명하고 위대했다. 그는 고구마 종자를 얻은 뒤 바로 제주도와 이웃 마을에 보냈을 뿐만 아니라 목궤에 흙을 담고는 종자를 심어서 비변사로 보내는 등 매우 세심한 주의를 기울였다. 이때 고구마 재배법을 알려주는 책도 보냈다. 고구마 증식을 향한 그의 고군분투 덕에 자신도 모르는 사이에 여러 지역으로 고구마가 퍼져나갔다.

한번은 강필교가 평소에 알고 지내던 전북 정읍 출신의 신성수辛性修와 사담을 나누고 있었다.36 고구마 종자가 썩어서 실의에 빠져 있던 그는 신성수로부터 뜻밖의 말을 들었다. 꼽추병을 앓고 있던 전라도 부안의 노인이 고구마 종자를 얻어서 수개월간 복용한 끝에 병이 나았다는 이야기다. 부안 노인의 고구마 효력담은 여기서 끝나지 않았다. 양기陽氣를 얻고 건강해진 그는 부인도 가까이할 정도까지 되었다는 것이다. 이 소문을 들은 사람들이 사방에서 고구마 종자를 얻으려고 몰려들었으며, 이제 산업産業으로 삼아도 되겠다는 말이었다. 신성수도 고구마를 심어보고자 고구마의 종식방種植方을 얻었다고 했다. 이 말을 듣고 놀란 강필교는 신성수로부터 그 종식방을 빌려 보았는데, 바로 강필리가 편찬한 책이었다. 그는 이 책을 들고 감격하면서도 이내 죽은 형이 생각나 한없이 마음이 아렸다.

목화와 고구마의 '처음처럼'

조선의 지식인들은 고구마의 보급을 고려 말 문익점의 목화 보급에 비유했다. 『해사일기』에서 조엄은 "일행 중에서 감저를 얻는 자가 있으니 이것들을 과연 다 살려서 우리나라에 널리 퍼뜨리기를 문익점이 목면 퍼뜨리듯 한다면 우리 백성에게 큰 도움이 아니겠는가"라고 했다.**37** 1794년(정조 18) 호남위유사 서영보徐榮輔도 정조에게 올린 별단別單에서 "국가로서는 마땅히 백성에게 주어 심기를 권장하고 풍속을 이루게끔 해서 온 나라 사람들이 모두 좋은 혜택을 받기를 문익점이 가져온 목화씨처럼 하여야 할 것입니다"라고 적었다.**38** 조선의 지식인들이 이처럼 고구마의 시배始培를 문익점의 목화씨 보급에 비유한 것은 그만큼 민중의 식량 문제를 해결할 수 있는, 혁명적인 사건으로 여겼기 때문이다.

1970년대까지만 해도 보릿고개가 우리나라 현실을 보여주는 말이었다. 겨우내 먹었던 곡식이 끊기고, 보리가 여무는 초여름이 아직 멀었으니 정말 봄은 배고픈 계절이었다. 그리하여 봄에 겪는 궁핍한 생활을 춘궁春窮이라 했다. 춘궁기에는 초근목피草根木皮로 끼니를 때워 근근이 연명하는 생활이 이어졌다. 지금 건강에 좋은 웰빙 식품으로 대접을 받는 수많은 나물 반찬이 실은 우리나라 민중의 배고픈 역사를 담고 있다. 춘궁기에는 산과 들에 서서히 싹을 올리는 나물들을 캐서 먹어야 했다. 구황식품으로서 또한 나무껍질을 빼놓을 수 없다. 지금 세대들에게 배고플 때 소나무를 먹으라고 한다면 기절할 노릇이겠지만 소나무는 우리나라 산에서 쉽게 접할 수 있는 수종으로서 기근을 견디게 해준 주요 식품이었다. 정말 음식으로서 소나무는 하나도 버릴 것이 없었다. 향기로운 식품인 솔잎과 꽃가루를 비롯해 배를 든든히 채울 수 있는 껍질까지 말이다. 초근목피는 거친 재료이므로 이를 먹기 위해서는 죽粥으로 만들어야 했다. 오랫동안 끓이면 단단한 섬유질이 부드럽게 연화될 뿐만 아니라 부피가 커져 음식의 양까지 늘었다. 아, 우리나라의 발달된 죽 문화에서도 역시 배고픈 구황의 역사가 반영되어 있었다.

조선시대에는 기근이 일상화되어 있었기에 조선 정부는 구황식품을 발굴하고 민중에게 대처 방법을 알려주고자 했다. 세종대의 『구황벽곡방救荒辟穀方』과 명종대의 『구황촬요救荒撮要』등을 비롯한 구황서들을 간행하고, 언제 찾아올지 모를 기근에 대비해 구황물자를 비축하도록 규정했다. 여러 차례 언급했듯이 조엄과 강필리 등이 고구마 전파에 심혈을 기울인 까닭은 흉년과 기근이 찾아왔을 때 먹을 수 있는 구황식품을 확보하자는 의도에서였다. 이처럼 구황 정책이 무엇보다 중요한 시기에 고구마의 발견과 보급은 획기적인 일이 아닐 수 없었다.

그런데 고구마가 전파된 지 수십 년이 지난 정조 시기에도 고구마 전파가 지연되고 있었다. 관리들의 가렴주구 때문이었다. 민중이 고구마 종자를 앞 다퉈 심자 관리들의 토색질이 시작되었

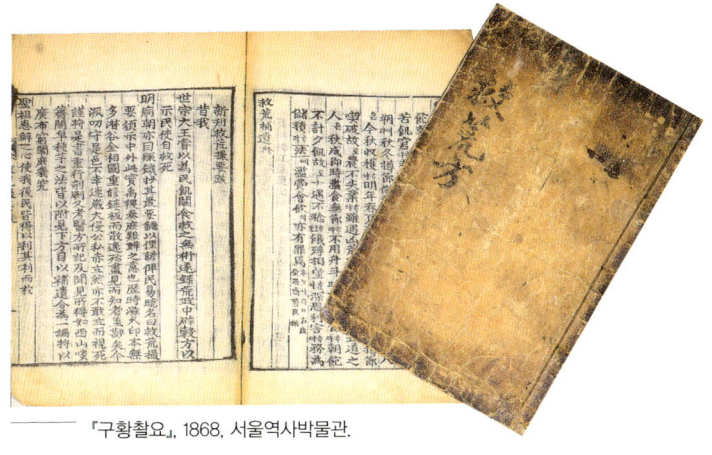

『구황촬요』, 1868, 서울역사박물관.

다. 앞선 서영보의 별단에 따르면 '사나운 관리가 문에 이르러 고함을 치며 수색을 합니다. 관에서 백 포기를 요구하고, 아전은 한 이랑씩 다 거두어가버립니다. 심은 백성은 오히려 곤란을 당하게 되고, 심지 않은 백성은 서로 경계를 합니다'라고 했다. 이러한 관리들의 착취로 인해 고구마 전파에 일시적인 지연은 있었으나 고구마 보급은 이미 대세를 이뤘다. 고구마는 기온이 적당하면 척박한 땅에서도 잘 자라나는 강한 성질을 지니고 있다. 19세기에 이르러 우리나라 남쪽 땅에서는 거의 고구마를 재배한 것으로 보인다.

이후 고구마는 어려운 시기마다 민중의 곁에서 배고픔을 달래주었다. 일제강점기에는 물론이고 현대에도 고구마는 귀한 식량이었다. 제주도 4·3 사건 때에는 1만여 명의 이재민이 발생했는데 이들의 허기를 달래준 것은 고구마였다. 이 폐허의 기간 동안 제주도 민중은 고구마 몇 개 혹은 고구마 죽을 먹으면서 살았다.[39] 조엄이 이를 예상했을까? 그가 고구마를 가져올 때 재배지로 주목한 곳이 제주도였다. 제주도는 쓰시마와 토성이 비슷할 뿐만 아니라 토지가 부족해 식량난이 심각했기 때문에 전라도에서 곡식을 실어 날라야 했다. 조엄은 "동래에 심은 것이 만약 넝쿨을 잘 뻗는다면 제주 및 다른 섬에 재배함이 마땅할 것이다"라고 말하면서, "감저가 과연 잘 번성한다면 제주도민이 해마다 손을 벌리는 것과 나창羅倉의 배를 띄워 곡식을 운반하는 폐단을 제거할 수 있을 것이다"라고 했다.[40] 곡물 생산이 어려웠던 한국전쟁 시기에도 민중은 고구마 덕분에 굶어 죽을 고비를 넘길 수 있었다. 의지하던 고구마조차 떨어지면 고구마 넝쿨을 죽으로 끓여 먹으면서 목숨을 이어갔다.[41]

'처음'은 항상 사람의 마음을 뭉클하게 한다. 이제는 한 소주의 브랜드가 되어버렸지만, 내가 20대 후반에 장가간다는 소식을 듣고 존경하던 은사님께서 붓글씨로 써서 보내준 글귀가 "처음처럼"이었다. 늘 처음으로 가졌던 마음을 돌아보고 잊지 말라는 격언으로 받아들였다. 처음으로 씨를 퍼뜨린 장소도 마찬가지다. 고구마 시배지였던 부산 영도의 해안가는 민중의 배고픔을 달래고자 했던 조엄과 이응혁, 그리고 강필리와 강필교, 이광려의 염원이 담긴 장소다. 설령 도시개발 속에서 모든 고구마 흔적이 사라졌다 하더라도 역사 속에 깊이 남겨진 그들의 값진 노력이 사라지는 것은 아니다. 모든 사람이 영도의 고구마 시배지를 보면서 부산에 고구마 종자를 처음으로 심었던 선구자들의 마음으로 돌아갈 수 있다면 좋겠다. 늘 그들의 첫 마음으로 돌아간다면 가난하고 배고픈 민중들을 다독일 수 있는 따뜻한 세상이 그리 멀기야 하겠는가.

―

사람들은 시배지의 흔적을 찾아서 기념비를 세우거나 문화재로 지정해 후손들의 기억 속에 남기고자 한다. 문익점이 처음으로 목화를 재배했던 산청군의 시배지는 1963년에 '목면 시배 유지'로서 사적 제108호로 지정되었다. 현대사회에서도 겨울에조차 베옷을 입어야 하는 '헐벗은 민중의 고통'을 덜어주고자 했던 문익점의 정신이 여전히 중요하기 때문이다. 조선의 지식인들이 문익점의 목화 전파와 비교했던 고구마의 전파는 성공을 거두었지만 아직 영도 고구마 시배지는 목면 시배지에 비해 잘 알려져 있지 않다. 그리하여 지난 2010년 영도구는 2014년까지 '조엄-조내기 고구마 시배지 역사공원'을 설립한다는 계획을 세웠다. 이 역사공원에는 전시관과 체험관, 기념물이 있는 고구마 에듀파트와 문화광장이 들어설 예정이라 한다. 이 역사공원이 또 하나의 위대한 신화를 창출하기 보다는 조엄과 강필리의 따뜻한 위민정신을 느낄 수 있는 장소가 되기를 바란다.

11

동래 온천의
노인상은 누구일까

온천에서 찜질방으로

농심호텔의 노인상

 부산에서 직장을 다닌 이후로 한 해에 한 번쯤은 금정산을 찾았다. 금정산에서 등산을 하거나 금정산성에서 야유회를 하고 내려온 뒤 꼭 들르는 코스가 동래의 온천장이다. 한껏 등산을 하고 나서는 몸이 땀으로 범벅되어 있는 데다 점심식사를 하면서 몸에 숯불구이 냄새까지 배었으니 온천장 사우나로 직행하고 싶은 마음은 당연지사다. 그해에도 어김없이 4월을 맞아 금정산성에서 야유회를 마치고 허심청을 찾아 사우나를 한 뒤 농심호텔 쪽으로 내려오던 길이었다. 그런데 그날은 우연히 농심호텔 앞 정원이 끝난 지점에 서 있는 노인상을 보게 되었다.
 우거진 대나무 숲 사이에서 노인상은 어색한 복식을 한 채 쓸쓸한 표정을 짓고 있었다. 울고 있는 표정인지 웃고 있는 표정인지 알 수 없었다. 눈썹과 눈꼬리는 아래로 처져 있었고, 입꼬리는 올라가서 눈과 입이 거의 붙을 지경이었다. 갓인지 중절모인지 구분이 잘 안 되는 검은 모자를 쓰고 있었다. 두루마기 사이로 삐져나온 오른손에는 지팡이를 들고 있으며 왼손에 들고 있던 무언가는 사라져버린 터였다. 나는 산행으로 몸이 노곤해졌던 탓에 노인상이 세워진 유래에 대해 적은 안내문도 확인하지 못한 채 총총걸음으로 갈 길을 서두르고 말았다.
 이 노인상을 다음으로 만난 것은 실물이 아닌 사진에서였다. 2008년에 나는 근대의 사진엽서 4800장을 정리해 총 8권의

농심호텔 정원 대나무 숲 사이에 서 있는 노인상(할아버지상)이다. 전차가 동래온천장까지 연장 운행한 것을 기념하여 세웠다. 전차 종점에 설치되었던 개화기 옷차림의 노인상은 동래온천을 방문한 관광객들을 맞이하는 역할을 했다.

책으로 발간하는 일을 하고 있었다. 구한말에서 일제강점기까지 발행된 이 사진엽서에는 귀중한 사진들이 담겨 있었다. 이것은 중요한 유물일 뿐만 아니라 학계에서도 커다란 반향을 일으킨 연구 자료였다. 나는 먼저 사진엽서를 도시, 관광, 풍속, 조선인, 관제엽서 및 기타로 크게 분류하는 작업을 했다. 이 사진엽서들은 다분히 관광객을 위한 기념품이었기에 관광사진이 많이 실려 있었다. 동래 온천은 일본 관광객들의 필수 코스였으므로 온천 사진엽서 가운데는 동래 온천의 것이 가장 많았다.

동래 온천 사진엽서에서 만난 노인상은 멀리 옆으로 서 있는 모습이었으며, 여러 피사체와 섞여 있었다. 사진 속에서 온천 정보를 찾고 있던 나는 농심호텔의 노인상임을 쉽게 알아차릴 수 있었다. 기와지붕의 건물 앞에 서 있는 노인상은 지금보다는 그래도 당당한 모습이었다. 동래 온천을 안내하고 부산의 근대를 상징하는, 새로운 임무가 주어졌기 때문일까? 노인상은 전차

일제강점기 사진엽서에서 노인상의 옆면이 포착되었다. 노인상은 바로 기와지붕 건물 앞에 서 있다. 이 상은 동래 온천과 부산 근대를 상징하는 명물이었다. 벚꽃이 만발한 풍경으로 보아 온천장에 관광객이 몰리는 4월 즈음으로 추정된다. 부산박물관.

의 연장 개통 기념으로 세워졌다. 당시 전차를 운영했던 조선가스전기주식회사나 전차의 연장 운행을 기뻐했던 동래 온천의 주민들이 세웠을지도 모른다. 그는 전형적인 개화기의 옷차림으로 온천장 지역의 수호신 역할을 했다고 한다. 두 눈에는 전구가 설치되어 종점 주변을 밝게 비추었으며, 지금은 사라졌지만 과거에는 한 손에 장죽을 들고 있었다.

이 노인상은 동래 온천의 상징이었을 뿐만 아니라 근대 관광지의 성쇠를 비쳐주는 거울이었다. 내가 그의 복식에서 어색함을 읽었다면 그것은 바로 동래 온천의 역사, 근대 부산의 역사에서 풍미했던 식민지 시대의 영욕 때문일 것이다. 노인상이 세워진 1920년대 부산은 전통과 근대가 혼종된 과도기일 뿐만 아니라 근대화의 파고로 종래의 관념이 크게 흔들렸던 시기다. 부자연스러운 그의 복식은 조선, 일본, 서구가 혼합되고 전통과 근대가 착종

되어 만들어낸 것이다. 그래도 동래 온천이 부흥하던 화려한 근대 관광지의 시기에 노인상은 할 일이 많았다. 부산 시내에서 전차를 타고 동래 온천에 도착한 온천객을 처음으로 맞는 이가 노인상이었다. 이 노인상은 동래 온천을 상징하고, 근대의 관광을 재현하는 데 가장 마땅한 인물로 여겨졌을 것이다. 하지만 1968년 온천장을 왕래하던 전차 노선이 철거되면서 그 역할은 사라졌다. 1960년대에는 동래 온천이 관광지로서 급격히 쇠퇴하는 시기를 겪었고 노인상의 존재감은 더욱 뒷전으로 밀려났다. 내가 그의 표정에서 쓸쓸함을 느꼈다면 그것은 자신의 인기가 시들해진 '라디오 스타'의 운명을 보았기 때문일 게다.

동래온정의 온정개건비

온천의 역사는 치료와 휴양의 역사에서 출발했다. 조선시대 이전에는 온천溫泉을 대개 '온정溫井'이라 했다. 뜨거운 물이 솟아오르는 우물로 여겨 정井 자를 쓴 것이다. '온정리'라 불리는 지명은 우리나라 여러 지역에 있다. 예전에 온천이 나왔던 곳이다. 온천이 무엇인지 몰랐던 선사시대 사람들에게 온천욕을 처음으로 안내해준 이들은 다름 아닌 동물이었다. 해외 다큐멘터리에서는 정말 사람 못지않은 자세로 온천물에 들어앉아 목욕을 즐기는 원숭이들을 볼 수 있다. 후각과 신체 감각이 뛰어난 동물들의 온천욕 장면은 선사인들에게 신선한 자극과 흥미를 주었을 것이다.

일본인들은 온천을 즐기는 민족으로 명성이 자자하다. 일본에서 온천이 발견된 유래를 살펴보면 질병 치료를 하려는 동물들이 꼭 등장한다. 즉, 일본의 온천 전설에는 짐승이나 새들이 제

1920년대 말에서 1930년대로 추정되는 동래온천장 전경이다. 사진의 중앙을 보면 온천장 안에 있는 작은 역사와 전차를 확인할 수 있다. 걸어서 온천장까지 들어와야 하는 불편함으로 욕객들의 불만이 커지자 이렇게 전차 구간을 연장했다. 부산박물관.

몸의 상처를 치료하기 위해 유황천에 뛰어들었다는 이야기가 많다. 이 동물들은 나중에 온천의 수호신이 되어 사람들의 숭배를 받기도 한다.⁴² 동래 온천이 발견된 유래담인 백학 전설과 흰사슴 전설도 일본의 온천 전설과 유사하다. 백학 전설은 백학이 동래 온천의 효험을 증명해주는 이야기다. 다리를 다친 어느 백학이 매일 금정金井의 늪으로 날아와 다리를 넣어서 치료를 했다. 이를 본 할머니가 자신의 아픈 다리를 물웅덩이에서 치료했으며, 그 소문이 나라 전체로 퍼졌다는 이야기다.

  삼국시대에 동래온정은 왕과 귀족이 찾는 신라의 유명한 온천이었다. 『삼국유사』에서는 신문왕 시절의 재상 충원공이 다녀갔다고 기록했고, 『신증동국여지승람』에서도 신라의 왕들이 여러 번 이곳에 왔으며, 돌을 쌓고 네 모퉁이에 기둥을 세운 흔적도 남아 있다고 기록했다. 왕이나 재상이 찾는 휴양지였으므로 이곳에서 목욕을 하고 병을 치료할 수 있는 욕탕을 세웠을 것이다. 고려시대에는 수도에서 많이 떨어져 있어 이규보는 "땅이 외졌다"고 말하기도 했지만 동래 온천에는 권신들의 발길이 끊이지 않았다. 그들은 목욕을 마친 뒤에는 시원한 마음으로 시를 짓곤 했다. 뜨거운 물에서 목욕을 하면 몸과 마음이 정화되므로 아름다운 시상이 떠오르는 법이다.

고려 말 문신이었던 정포鄭誧는 동래온정에서 반나절 목욕한 뒤 2년간 지병을 말끔히 씻어냈다는 내용의 시를 썼다. 역시 고려 말의 문신으로서 지조와 청렴으로 이름을 떨쳤던 박효수朴孝修가 남긴 시는 동래온정을 더욱 구체적으로 묘사하고 있다. 그의 시에서는 먼저 "골짜기 깊숙한 곳 돌못이 펼쳐져 있어, 맑게 흔들리는 물 가득히 괴어 있네"라고 운을 떼고 있다. 돌못은 욕탕으로 추정되는데, 허리가 닿을 정도의 2자 깊이라고 했다. 이 시에서는 박효수를 욕탕으로 부축해서 안내하고, 때를 밀어주는 손길을 말해주고 있어 흥미롭다. 그는 "고운 손 자주 놀려 늙은이 등을 닦아줌은 부끄러운 일이었지만, 때 낀 살갗이 상설霜雪같이 녹아내린다"고 읊었다. 동래온정에는 권신들의 목욕을 도와주기 위해 배치된 시녀들이 있었을 것으로 여겨진다. 목욕을 마친 박효수는 흰 모시로 몸을 닦고 머리를 말린 다음 침상에서 잠을 청했는데, 그 기분을 "나는 학의 비상이 무엇이 부러울까. 이 몸과 이 세상 까마득히 잊어버리고 달게 한참 자니"라고 노래했다.**43**

조선시대의 왕이 동래온정까지 방문한 일은 없지만 대군들과 공주, 대신들이 자주 찾았다. 예컨대 자유분방하여 풍류를 즐기고 술과 기생 등을 탐했던 양녕대군은 동래온정을 좋아했던 인물이다. 이런 권력층이 동래온정을 찾으면 왕은 경상도 관찰사에게 후하게 대접하라는 지시를 내렸다. 동래부는 명령에 따라 상당한 인력과 경비를 써야 했으므로 큰 부담을 느끼지 않을 수 없었다. 온정을 관리하기 위한 조직도 만들었다. 온정의 일을 돕기 위해 세운 온정가溫井家, 말과 숙박을 제공하는 온정원溫井院을 설치하고 온천을 관리하는 관원인 온정직溫井直을 배치하는 일 등은 동래온정을 방문하는 요양객들을 위한 조치였다.[44]

이처럼 목욕의 역사가 연면히 내려온 온정이건만 개항 이후 동래 온천이 개발된 뒤로는 조선시대의 흔적을 찾기가 어려워졌다. 내가 사진엽서에서 온정개건비를 봤을 때 뛸 듯이 좋아했던 것도 이 때문이다. 사진에는 온정개건비와 어린이가 묘한 대조를 이루고 있다. 지붕 처마 아래에는 쓸쓸히 빛이 바래가는 온정개건비가 서 있으며, 골목길에는 웃통을 벗은 어린이가 흙담 아래서 웃고 있다. 온정개건비는 1766년(영조 42) 동래부사 강필리가 동래온정을 대대로 고쳐 지은 것을 기념하기 위해 퇴임 한 달 전에 세운 것이다. 당시의 온정 건물은 9칸으로 남탕과 여탕을 구분하여 지었다. 비문에 따르면 "욕탕 건물이 상쾌하고 화려하기가 마치 꿩이 날듯이 으리으리했다"고 했는데,[45] 남아 있는 주춧돌도 없어 당시의 건물 위세를 확인할 수 없으니 아쉽기만 하다.

또 한 장의 사진엽서, 그곳에서는 온정개건비와 수조가 나란히 등장한다. 동래면에서 직접 설립한 공중욕탕 건물 입구에 수조와 온정개건비가 있으며, 왼쪽에는 조선 여인들이 목욕탕으로 입장하고 있다. 사진 속의 수조는 크기로 짐작건대 몸을 담그는 욕조가 아니라 물을 담아두었다가 끼얹는 목적으로 사용된 듯하다. 동래면 관할의 공중욕탕이 1922년에 설립되었으므로 이 사진은 그 이후의 것이다. 온정개건비가 있던 곳은 예나 지금이나 동

MONUMENT IN TOORAI HOT-SPRING.　　　東萊溫井改建碑

― 온정개건비. 사진 속에서 온정개건비와 어린이가 묘한 대조를 이루고 있다. 처마 밑에 서 있는 온정개건비의 명문이 비교적 뚜렷하게 남아 있다. 온정개건비는 1766년 동래부사 강필리가 동래온정을 보수한 것을 기념해 세운 것이다. 부산박물관.

동래온천 공중욕장. 사진 속에서는 한복 차림의 여성들이 목욕탕으로 들어가는 모습이 보인다. 사진 오른쪽에는 온정개건비와 수조가 있다. 이 목욕탕은 동래읍이 경영하는 공중욕탕으로 대중이 애용하던 대중탕이었다. 20세기 초반 온천장에 설치된 공중욕탕은 대중목욕탕의 원조가 되었다. 부산박물관.

래 온천을 상징한다. 이 일대는 동래부가 운영하는 온정에서 동래면이 경영하는 공중욕탕으로, 지금은 다시 동래 온천번영회의 온정각으로 변했다. 1960년대까지도 여기서 부산시가 온천수를 뽑아올렸으니 온정개건비가 위치한 장소는 곧 무한한 온천수의 상징인 셈이다.

현재 온정개건비와 수조는 동래 온천번영회가 관할하는 온정각 내부에 세워져 있다. 온정각 경내에 세워진 온정개건비와 수조는 세월의 흐름에 따라 명문이 마모되는 것이야 피할 수 없었지만 1972년 기념물로 지정되어 관리되고 있는 것이 그나마 다행이다. 온정각 내 용각龍閣에서는 매년 9월 9일 중양절을 맞아 용왕제를 올린다. 용왕은 바다의 신이자 물의 신으로서 온천에서 나오는 물 역시 용왕에게 달려 있다고 믿는 까닭에서다. 이 용왕제에서는 술 대신 깨끗한 온천수를 올린다. 깨끗한 온천수가 무한히

샘솟기를 기원하는 마음에서다.

동래 온천을 향한 일본인들의 욕망

지금도 일본인들은 동래 온천을 죽기 전에 꼭 한번 가봐야 할 곳으로 손꼽는다고 한다. 일본인들이 동래 온천을 향해 품었던 온천욕의 욕망은 꽤 오래된 것이다. 세종 때 조선 정부가 교린 정책에 따라 삼포를 개방해주자 일본인들의 동래 온천을 향한 발걸음이 크게 늘었다. 타국에서 온천욕을 하기란 쉽지 않지만 온천을 좋아하는 일본인들이 동래 온천을 포기할 수는 없었다. 그러나 이런 일본인들의 투어리즘tourism 때문에 적잖은 문제점이 발생했다. 내이포(경남 창원 진해구)를 통해서 서울로 들어온 일본인들은 귀국할 때 꼭 동래 온천을 방문하고자 했다. 이렇게 가는 길은 한참 돌아가는 경로이므로 그들을 따라다녀야 하는 조선인과 말들이 몹시 지쳤던 것이다. 그리하여 세종은 부산포의 일본인들은 동래 온천으로, 내이포의 일본인들은 영산 온천으로 분산시켜 목욕을 하라고 명령을 내렸다.[46] 그러나 동래 온천을 좋아했던 일본인들이 이런 명을 제대로 지켰을지는 의문이다.

부산의 개항은 일본인들이 동래 온천에서 목욕을 할 수 있을 뿐만 아니라 직접 온천업을 할 수 있는 호기가 되었다. 일본인들은 온천 입욕의 권리를 얻는 것에 만족하지 않고 온천욕을 할 수 있는 여관을 직접 세웠다. 최초로 야쓰시八頭司 여관이 개업된 이후로 많은 일본인 여관이 들어섰는데, 그중 봉래관蓬萊館이 대표적인 여관일 것이다. 1907년 무역업자인 도요다豊田福太郎가 세운 봉래관은 객실과 욕탕 등 숙박과 목욕 시설의 규모 면에서 동래 온

일제강점기 동래온천 봉래관. 봉래관은 도요다가 세운 숙박과 목욕 시설로 규모 면에서는 최고였다. 1930년대에는 6600제곱미터가 넘는 정원과 인공 연못까지 조성했다. 부산박물관.

천장의 최고 여관으로 발전했다. 더욱이 1930년대에는 6600제곱미터가 넘는 정원에 인공 연못을 조성해 손님들이 낚시와 뱃놀이까지도 할 수 있도록 했다.47 온천장 개발과 붐의 상징이었던 봉래관은 1960년에는 동래관광호텔로 옷을 갈아입었고, 1985년에는 농심이 이를 인수하면서 농심호텔로 개보수가 이뤄졌다. 농심호텔 정원에 서 있는 노인상이야말로 누구보다도 또렷하게 봉래관의 흥망성쇠를 보았을지 모른다.

 그러나 노인상이 세워진 배경을 앞서 말했듯이, 그는 동래 온천의 숙박보다는 교통 사정과 연관이 있다. 개항 이후 용두산 주변에 정착한 일본인들이 동래 온천에 가려면 교통 문제가 해결되어야 했다. 직선거리로만 따져도 16킬로미터나 떨어져 있는 거리였다. 설사 동래 온천까지 걸어간다 해도 귀갓길에 다시 흙먼지와 땀으로 젖어들 것은 뻔한 일이었다. 조선가스전기주식회사가

1915년 부산진과 동래 온천장 사이를 오가는 전차를 개통한 것은 이런 일본인들의 열망을 담은 것이었다. 전차를 운행하는 운전사는 물론 일본인이었다. 그는 행패를 부리다시피 일본어로 말하는 불친절의 대명사였다. 1920년대에 동래를 여행했던 차상찬은 "영업하는 자가 손님에게 하는 태도가 아니요, 형무소 간수가 죄수에게 하는 태도다"라며 전차 운전사의 행태를 비꼬았다.[48]

그런데 1920년대까지 동래 온천장 종점은 온천천 바깥에 있었으므로 전차에서 내린 뒤에도 상당한 거리를 걸어서 온천장까지 와야 했다. 목욕객들의 불만이 쏟아지자 조선가스전기주식회사는 1927년 공사를 시작해 현재 온천장 부산은행 지점으로 역사를 이전하고, 전차 구간을 온천장 안쪽까지 연장시켰다. 농심호텔의 노인상은 동래 온천장까지 전차가 연장 운행되는 것을 기념하기 위해 당시 전차 종점에 세워진 것이다. 사진엽서 속의 기와지붕 건물이 전차 종점에 있던 역사였다. 전차 교통의 편의로 온천장을 찾는 손님이 많아지자 동래 온천 개발은 더욱 본격화되었다. 1930년에는 제방공사를 시작해 온천천을 깔끔히 정비했다. 1933년에는 신식 전차인 보기차寶器車를 투입시켰다. 이제 48분이 걸렸던 구식 전차는 사라지고 부산역을 출발한 시속 60킬로미터의 보기차는 15분 만에 온천장에 이르렀다.[49] 빠른 교통 체계는 관광객 수를 늘렸고, 덩달아 노인상도 바빠졌다. 1930년대 10만이 넘는 관광객이 찾은 동래 온천은 명실공히 조선 온천을 상징하는 근대의 관광지였다.

욕조에 몸을 담근 두 여인

사진 속에는 옷을 벗은 두 여인이 하얀 어깨만을 내민 채 온몸을 탕 속에 담그고 있다. 둘은 얼굴을 마주보며 탕 안에 들어앉아 수건으로 몸을 닦고 있다. 부풀린 헤어스타일을 보니 일본 여성이다. 이 사진은 일제강점기, 동래 온천 나루토鳴戶 여관의 욕실 풍경이다. 욕조 속의 여성을 보면 온천과 목욕에 대한 욕구가 슬그머니 솟아난다. 동서양을 막론하고 목욕하는 여인은 성적 자극을 불러일으키는 매혹적인 테마였다. 서양의 사진이나 그림 속에서도 곧잘 등장한다. 목욕 수건을 머리에 두른 채 욕조에 앉아 하얀 피부를 은근히 드러내는 여인은 섹시한 이미지로 각인된다. 이런 이미지를 동래 온천의 사진엽서에 적용함으로써 온천욕에 대한 호기심을 불러일으키는 것이다.

물론 이 관광엽서 속의 사진은 관광객들의 입욕에 대한 욕망을 끌어내기 위해 연출한 장면이다. 그런데 목욕 풍속에 관심이 많은 나는 여성들보다는 주변 시설에 시선이 갔다. 사진 한가운데에는 큰 욕조가 있고, 바닥과 벽면은 대리석과 타일로 마감되어 있다. 물바가지와 목욕의자도 보인다. 이 사진을 보면서 욕조 속에 앉아 따뜻한 물에 몸을 담그는 목욕 관습이 언제부터 생겨났을까 하는 의문이 들었다. 이 욕조는 지금의 목욕탕과 달리 밑으로 깊게 파인 형태다. 오래된 온천에 가보면 이따금 이런 욕조를 볼 수 있다. 일본에서는 이 욕조가 1880년대부터 유행했다고 한다. 온천지의 영향을 받아 뜨거운 물을 받아 채우는 개량욕탕이 나타났다. 이 욕탕에는 아래로 깊게 팬 욕조를 만들어서 온몸이 잠길 수 있도록 함으로써 전신 온천욕을 하도록 한 것이다.[50]

일제강점기 동래 온천에는 동래면이나 철도국에서 운영하

던 공중욕탕도 있었지만 사진처럼 내탕內湯 시설을 갖춘 여관이 많이 입주했다. 1933년에는 이런 여관들 11개소가 성업 중이었다. 공공기관에서 운영하던 공중욕탕이 4개소였던 것을 감안하면 오히려 사설 여관에 딸린 온천 시설이 동래 온천의 주류를 이뤘던 셈이다.51 나루토 여관도 동래 온천의 여관들 중 하나다. 설립자인 나루토 조조鳴戶長藏는 원래 요정 나루토를 운영하고 있었다. 그는 요정이 큰 화재를 입은 뒤 부산역 앞에서 나루토 여관을 개업했고, 1914년에는 동래 온천에서도 나루토 여관을 열었다.52 이렇게 일본인들이 경영하는 사설 여관이 여럿 입주함에 따라 홍보와 선전활동에 힘을 썼는데, 바로 이런 관광엽서들로 나타난 것이다.

항상 뜨거운 물을 마음껏 쓸 수 있는 우리는 온수의 소중

나루토 여관 욕실에서 목욕하는 여성들이다. 관광객들의 입욕에 대한 욕망을 이끌어내기 위해 목욕하는 여성들을 등장시켰다. 일제강점기 목욕탕의 시설과 목욕 용기들을 잘 보여주고 있다. 부산박물관.

함을 알지 못한다. 예전처럼 온천이 각광받지 못하는 이유도 이런 이유 때문이 아닐까? 더구나 온천을 능가하는 사우나 시설과 찜질방이 도심지에 널려 있으니 정말 특별한 온천관광이 아니면 온천욕에 대한 욕구는 주변에서 해소할 수 있다. 하지만 50년 전으로 돌아가면 어머니가 해주신 시원한 등목에 만족해야 했던 시절이 있다. 대중목욕탕을 찾기 위해 먼 읍내로 나가야 했고, 목욕은 명절을 맞이하여 하는, 그야말로 세시풍속이자 연례 행사였다. '멱감으로 가유' 하며 목욕하러 하천으로 나갔던 우리나라 사람들이 뜨거운 물에 몸을 담글 수 있었던 것은 온천욕이 대중화되었기 때문이었다.

　　　　기억을 되살려보자. 대형 사우나나 찜질방이 출연하기 전인 동네 목욕탕에 가보면 중앙의 욕조와 벽에 붙은 샤워기들, 그리고 구석의 한증막 시설이 전부였다. 뜨거운 물이 찰랑대는 대형 욕조에는 모두 얼굴만 내민 채로 온몸을 담그고 있다. 어렸을 적 기억으로 이 뜨거운 물은 거의 몸을 지지는 수준이었다. 부모의 성화에 못 이겨 아이들은 욕조에 발을 넣고 빼기를 수차례 한 뒤에야 간신히 온수에 몸을 담글 수 있었다. 하지만 어른들은 신기하게도 바로 뜨거운 물에 풍당 전신을 담그면서 '아, 시원해'라는 말을 내뱉었다. 하지만 막상 욕조에서 일어날 때 보면 뜨거운 물에 그들의 몸은 벌겋게 달아 있었다. 내가 '시원하다'는 의미를 깨닫기 위해서는 적어도 10년의 세월이 흘러야 했다.

　　　　우리가 온수에 몸을 가득 담그는 대형 욕조에서의 전신욕은 대략 100년 전부터 유행했다고 본다. 그렇다면 이전에는 어떻게 목욕을 했을까? 과거 선조들의 목욕 풍속을 이해하려면 고정관념을 깰 필요가 있다. 특히 목욕이 욕탕에서 몸을 담그는 '전신욕'이라는 등식을 잊어버려야 한다. 우리는 '목욕'을 떠올릴 때 '목욕탕'을 생각한다. 그러나 엄밀히 말하면 목욕탕은 목욕과 탕(湯)이 결합된 것이다. 뜨거운 물을 받은 탕 안에서의 목욕은 근대 이후에 대중에게 퍼져나간 것이다. 개항기 일본인의 거류지에서 생겨난 공중목욕탕을 '탕집'이라 부른 것도 이런 해석에 힘을 보탠다.

다시 말해 목욕의 의미는 머리를 감고 몸을 씻는 것이므로 꼭 탕에서 몸을 담글 필요는 없다. 조선시대에는 뜨거운 온수를 손쉽게 공급할 수 있는 곳이 유일하게 온천지였으며, 나머지 지역에서는 욕탕에 온수를 가득 채우는 일이 쉽지 않았다. 성인들이 들어갈 수 있는 욕탕이나 상하수도와 배수 시설을 갖추기도 어려웠음은 물론이다. 그러하니 대부분의 백성에게 대형 목욕탕은 냇물이나 강물 등 물이 흐르는 자연이었다.

'미역감다' 혹은 '등목하다'라는 말을 떠올려보라. 냇가에서 목욕을 하거나 헤엄을 치면서 노는 일이 바로 우리나라의 전통 목욕이었다. 아니면 시원한 물을 등에 부어 땀과 더위를 가시게 하는 등목도 목욕의 한 형태다. 의례를 위한 목욕도 있다. 마을 제사를 지내기 전 제관으로 선정된 집의 부부들이 치르는 종교 행사였다. 동장군 여파가 가시지 않은 정월 대보름 새벽부터 일어나 우물가를 청소하고 찬물로 목욕을 한다. 이때의 목욕은 신을 모시기 위해 부정을 씻는 것이니 '목욕재계'라 불러야 마땅하다.

한편 목욕에는 물로 하는 습식도 있지만 뜨겁게 땀을 빼는 건식도 있음을 유의해야 한다. 사우나와 찜질방이 들어오기 전에도 동네 목욕탕을 가보면 언제나 빠지지 않는 시설이 한증막이었다. 나무판자로 둘러싸인 한증막은 숨 쉬기조차 거북한 열기로 휩싸여 있어 온몸이 불타는 느낌이었다. 고혈압 환자와 노약자 출입

금지라는 표지판이 붙은 한증막에서는 오래 참기로 객기를 부리다가 젊은이들까지 쓰러지는 일도 있었다. 얼굴에 수건을 감싸고 들어가야 간신히 참을 수 있는, 열기에 약한 나는 3분도 채 버티지 못하고 나와야 했다. 뜨거운 가마 속에서도 편하게 누워 30분을 버티고 있는 사람들을 볼 때면 정말 놀랄 지경이었다.

한증막의 전통은 오래전으로 거슬러 올라간다. 우리나라 한증의 역사는 온천의 역사와 마찬가지로 '치료의 역사'에서 출발했다. 태조는 고려의 동서 대비원을 그대로 이어받았으며, 세종은 이를 동서 활인원活人院으로 바꾸었다. 조선 개국 초기 민생의 안정을 위해서는 서민을 위한 의료기관이 필수적이었다. 의료기관으로서의 기능은 고려시대와 큰 차이가 없었을 것이다. 세종은 병자 치료 목적으로 활인원 아래 혹은 별도로 한증소汗蒸所를 세워두는 한편, 탕욕湯浴하는 욕실을 만들어주기도 했다. 그런데 이를 건의하고 운영한 사람들은 승려들이었다. 조선 초기에는 의료활동에서도 고려와 불교의 유풍이 강했음을 짐작할 수 있다. 그러나 병 증세를 세심히 살펴보지 않고 무작정 땀을 내다가 죽은 사람들도 생겨났다. 세종은 환자를 상하게 한 의원과 승려들을 벌주라고 명했다.[53]

한증소에서 무리한 땀 빼기로 죽는 사람들이 생겨났지만 한증막은 계속해서 우리나라 사람들의 사랑을 받았다. 일제강점기에 한증소를 만병통치약으로 소개한 광고물을 많이 볼 수 있다.[54] 땀을 빼면 개운하게 느끼는 사람들의 심정은 고려·조선이나 일제강점기 모두 같았을 것이다. 일제 때 세워진 한증막을 보면 돌을 쌓고 흙을 발라 만든 가마 구조였다. 이 가마 안에서 불을 내 뜨겁게 달아오르게 한 뒤 재를 꺼내고 욕객들을 들여보냈다.

사람들은 '1관음, 2관음……' 하며 소리 내어 수를 세다가 100관음째 밖으로 나왔다고 한다.[55] 지금도 이런 한증막의 체험은 전통 숯가마 찜질방에서 비슷하게 할 수 있다. 우리 집 근처에도 이런 숯가마 찜질방이 몇 군데 있다. 천생 더위에 약한 나는 숯가마 찜질보다는 숯에 구워 먹는 삼겹살이 좋아 이곳을 찾기도 했다. 하지만 여성들은 건강과 미용을 위해 자주 찜질방에 간다. 구워낸 숯의 열기로 가득한 흙가마에 앉아 땀을 빼는 이 찜질방은 웰빙 찜질로서 피부 미용에 관심 있는 여성들의 사랑을 받고 있다.

물싸움이 나다

자연 그 자체는 순수하고 아름답지만 사람의 손길이 닿으면 점차 변한다. 관광지가 그렇다. 관광지는 자연을 원천으로 성립되지만 관광객이 많아질수록 관광의 욕망은 자연을 벗어난다. 치료와 휴양의 장이었던 온천장은 관광의 욕망을 채우기 위해 레저와 유흥의 장으로 탈바꿈한다. 이런 관광지를 찾는 관광객들은 다른 목적을 품고 있다. 온천욕은 뒷전이고 술과 성, 돈과 도박 등 다분히 타락과 방종을 추구하는 관광객들도 있다.

서양의 온천장, 한 예로 영국 최고의 온천장으로 발돋움한 배스Bath도 마찬가지다. 건강에 좋은 광천수가 풍족해 온천장으로 발전한 배스는 16세기 귀족들이 자주 찾은 레저의 장이 되었다. 온천장에 모여드는 손님이 많아지자 배스는 다양한 오락거리와 여흥을 제공해야 했다. 테니스, 매사냥과 활쏘기, 볼링, 커피하우스 등 스포츠와 사교가 배스 온천장의 주요 관광 거리가 되었다. 또한 음악과 무도회, 각종 공연회부터 시장과 쇼핑까지 배스는 공연과 쇼핑의 장으로도 활약했다. 이런 요소들은 그나마 건전한 것이며, 퇴폐적 요소들이 배스를 짙게 물들였다. 배스 온천장의 선술집들은 도박 소굴로 전락했으며, 배스의 시장 가족이 포주 영업을 할 정도로 성적 문란이 확산되었다. 17세기 영국에서는 '온천 간다'는 말이 '부정한 성행위를 하러 간다'는 뜻의 은어가 되었다고 한다.[56]

일제강점기 동래 온천장에서도 많은 행사가 벌어졌다. 특히 봄철에는 벚꽃 축제와 씨름대회, 각종 공연을 개최해 온천객들을 맞이했다. 그러나 동래 온천장에서 꽃핀 근대 투어리즘은 그다지 아름답지 못했다. 돈과 기생, 술과 도박 등도 성행한 탓이다. 1927년 「동래 온천정화東萊溫泉情話」라는 글을 쓴 김남주는 "그때는 정토淨土였고 지금은 음탕한 곳으로 여지없이 변하고 말았습니다. 기생, 자동차, 창녀, 여관, 요릿집으로 발달이 되었다면 상당 이상으로 그렇다고 하겠습니다"라고 말했다.[57] 앞서 말했던 차상찬 역시 동래 온천장에는 부랑자가 많다고 했다. 그는 7월 1일에 동래 온천장에 갔다. 장마철임에도 불구하고 여관마다 부랑 청년 남녀가 몇 패씩은 숙식하고 있었다. 그는 "자기네는 부부간인 척하나 남자는 돈푼이나 있는 집 부랑자요, 여자는 얼치기 기생 아니면 은근자"라고 꼬집었다.

동래 온천으로 몰려든 전국의 풍류꾼들은 동래 기생들을 불러 여관에서 함께 숙식하면서 오랫동안 놀다가 돌아갔다. 그리하여 동래 온천 기생들에게 지급하는 막대한 화대가 화제가 되었다. 당시 『동아일보』는 이런 기사를 실었다.

> 동래 온천장은 유흥장으로 조선서 제일 유명한 곳인데 작년 1년 동안 소비된 유흥비 중에 예기 화대藝妓 花代가 13만여 원이나 된

다고 한다. 그러나 그전 호경기 시기에 비하면 실로 반액에 불과한 수라고 한다. 그런데 전기 13만여 원은 동래와 온천장 양 권번의 1년간 총 수입금으로서 이것을 구분하면 온천장 권번 일본 예창기 50여 명의 수입은 12만2000여 원이고, 동래 권번 조선 예기 20여 명의 화대 수입은 불과 8000여 원이라고 한다.[58]

위 기사에 따르면 1928년에 동래 온천장에서 지급된 화대는 무려 13만 원에 이른다. 더욱이 이 화대는 예전의 반액이라 하니 평년에는 26만 원 정도가 화대로 쓰였다는 이야기다. 그런데 기생들 사이에서도 조선과 일본 간 차별이 심했던 모양이다. 일본 기생 50명의 수입이 12만2000원인 반면, 동래 기생 20명의 수입은 8000원에 불과하다. 일본 기생과 동래 기생 간 화대 차이가 심한 까닭일 것이다. 일본 관광객들이 많이 찾는 동래 온천에는 일본 기생이 많았다. 특히 일본인들이 경영하는 여관에서는 일본인 기생들의 사미센 소리가 끊이지 않았다. 유흥지로 변모한 동래 온천장에서도 제국과 식민 사이의 차별은 지울 수 없었던 것이다.

이런 와중에도 동래 온천의 물을 지키려는 조선인들의 반격은 만만치 않았다. 아무리 유흥지로 변했다 한들 온천수가 없는 동래 온천장은 있을 수 없다. 동래 온천장에 욕탕과 여관이 늘다보니 온천수의 고갈은 피할 수 없는 문제였다. 배탕配湯을 둘러싼 조선인과 일본인 간의 신경전도 치열해졌다. 이 신경전이 사회 문제로 크게 비화된 근원지는 하자마 후사타로迫間房太郎의 별장이었다. 하자마 별장은 요사이 전통 결혼식 등이 열리는 행사장으로 유명한 동래별장이다. 부산·경남에서 하자마의 땅을 밟지 않고는 지나가지 못한다고 할 정도로 하자마는 땅부자였다. 일찍이 그는 영도 땅을 매수함으로써 해군기지를 건설하려던 러시아의 의도를 무산시켰다. 하자마의 애국주의에 감탄한 일제는 러일전쟁 이후 훈장으로 보답했으며, 그는 일제강점기 내내 부산·경남의 재계 거물로서 탄탄한 길을 걸었다.

1929년 황족인 간인노미야閑院宮가 부산을 방문했을 때 하자마 별장이 그의 숙소로 정해졌다. 하자마는 때를 이용해 경남도로부터 내탕 시설을 허가받고, 질 좋은 온천수를 끌어올렸다. 아무리 천황의 대리인이었던 간인노미야의 입욕 시설을 갖추기 위해서라지만 경남도의 허가 조치는 그동안 내탕 시설에 대한 조선인들의 허가 요구를 번번이 묵살한 것과는 매우 대조되는 처사였다. 한편 봉래관이 경남도의 허가를 받아 새롭게 탕원湯源을 판 결과 주변의 공중욕탕과 여관들은 물 부족 사태에 빠졌다. 온천수의 고갈로 인해 조선인과 일본인, 경남도와 지역 유지들 사이에 갈등의 골이 깊어지자 온천수를 공동으로 관리해야 한다는 의견이 힘을 얻었다. 그러나 관리 주체를 누구로 할 것인가에 대해서는 쉽게 합의를 보기 어려웠다. 공중욕탕을 운영하던 철도국까지 여기에 가세를 했기에 물을 둘러싼 싸움은 한 치 앞도 내다볼 수 없게 되었다.

그런데 식민지 조선에서 예상치 못한 결과가 나왔다. 1931년부터 본격적으로 시작된 물싸움에서 최종 승리자는 동래읍민들이었던 것이다. 동래 유지들과 동래읍회 의원들은 함께 단합하여 수차례 동래읍민대회를 개최했으며, 동래 온천을 파고 관리하는 권한을 동래읍에 줄 것을 강력히 도 당국에 요청했다. 지역운동으로 발전된 물싸움은 일본인들의 참여를 이끌어낼 정도로 공고히 이뤄졌고, 도 당국은 동래 온천의 권한을 동래읍에 넘겨줄 수밖에 없었다. 일제강점기 온천의 탕원 권한을 조선인이 소유한 곳은 동래 온천이 유일하다.[59] 동래읍 주민들의 물싸움과 온천수 지킴이 운동에 박수를 보내지 않을 수 없다.

때 미는 탕에서 노는 광장으로

대부분의 한국인은 주말이면 목욕탕을 찾는다. 주말 행사인 목욕은 몸을 씻을뿐더러 그간 쌓였던 피로를 푸는 주요한 일상이 되었다. 그런데 탕에 들어가보면 눈에 띄는 점은 '때와의 전쟁'을 벌이고 있는 풍경이다. 때 타월로 자신의 때를 밀거나 아이들의 등에 붙은 때를 열심히 밀어주고 있다. 얼마나 밀었는지 피부가 벌겋게 달아오른 사람도 많다. 또한 세신실洗身室 침대에서는 전문적으로 때를 밀어주는 목욕관리사가 땀을 흘리며 손님의 몸을 구석구석 밀어주고 있다. 한국 사람들은 피부가 반들반들한 정도로 때를 밀어야 개운하게 목욕한 것으로 느낀다. 이렇게 한국의 목욕 관습으로 정착된 때 미는 목욕은 한류의 하나로 외국에 수출되기도 한다. 나는 때와의 전쟁을 벌이는 한국 사람들의 의식에는 청결과 위생관념이 작동하고 있다고 본다.

일제강점기에는 공중목욕탕이 주요 도시에 생겨났으며, 일제는 보건 국가로서 위생과 청결을 선도했다. 일제가 나서서 위생을 선전한 배경에는 전염병과 같은 사회 혼란을 방어하는 한편, 건강한 신체의 국민을 일상적으로 동원하고자 한 국가주의가 있었다. 1889년 『국가위생원리』를 썼던 고토 신페이後藤新平는 국가를 인체에, 국민을 인체의 세포에 비유했다. '국가의 세포로서 국민'을 생각하는 관념은 뒤집어 말하면, 국가를 위해 개별 국민의 신체까지 통제하겠다는 생각이었다. 위생국가의 국민은 병균을 퍼뜨리지 않거나 병에 걸리지 않는 신체를 위해 자신의 몸을 열심히 씻는 것이 첫 번째 과제였다.

　　김원일의 소설 「깨끗한 몸」에 등장하는 어머니는 지나치게 청결벽이 있는 인물이다. 어머니는 길남이의 때를 벗기고 또 벗기는데, 길남이에게 목욕은 청결이 아니라 고문에 가까웠다.[60] 한국전쟁 동안 사회주의자인 남편이 행방불명되고 홀로 아이들을 키우는 어머니에게 목욕은 몸과 마음을 청결하게 하는 일종의 정화의례였던 것이다. 이는 어머니의 청결 의식이 개인의 신체에 국한되는 것이 아니라 역사적 경험 속에서 형성된 관념임을 보여준다. 해방 후 이승만 정부나 군사 정부도 일제의 위생국가 원리를 이어받았다. 청결과 위생관념이 사람들의 의식을 장악했으며, 몸을 씻는 데 필요한 비누, 치약, 샴푸 등 다양한 세정 용품도 속속들이 등장했다. 이런 화학용품을 생산하는 기업들은 세면, 양치, 목욕 등 신체의 청결을 국가보다 더 강조했다. 하루에 한 번씩 샤워를 하는 과도한 청결주의자들도 등장했다. 그러나 지나친 청결주의는 면역력을 떨어뜨리고 신체에 오히려 해가 되기도 한다.

　　때 타월은 한국인들의 목욕과 청결을 상징한다. 한국인들의 피부에 낀 때를 깨끗하게 밀어준 주인공이 이태리타월이다. 그 전에는 손이나 수건 등으로 때를 밀었지만 완벽하고 말끔하게 때를 씻어내기란 어려웠다. 청결한 신체를 유지하고 싶어한 한국인들은 뜨거운 온수에 몸을 담그면 피부에서 일어나는 때를 깔끔하게 씻어내고픈 마음을 떨쳐버릴 수 없었다. 이런 고민을 일거에 해결해준 이는 부산에서 직물공장을 운영하던 고故 김필곤 씨다. 그는 좀더 편리하게 목욕할 방법이 없을까 하고 궁리했다. 김 씨는 섬유 소재를 모조리 뒤져 2년여 동안의 실험을 거쳐 비스코스 레이온 소재를 꼬아 이태리타월을 만들었다. '이태리'라는 명칭은 국내산 원단에 이탈리아 산 실 꼬는 기계인 연사기와 염료를 사용했기 때문에 붙여졌다. 돌에 수건을 감아 때를 밀던 시절에 이태리타월의 등장은 목욕사에 남을 획기적인 사건이 되었다. 김 씨의 발명품은 곧 선풍을 일으켰고 1962년 특허청에 등록한 실용신안권으로 부산의 호텔 두 곳을 사들일 정도로 부자가 됐다.[61] 이태리타월의 등장은 온천욕의 원조이자 1960년대 섬유 공업이 크게 발달했던 부산에서 가능한 일이었다.

이태리타월로 한국인의 청결한 신체를 완성시킨(?) 부산은 1990년대는 완전히 새로운 목욕 문화를 탄생시키기도 했다. 1990년 초반은 때 미는 목욕탕에서 즐기는 찜질방으로 목욕 문화가 질적으로 바뀌는 변곡점이었다. 이 변곡점에서 한몫한 곳은 농심호텔의 허심청이었다. 1985년 동래관광호텔을 인수한 ㈜농심은 1989년 전면 개보수 및 증축 공사를 거쳐 1991년 허심청을 개관했다. 허심청은 연면적 3만 제곱미터 규모의 대형 온천건강랜드였다. 대중온천욕장인 천지연을 중심으로 식당가와 쇼핑몰 연회 시설 등을 골고루 갖추고 있다.[62] 당시 '동양 최대 규모'라는 수식어가 붙은 허심청은 목욕객 3000여 명이 동시에 이용할 수 있었다. 허심청은 개관 초기부터 부산의 새로운 레저 명소로 불렸다. 목욕탕이 때 미는 곳이 아니라 놀고 즐기는 공간으로 인식된 데에는 허심청의 영향력이 적지 않았다.

그러나 동래 온천의 제2의 도약을 꿈꾸며 매머드급 시설을 구비한 허심청을 향한 비판이 제기되었다. 비싼 입욕료와 사치스러운 분위기가 문제된 것이다.[63] 이후 1994년경 부산에서는 좀더 서민에 맞는 목욕 시설인 찜질방이 출현했다. 이 찜질방은 우리나라의 전통 온돌과 불가마들을 현대식으로 응용했으며, 가족적인 분위기를 연출했다. 부산에 첫선을 보인 찜질방은 그 이듬해 서울에 상륙했다. 서울에서는 상륙 3개월 만에 250여 개 업소가 문을 열 정도로 폭발적인 인기를 얻었다. 노래방 이후 최고 히트 업종으로 부상했다는 평가를 받았다.[64] 부산에서 시작해 서울에서 성공한 찜질방은 전국으로 퍼져나갔으며, 새로운 국민 문화의 장이라는 이름을 얻었다.

  찜질방은 전통과 현대를 방 문화에 적절히 융합해 창조한 여가 공간이다. 찜질방에 들어서면 먼저 사람들이 모여 있는 넓은 온돌과 마주한다. 이곳은 가족과 친지, 친구와 직장 동료, 애인과 타인 등 남녀노소 가릴 것 없이 황토색 찜질복을 입고 혼숙(?)하는 온돌 광장이다. 다시 말해 찜질복 차림의 불특정 다수가 모여서 잠자고, 수다를 떨고, 쉬는 광장이다. 이 광장 주위에는 불가마, 산소방, 소금방 등 다양한 한증 시설과 수면방, PC방, 노래방, 만화방, 식당 등 온갖 종류의 노는 방들이 배치되어 있다. 가히 '방 문화의 종합선물세트'라 할 만큼 모든 방이 이 찜질방 안에 집결해 있다.[65] 찜질방에서는 쉬고 즐기는 일이 주류가 되었고, 씻고 때 미는 일은 비주류가 되었다. 근대의 동래 온천에는 따뜻한 온수에 몸을 담그고 싶어 갔지만 현대의 부산 찜질방에는 다양한 방 문화를 누리고자 찾아간다. 온천의 역사는 이렇게 부산에서 새롭게 재창조되고 있다.

12

해운대 해수욕장에서
헤엄을 칠 수 있을까:

물놀이와 유혹의 역사

해운대 해수욕장의 만화경

　해운대 해수욕장에 가기가 두려웠다. 1996년 가을에 일어난 사고였다. 해운대 해변 인근 방파제에서 낙상사고를 당해 어깨뼈가 부러지는 중상을 입었다. 그놈의 술이 문제였다. 술에 취하지 않았다면 있을 수 없는 사고였다. 이후부터 해운대 신시가지라면 모를까 해수욕장에 가는 것은 과거의 상처를 헤집는, 두려운 일이 되었다.

　해운대 해수욕장의 공포를 극복하는 데는 근 15년이 걸렸다. 15년의 시간은 공포를 슬그머니 내려놓기에도 괜찮은 세월이었으며, 그동안 해운대 해수욕장의 변신도 화려해서 예전의 모습과 많이 달라졌다. 또한 수영에 대한 자신감도 한몫했다. 나는 2005년부터 3년의 아침 시간을 수영에 쏟아부었다. 3개월이 지나자 뚜껑 없는 병처럼 가라앉던 내 몸이 물 위에 떠서 갔을 때, 나는 환희를 만끽했다. 수영을 배운 지 1년이 흘러 나는 초보를 떼고 중급으로 올라갔다. 자유형, 평형, 배영에 능숙해졌으며, 물 위로 솟구치는 접영까지도 몸에 익혔다. 수영의 4대 종목을 마스터한 나는 고급반으로 상향 조정되었다. 이제 물에 들어가면 자신감이 생겨났고, 나는 이렇게 외칠 수 있었다. 나는 더 이상 '뚜껑 없는 병'이 아니라 접영을 할 수 있는 '물찬 제비'라고.

　2011년 8월, 인천과 천안에 사는 가족들이 오랜만에 우리 집을 방문했을 때 해운대 해수욕장에 가자고 냉큼 제안한 것은 이런 자신감 때문이었는지 모른다. 그러나 시작부터 쉽지 않았다. 한여름 해운대 해수욕장으로 가는 길은 교통 혼잡이라는 말을 듣고 직장 근처 주차장에 세 대의 차를 세워놓고 이동했다. 8월의 땡볕 더위 아래 대식구가 떼거리로 땀 흘리며 걸어서 전철을 탄 뒤 다시 해운대역에서 내렸는데, 웬걸 해운대 해수욕장의 교통 상황은 원활했다. 삼복더위에 육수를 흘리는 가족들이 보내는 비난 어린 눈초리를 짐짓 못 본 체하면서 나는 해운대 해수욕장으로 성큼 걸어갔다. 저 푸르고 시원한 해운대 바다에서 수영을 하면 모두 지금의 더위를 잊을 것이라고 스스로 위안을 하면서.

 그런데 막상 해수욕장에 도착해보니 제대로 수영을 하는 사람은 찾아볼 수 없었다. 드넓은 백사장에서는 젊은 남녀들이 구릿빛 피부를 드러내고 선탠을 하거나, 파라솔 아래에서 가족들이 옹기종기 모여 음식 잔치를 벌이고 있었다. 바다는 완전히 노란 튜브 물결이었다. 모두들 튜브를 탄 채 파도에 떠밀리는 튜브타기를 할 뿐, 파도를 가로질러 헤엄치는 사람은 아무도 없었다. 왜 그럴까? 그 이유를 깨닫는 데는 오랜 시간이 걸리지 않았다. 딸의 손을 붙잡고 해운대 바다로 용기 있게 뛰어들어간 나는 바로 파도에 휩쓸려 모래사장으로 내뒹굴고 말았다. 아, 딸아이는 어디에 갔는지 보이지도 않았다. 나는 몇 차례 파도를 맞고 튕겨나간 뒤에야 수영을 포기하고 노란 튜브 물결의 대열에 끼기로 마음을 고쳐먹었다. 안전한 수영장에서나 물찬 제비였지, 파도 넘실거리는 해운대 바다에서 나는 해변의 조개껍데기와 다름없는 신세였던 것이다.

 해운대 해수욕장은 파도가 험하고 물이 매우 찼다. 내가 생각했던, 자유롭게 헤엄칠 수 있는 바닷가는 분명 아니었다. 튜브 타기도 쉽지 않았다. 큰 파도가 내리쳐 모자, 선글라스가 내동 댕이쳐지기 일쑤였다. 수영도 못 하는 해운대 해수욕장에 대체 피서객들은 왜 몰리는 걸까? 그래도 튜브에 몸을 맡긴 채 파도를 오르락내리락해보자 해수욕장을 살펴볼 여유가 생겼다. 해운대 해수욕장에 운집한 이 수만의 피서객이 빚는 바캉스 풍경은 정말 만화경이었다. 백사장에서는 모래놀이와 모래찜질을 하고, 다정한 포즈로 걷는 연인들도 있었다. 비치파라솔 아래에서는 시원한 맥주를 마시고 책도 읽고 있었다. 태양 아래에서 피부를 태우며 몸만들기에 열중하는 젊은이들도 있었다. 해수욕장이 수영하는 곳이라 생각했던 나의 고정관념이 흔들렸다. 해수욕장은 바캉스 계절의 만화경을 보여주는 장소였다.

그런데 해수욕장海水浴場의 욕浴을 떠올려보건대, 해수욕장도 목욕을 하는 장소이며, 수영과 목욕은 불가분의 관계를 맺고 있다. 지금은 목욕은 목욕탕에서, 수영은 수영장에서 한다는 이분법이 명확하지만 한 세기만 거슬러 올라가도 구분선이 흐렸다. 19세기 초 영국에서 해수욕은 광천수 대신 바닷물을 이용하는, 대안적 물치료법이었다고 한다. 해수욕은 내륙의 온천장들을 따라잡기 위해 해양가의 휴양도시들이 세워지면서 대중화되었다. 그것은 18세기의 이후의 일이었다.[66] 그렇다면 유럽에서도 현재의 해수욕장 풍경이 조성된 때가 그리 오래된 것은 아니다. 또 하나, 목욕과 수영의 구분은 근대식 사고이며, 넓게 보면 모두 물에서 노는 물놀이 법의 하나였다.

조선시대의 물놀이법, 천렵과 탁족

　　조선시대에 물놀이를 하러 바닷가로 가는 사람은 거의 없었다. 바다는 해신海神이 머무는 곳으로 경외와 숭배의 대상이었다. 거대한 바다는 숱하게 사람을 삼켜버리고 사라졌기에 바다를 아는 사람일수록 그 공포심은 더욱 컸다. 해수욕은 피부병과 염증 때문에 고생하는 환자들을 위한 민간요법으로 활용되었다. 무더위가 지나가고 뙤약볕을 피해서 하는 치료용 해수욕으로 권장되었으며, 오늘날의 해수욕과는 성격 차가 크다.

　　우리나라 곳곳에는 강과 시냇물, 계곡이 널려 있으므로 굳이 바닷가를 고집할 이유도 없었다. 한여름을 시원하게 보낼 수 있는 물은 어디서나 쉽게 찾을 수 있다. 우리 선조들이 물을 찾아 떠나는 날은 유두였다. 이 유둣날은 시쳇말로 '조선의 바캉스' 날이었다. 음력 6월 15일인 유두는 더위가 점차 맹위를 떨치는 시기인데다 모내기와 김매기 등 연속된 농사일에서 한번쯤 휴식이 필요한 시기와도 맞아떨어졌다. 유두에는 목욕의 뜻이 담겨 있다. 유두流頭는 곧 동류수두목욕東流水頭沐浴을 줄인 말이다. 이것은 동쪽으로 흐르는 물에 머리를 감고 목욕하면 부정이 가신다는 뜻으로 의례적 의미가 짙다. 대개 과거의 세시풍속은 종교 행사였다. 동쪽은 방위상 양陽을 상징하므로 동쪽으로 흐르는 물에 머리를 감는 풍속은 양과 물의 기운으로 부정을 없애는 것이다. 이 유두는 신라의 풍속에서 출발한 것으로 본다.『신증동국여지승람』을 보면 "경주의 풍속에 6월 보름에 동쪽으로 흐르는 물에 목욕하고 계음禊飮을 하는데 이것을 유두연流頭宴이라고 한다"는 기록이 있다.

　　그렇다면 조선시대의 물놀이는 어떻게 했을까? 이 물놀이법을 아주 잘 보여주는 그림이 유숙劉淑의「계심어비도溪深魚肥圖」다.

이 그림에는 조선 민중의 활달하고 자유로운 물놀이 법이 그대로 드러나 있다. 요컨대 천렵川獵이라는 것이다. 천렵은 좁은 의미로는 냇물에서 고기 잡는 일이지만 넓은 의미로는 여름철 물가에서 노는 놀이를 포함한다. 그림 속 절벽 아래에서는 물장구를 치고, 중앙에서는 물고기를 그물로 몰고 있다. 그림 아랫부분에서는 발가벗고 맨손으로 물고기를 잡고 있으니 보기만 해도 시원하다. 허나 이 그림에서는 한여름의 답답한 포즈까지 볼 수 있다. 왼쪽의 갓 쓰고 도포를 입은 양반들이다. 찌는 무더위 속에서도 체통을 지키느라 물놀이를 멀리서 바라만 봐야 하는 양반들이 무척 딱하다는 생각이 든다.

하지만 한여름의 물놀이 유혹을 양반들 또한 뿌리치기 어려웠다. 고매한 양반들이 즐긴 놀이는 탁족濯足이다. 탁족은 산간 계곡에서 발을 담그고 더위를 쫓는 일로, 정신 수양의 한 방법이었다. 『맹자』의 "창랑滄浪(넓고 큰 바다의 맑고 푸른 물결)의 물이 맑음이여 나의 갓끈을 씻으리라. 창랑의 물이 흐림이여 나의 발을 씻으리라"에서 탁족이라는 단어가 생겨났다고 한다. 그러나 탁족에 성이 차지 않아 시원한 냇물에 텀벙 몸을 던졌던 자유분방한 양반도 틀림없이 있었으리라.

한편 폭포수에서 떨어지는 물맞이도 유두의 물놀이 법 중 하나다. 물맞이는 신경통이나 피부병에 효험이 있다고 하여 폭포에서 떨어지는 물을 맞는 풍속이다. 양운 폭포가 있는 장산계곡을 비롯해 산이 많은 부산에서도 이 물맞이가 크게 유행했다. 특히 근골이 약해진 중년 여성들에게 유두의 물맞이는 더위를 시원하게 이기는 놀이이자 몸을 쾌유하는 치료법이었다. 그렇다면 이런 물놀이 외에 물에 떠서 앞으로 나가는 수영은 없었을까?

「계심어비도溪深魚肥圖」, 유숙, 19세기, 덕원미술관. 이 그림에는 조선 민중의 활달하고 자유로운 천렵 풍속이 잘 드러나 있다. 천렵은 협의로는 냇물에서 물고기를 잡는 일이지만 광의로는 여름철 물가에서 노는 놀이를 포함한다.

근대적 수영법을 배우기 전에도 수영을 하는 사람은 많았다. 어렸을 적 강가에 놀러 가면 개헤엄을 쳐서 작은 강을 건너는 사람들을 본 적이 있다. 놀라운 실력이었다. 오직 고개만 물 밖으로 내밀고 팔과 다리를 살살 저어 물살을 헤치면서 나가는 그들은 '헤엄 잘 치는 개'를 방불케 했다. 그러나 개헤엄이 아닌 오랜 경험으로 체득한 영법泳法을 구사하는 사람도 있었다. 우리나라 역사에서 최대의 마린 보이라고 할 수 있는 정년鄭年과 같은 인물이다. 정년은 신라 사람으로 장보고와 호형호제하던 사이였다. 『신당서新唐書』에서는 "정년이 능히 바닷물 속에 잠겨서 50리를 헤엄쳐도 숨이 막히지 않으며, 용맹스럽고 굳건한 것은 보고保皐도 따르지 못한다"고 했다.[67] 아무리 정년이 싸움을 잘하고 용맹스럽다 하더라도 50리라면 20킬로미터에 달하는데, 바다에서 개헤엄으로 도저히 갈 수 없는 거리다. 그렇다면 정년만의 수영법이 있었으리라 추정할 수 있다.

고려와 조선시대에는 물에서 하는 훈련인 수전水戰과 물에서 하는 곡예인 수희水戲가 있었다. 수전이나 수희를 하기 위해서는 수영 실력이 뒷받침되어야 한다. 연산군 시절에는 각 도에서 수영을 잘하는 사람들을 뽑아 수희를 시키거나, 왕이 거둥할 때 따르게 했다.[68] 혹시 벌어질지 모를 사태에 대비하기 위함이었다. 연산군이 각 도에서 뽑아 궁궐로 보내게 한 이들은 수영 전문가였다. 조선시대에는 헤엄을 잘 치는 수군泅軍을 별도로 두었다. 이들은 현재 수상구조대처럼 물에 빠진 사람들을 구조하는 일을 담당했던 것으로 보인다.[69] 조선시대에는 배가 침몰해 익사하는 사람이 빈번히 있었으니 이들을 위한 구조대가 필요했다. 조선에서 내로라하는 수영꾼들은 수군의 일원으로 참가했으며, 이들의 수영 실력은 현대의 수영 선수들도 감히 무시하지 못할 것이다.

납작 가슴을 두드러지게 하는 수영

19세기 초반 유럽에서는 군사훈련의 과정으로 수영이 발달했다. 유럽의 해수욕과 수영법을 받아들인 일본은 근대 국가의 공중위생법의 하나로 목욕과 수영을 장려했다.[70] 우리나라에 근대식 수영법이 들어온 것은 19세기 말엽이다. 1898년 무관학교에서는 여름 휴가 기간에 수영 연습을 하도록 했다. 강제적 한일합방 이후에는 일본의 영향을 받아 근대 수영법이 군대와 학교를 중심으로 전수되었고, 수영 연습장도 생겨났다. 일본에 강제로 끌려간 영친왕은 육군중앙유년학교에 다녔다. 이 학교는 여름철에 생도들에게 수영 연습을 시켰고, 영친왕도 근대식 수영을 배웠다.[71] 1913년에는 평안남도를 중심으로 수영연습장과 수영대회가 성황을 이뤘다. 대동강 연안에 있는 진남포와 평양의 대동문 근처에 수영장을 신설하고 강사를 초빙해 수영법과 구조법 등을 가르쳤다.[72]

그해 8월에는 진남포에서 큰 수영대회가 열린다. 여기서는 만일의 구조 사태에 대비해 구호소를 설치하고 의사들을 대기시켰으며, 10여 척의 선박도 준비해두었다. 이곳에서 경기를 한 수영 종목은 잠수, 횡와영橫臥泳(옆으로 누워서 하는 수영) 등을 비롯해 13종이나 되었다. 수영법 네 가지만 알고 있는 나로서는 매우 궁금한 부분이다. 이 수영대회에서 경기를 마친 뒤 일본인 이시바시石橋 수영 교사의 각종 수영 기술이 선보여지기도 했다. 수영대회를 주최한 진남포교육장려회는 학생들의 신체 단련을 진작시키고 근대식 수영을 홍보하고자 이런 행사를 마련했던 것으로 보인다. 학

「태종대」, 『송도기행첩』, 강세황, 종이에 엷은색으로 그림, 18세기, 국립중앙박물관. 한여름 탁족하는 선비들의 운치 있는 장면을 청량감 있게 묘사했다.

교 교육을 통해 수영은 국민의 체육 종목으로 커다란 인기를 끌게 되었다. 1915년 경성의 학교들이 용산 서빙고에 수영장을 세우려고 조사를 했는데, 수영을 희망하는 6학년 이상의 학생들이 이미 400명에 달했다고 한다.[73]

그런데 학교에서 왜 수영을 장려하는 것일까? 부국강병의 국가와 청결한 위생사회를 건설하기 위해 필요한 것은 튼튼하면서 깨끗한 신체다. 청결하고 건강한 신체를 유지하는 데 가장 적당한 운동은 수영이었다. 학교를 통해 수영을 보급시켜 어렸을 적부터 학생의 신체를 단련시키려는 일제의 의도는 사회의 공감을 얻었다. 조선인들도 식민지를 극복하고 부국강병의 근대 국가를 이루는 기반이 젊은이들의 강건한 몸에 있다는 사실을 잘 알고 있었다. 삼면이 바다에 둘러싸여 있으며 하천이 많은 조선의 지리적 특성상, 학생 체육으로서 수영에 대한 중요성은 더욱 강조되었다. 이길용은 수영을 장려할 것을 이렇게 역설했다.[74]

> 현하現下의 조선 학교가 체육을 장려하는 것이 현장의 이로움도 있으려니와 미래에 건설할 역군의 신체를 튼튼하게 하려 함에는 수상의 운동을 앞으로 장려하여야 될 것을 나는 역설하고 싶다. (…) 수상운동, 그중에서 수영은 가장 직접의 필요를 절감하게 한다. 만일의 불행한 위기는 그만두고라도 신체 보건상에도 적절한 운동이다.

수영을 장려하기 위해서는 먼저 수영이 지닌 이점을 설득력 있게 홍보해야 한다. 수영은 신체적 유익뿐만 아니라 정신적 유익을 준다고 소개했다. 신체에 주는 첫 번째 유익은 역시 근육 발달이다. 1926년 『동아일보』에서는 '하귀에 필요한 헴'이라는 연재 기사를 통해 헤엄치기를 장려하고 있다. 이 가운데 「헴쳐서 얻는 육체적 이익」이라는 글에서는 야구와 정구 등 기타 모든 운동이 특수한 근육과 관절에 한하여 발육을 시키는 폐해가 있지만 헴치는 운동은 그러한 폐단 없이 몸 전체의 모든 근육과 관절을 잘 발육시키고 튼튼하게 한다고 강조하고 있다.[75]

최능진 역시 대중 잡지 『동광』에서 수영이 주는 신체적 장점을 역설했다. 특히 조선인의 근육을 발달시키고, 납작 가슴을 두드러지게 하는 데 수영만큼 좋은 운동은 없다고 했다.[76]

> 근육을 발육시키는 데 이 수영처럼 온몸을 동動하는 운동은 없습니다. 수영함으로써 우리 민족의 자형恣形의 제일 보기 싫은 납작 가슴을 뚝 두드러지게 하여 보기에도 좋기 하려니와 그 속에 찌그러져 있는 폐를 건장하게 발육시킬 수 있으며 손가락 끝에 있는 근육으로부터 발가락까지의 모든 근육을 발육시켜서 자형이 물고기처럼 곧아지며 힘이 생깁니다.

조선인의 납작 가슴이 왜 언급되는 것일까? 수영복을 착용한 남성들은 대개 상반신을 적나라하게 드러낸다. 노출된 조선 남성의 몸은 곧 외국인들과 비교되는데, 상대적으로 근육이 초라한 조선 남성의 가슴 부위가 '납작 가슴'으로 일컬어진 것이다. 수영의 확산으로 인해 더없이 몸에 대한 관심이 커지고 있음을 알 수 있다. 수영의 보급으로 인해 탄탄한 근육질의 건강한 육체를 원하는 사회적 기대치가 점차 높아지고 있었다. 이외에도 수영은 피부를 강하게 하고, 호흡기와 소화기를 튼튼하게 할 뿐만 아니라 피의 순환을 좋게 만든다는 사실이 강조되었다.

　　수영은 신체적 이득만큼 정신적 이득을 많이 준다고 여겨졌다. 앞의 최능진은 수영이 알 수 없는 깊은 물에 들어가는 만큼 정신 훈련에도 좋다고 했다. 즉, 수영은 "과단성, 모험성, 용감심 등 아름다운 정신들을 훈련"시킬 수 있는 체육이었다. 그래서 개인으로 약한 사람, 민족적으로 약한 민중은 하루바삐 수영장으로 나아가자고 주장했다. 더불어 그는 '모래사장에서 벌거벗고 누워서 구르고, 떨벙거리면서 노는 것'처럼 유쾌한 소일거리도 없다고 했다. 그런데 그의 아낌없는 충고가 재미있다. "시간에 여유가 있는 여러분은 자신의 건강이나 민족의 장래를 보아서 중국인 요리점이나 기생집으로 가지 말고 수영장으로 나아가기를 빈다"고 했다. 소일거리를 술과 여자에게서 찾지 말고 건강한 신체를 만드는 데 도움을 주는 수영에서 찾으라는 충고다.

　　한편 여성에게도 수영을 권장하고 있다. 수영이 주는 정신적 유익이 여성에게 자못 크다고 했다. 그런데 그 까닭을 살펴보면 가히 합리적이지 못하다. "녀자에게는 대개 신경질이 많고 분노성이 많으며, 그러치 아니하면 침울하며, 그러치 아니하면 둔합니다. 이리하여 침착하고 원만하고 영민한 성질을 가진 여자가 썩 드뭅니다. 이것은 여자의 공통으로 가진 결점이인가 합니다. 그럼으로 여자들이 헤엄을 치면 이러한 결점을 잘 조화시켜 원만하게 될 줄 압니다"라고 했다.[77] 여성들이 공통되게 심리적 결점을 갖고 있다는 생각은 여성을 비하하는 관점이다. 식민지 시기의 수영을 바라보는 시선이 지극히 남성 중심에 있음을 드러내고 있다.

우리나라 제1호 해수욕장, 송도

2013년은 송도 해수욕장이 개장 100주년을 맞이하는 뜻깊은 해였다. 관할구청에서는 타임캡슐을 매설하고, 시내버스에 광고판을 부착하는 등 개장 100주년을 알리기에 진력했다. 얼마 전부터 지방자치단체 사이에 경쟁이 가열되면서 우리나라 최초, 대한민국 제1호 등 자신의 지역에서 첫 출발한 명물을 찾아내고 이를 알리는 데 온 힘을 쏟아붓고 있다. 그런데 1호를 내세우기 위해서는 1호 속의 의미를 잘 알아야 '껍데기 최초'가 안 되는 법이다. 나는 1호의 역사와 의미를 제대로 채우지 못하고, 부실한 최초의 역사를 양산하는 지역들을 여기저기서 많이 봐왔다. 제1호 해수욕장의 탄생이 중요한 만큼 그 변천의 속살도 잘 살펴봐야 할 터.

송도 해수욕장의 역사는 식민지 역사와 시작을 같이한다. 강제적 한일합방 이후에 부산으로 이주해온 일본인이 더욱 많아졌다. 식민지 조선에서 살게 된 일본인들이 부산의 해수욕장을 찾게 된 것은 당연한 일이었다. 따지고 보면 일본인들이 해수욕을 즐기게 된 것은 그리 오래된 일은 아니다. 19세기 일본에 초빙된 서구 의사들에 의해 해수욕이 유행하게 되었다. 이때 해수욕은 바닷물에 몸을 담그는 그야말로 목욕이었다. 1885년에는 가나가와현神奈川縣 오이소大磯 해수욕장이 개설되었다. 이후 철도의 발달과 관광 수요에 따라 일본 전국에 해수욕장이 만들어졌고, 번창해갔다.[78]

일본인들에게 부산 시내와 가까운 곳에 있으며, 넓은 모래밭과 얕은 수심의 송도는 천혜의 해수욕장으로 여겨졌다. 일본인들은 송도유원주식회사松島遊園株式會社를 설립했다. 송도의 거북섬

일제는 1913년경 송도 거북섬에 휴게소를 설치하고 인근 해안가를 해수욕장으로 개발했다. 1920년대 중반에는 휴게소, 탈의실, 구급시설 등 해수욕장의 편의시설도 설치되었다.

에 수정水亭 휴게소를 세우고, 송도의 바닷가를 해수욕장으로 개발했다.[79] 1920년대 중반 송도 해수욕장에는 갖은 시설이 구비되었다. 부산부에서 휴게소, 탈의시설, 구급시설 등을 설치하면서 해수욕장으로서의 면모를 갖췄고, 숙박시설도 늘어났다. 해수욕객이 많아지자 교통편도 활기를 띠었다. 부산부에서는 남포동 도선장에서 출발해 송도까지 이르는 정기 발동선을 운항했다.[80] 해수욕장이 개장하는 7월에는 교통편을 늘려 피서객들의 불편을 덜어주었다.

송도 해수욕장은 암남반도 송도 만에 위치해 있다. 부산 시가지에서 10여 리밖에 안 되는 거리다. 암남반도는 천마산 줄기가 남쪽으로 뻗다가 절영도 쪽으로 약간 빠져나와 쓰시마를 바라보고 있는 반도다. 이 암남반도의 일부 해안선이 오목하게 만으로 들어간 곳이 송도 만이다. 송도松島라는 지명은 물굽이灣의 앞쪽에 노송이 울창한 숲을 이루고 있기 때문에 지어진 것이다. 일제강점기 송도 해수욕장은 동래 온천과 자웅을 겨루는 부산의 대표 관광지였다. 당시 신문에서는 송도 해수욕장의 아름다운 지형을 이렇게 설명했다.[81]

앞으로 이 송도반도가 절영도 쪽의 조수를 막았고 그 앞 암남반도 편으로 망인암望人巖 등 크고 작은 바위가 쓰시마 건너편에서 굴러오는 물결을 장벽처럼 막았으나 남쪽으로 툭 터진 멀리 하늘가 솜뭉치 같은 구름만이 떠도는 무변대해로부터 몰려오는 산더미 같은 물결도 이 망인암에 부딪힐 뿐 만내의 파도 흘러나리는 냇물처럼 잔잔할 뿐만 아니라 뭍으로 병풍같이 오목조목하게 둘러싼 천마산 줄기야말로 항아리 속에 잠긴 듯한 호수처럼 해수욕장으로선 천연의 적지로 되어 있다. 더욱이나 부산부로부터 휴식소, 탈의장, 비인대飛人臺 등의 설비를 완비해둔 외 민간 경영의 휴식장 여관 등이 있어 하절소하에는 만점이라 할까.

이 기사를 쓴 사람은 송도 해수욕장을 '항아리 속에 잠긴 듯한 호수'라고 표현했다. 적절하면서도 아름다운 수식어다. 송도 해수욕장은 송도 만으로 되어 있어 파도를 1차로 막고 있을 뿐만 아니라 앞에는 여러 바위섬이 배치되어 있어 몰려오는 파도를 2차로 막아주는 방파제 역할을 한다. 송도 해수욕장은 이처럼 안전하고 아름다운 자연 지형을 갖추고 있을 뿐만 아니라 편의시설과 숙박시설도 완비되어 있으니 글쓴이의 말처럼 여름철에는 가히 만점을 줄 만한 관광지였다.

활활 벗어버린 몸뚱이들

조선인들에게 송도 해수욕장이 주는 문화 충격은 매우 컸다. 유교적 사고가 지배하던 때라 반나체로 활보하는 송도 해수욕장은 이국 문화를 접하는 신세계였던 것이다. 송도 해수욕장에 가면 반자연주의자들의 왕국을 만날 수 있었다고 한다. 가슴에서 엉덩이까지만 가린 인어 떼가 놀고 있고, 휴식장 그늘 밑에는 가슴을 열고 맥주를 마시는 풍미가 있었다. 이뿐이랴! 사랑을 실은 보트를 밀고 가는 애인들의 속삭임도 송도의 여름 표정이다. 앞서 말했던 『동아일보』 기사에서는 이렇게 만화경 같은 송도의 풍경을 묘사하고 있다.

이 공동탕같이 복작거리는 이곳에 제멋대로 활활 버서버린 몸둥이들이 이리딩굴 저리딩굴 백사장이 멀리 뻣첫던들 시정詩情 더욱 깊을 것을 이 아니 유감이냐. 이 해수욕장은 부산부령으로서 해마다 7월 1일부터 8월 30일까지 2개월 동안 개장하는 것인데 육로로 승합자동차, 수로로 남빈 도선장에서 발동선의 순항이 무선차가 시간마다 왕복하여 사람의 떼를 토해낸다. 해수욕장이란 반자연주의자半自然主義者들의 왕국인 양 가슴에서 엉덩이까지만 겨우 가린 반나체의 몸둥이 인어 떼처럼 움털거리는 그 맛에 노는가 싶으면 휴식장 그늘 밑에서 열풍에 가슴 허트리고 맥주 거품에 입장단 맞추논 풍미에 이리로 몰리는 모양 같다. 정남연녀情男戀女의 숨은 속삭임도 이곳에선 공개하는 모양 뽀-트에 노를 저어 암남반도 저쪽으로 사랑을 싣고 돌아가고 물결의 온 가루가 하늘 높이 설비하는 망인암 바위에서 해초 뜯는 안악네의 한가로운 정경도 정서 깊은 송도의 여름 표정이다.

일제강점기 사진과 이 기사를 오버랩시키면 이해가 빠르다. 사진 속 송도 해수욕장의 풍경이 지금 해수욕장의 모습과 별반 차이가 없다. 넓은 백사장에는 해수욕객들이 모래찜질과 태양욕을 즐기며 앉아 있고, 바닷물에서는 튜브를 타거나 수영을 하면서 보내고 있다. 비키니 수영복에 익숙해진 우리에게는 그저 그런 해수욕장으로 보이겠지만 당시 조선인들에게 반나신의 해수욕장은 발칙한 공간이었다. 다시 말해 "제멋대로 활활 벗어버린 몸뚱이들이 이리 뒹굴 저리 뒹굴"하는, 벌거벗은 근대의 송도 해수욕장은 체면과 갖춤에 젖어 있던 조선인들에게 문화 충격을 안겨줬다.

해수욕장의 은밀한 유혹은 8월의 태양처럼 강렬했다. 유럽

일제강점기에 발행한 부산송도해수욕장 사진엽서이다. 이 사진엽서에는 당시 해수욕을 하는 모습이 잘 담겨 있다. 수영복을 입고, 튜브를 타면서 물놀이를 하는 장면이 지금과 별 차이가 없다. 부산박물관.

에서 해수욕장은 남성들의 욕망이 시선으로 표출되는 관음증의 공간이었다. 조선의 해수욕장도 해수욕을 하러 오는 피서객보다 눈요기를 하러 오는 사람이 많았다. 해수욕을 하러 왔다 해도 이성의 나신으로 눈이 돌아가는 것은 피할 수 없었다. 근대의 해수욕장에서 시선을 집중시키는 활활 벗어버린 몸뚱이는 당시 신문에서 이렇게 표현되었다.[82] "이 엇던 건장한 남자는 '내 힘 보라, 육체미를 보라' 하는 듯이 두 다리를 썩 벌리고 대지를 밟고 두 팔을 번쩍 들고 몸을 쭉 폅니다. 그 볕에 걸고 기름이 흐르는 젊은 몸이 천지에 꽉 차는 듯합니다. 엇던 여자는 한 팔을 세워 베개를 삼고 농후한 육체를 모로 누여 그의 둥그레한 곡선미와 대국민大國民을 속에 품엇노라 하는 육체미를 자랑합니다. 머리맡에 파라솔을 세웟으나 그것은 사람의 눈을 가리우려 함도 아니요 해의 눈을 가리우려 함도 아니요 오죽 여성의 수치심羞恥心만을 표하는 것입니다."
농후한 육체를 모로 뉘인 여성의 파라솔이 수치심만을 표한다는 것은 글쓴이의 생각일 뿐이다. 여성도 수영복 차림으로 해수욕을 할 수 있으며, 이성의 나신을 볼 자유가 있기 때문이다.

여성들에게도 해수욕장은 로맨스와 탈출의 공간이었다. 경성 가까운 시골 보통학교의 교사였던 이은숙은 심신의 피로에 지쳐 1936년 원산의 해수욕장을 찾았다.[83] 동해안 맑은 물에 들어가자마자 그녀의 시선을 점령한 것은 장쾌한 포즈로 수영을 하는 어느 남성이었다. 옥 같은 얼굴빛과 휘젓는 백설 같은 팔다리의 남성에게 그녀는 완전히 몰입되었다. 이 순간을 이은숙은 "나는 여기에 황홀했다. 씩씩하고 어딘지 범할 수 없는 남자 중의 남자다운 그 기상에 내가 완전히 기압을 당했다"고 썼다. 이후에 그 남성의 일동일정—動—靜을 살피느라 해수욕은 제대로 할 수 없었으니 그녀의 표현대로 "염불에는 마음 없고 젯밥에만 정신을 키운다는 격"이 되고 말았다. 그러나 다음날부터는 그를 볼 수 없었으며, 수일 동안 그를 찾았지만 허탕을 쳤다. 실망과 비탄으로 다시 경성으로 돌아온 그녀는 10년이 지난 뒤에도 그와 비슷한 남자를 보면 마음이 뛰었다. 급기야 그녀는 이런 마음까지 먹게 되었다. "나는 그의 환영을 내 가슴속에 고히 고히 간직한 채 출가하여야 할 처지였다. 현재 나의 남편을 그로 바꾸어보기를 몇 번이나 하얏든고? 나는 나의 남편에게는 죄 되는 줄 알면서도 때때로 그의 환영을 내 눈앞에 내세우곤 했다." 아, 해수욕장의 강렬한 로맨스는 10년이 지난 세월을 무색하게 만들었던 것이다.

근대 해수욕장의 고민

무슨 일이든 볕에는 그늘이 따르고 음과 양은 같이 가는 법. 자유와 해방의 공간이었던 해수욕장에도 고민이 생겨났다. 해수욕장에서는 벗은 몸으로 다닐 수 있었으나, 강렬한 햇볕에 그을리는 피부가 문제였다. 누구나 해수욕장에서 놀다가 벌겋게 피부가 달아오르는 화상을 경험해봤을 것이다. 그런데 앞의 송도 해수욕장 사진에서 보았듯이 지금처럼 챙이 넓은 비치파라솔은 찾기 어려우며, 야외 천막을 치거나 양산을 쓰고 있다. 수건을 뒤집어 조금이라도 햇볕을 피하려는 사람들도 보인다. 지금처럼 기능성 좋은 선크림도 없었기 때문에 해수욕을 즐기는 여성들의 가장 큰 고민은 뜨거운 태양에 노출된 피부였다.

    게다가 당시에 남성과 아이들의 검게 탄 살결은 건강한 피부로 인식된 반면 여성들의 검고 거친 피부는 추하게 여겨졌다. 여성들에게는 바닷물에서 해수욕을 할 때 거칠어지는 피부도 걱정되었다. 이러한 근심거리를 해소할 수 있는 방안들이 모색되었으니, 바로 "해수욕할 때 볕에 걸지 아니하는 여섯 가지 비결"이다.[84] 이 비결 속 제안은 '해수욕의를 입어 볕에 직접 받는 부위를 줄이고, 가장자리가 넓은 모자를 쓰는 것, 또한 얼굴에 분을 두껍게 바르거나 해수욕 망토를 걸치고, 해수욕 양산을 쓰는 법'이었다. 해수욕의에는 여러 종류가 있으나 메리야스로 만든 것이 가장 좋다고 했다. 이 메리야스는 신축성이 커서 여러 치수에 구애되지 않는 옷을 뜻했다.

    다음 고민은 여성들에게 추근거리는 남자들이었다. 여성들을 희롱하고 싶어하는 불량한(?) 남성들이 근대 해수욕장으로 몰려갔다. 그리하여 불량한 남성의 장난질로 인해 여성들이 받을 '정신적 악영향'을 심히 걱정하게 되었다.[85]

남자나 여자나 다 벗고 놀터임으로 불량한 남자들의 장난이 많습니다. 대개 해수욕장은 남녀의 수영장이 각각 떨어져 있어서 남자는 남자대로 여자는 여자대로 헴을 치지마는 이 규칙을 범하고 남자들이 여자의 헴터에 쫓아다니는 일도 있으며 이 기회를 이용하여 여자를 유혹하려 합니다. 또 한편으로는 여자들도 이러한 기회에 유혹을 받기가 쉽습니다. 이리하여 정신적 악영향을 받게 됩니다. 그럼으로 반드시 충분한 감독아래 자녀를 내놓을 것이 옵시다.

'다 벗고 놀터'인 근대 해수욕장의 고민은 남성과 여성을 어떻게 떼어놓을 것인가에 있었다. 그리하여 해수욕장은 남성과 여성들이 따로 헤엄을 치도록 경계를 지었다. 쉽게 말하면 남성용과 여성용 해수욕장을 따로 두었던 것이다. 부산부도 송도 해수욕장이 협소해 불편할 뿐만 아니라 남녀 혼탕임을 유감으로 생각해서 1927년에 부인해수욕장을 신설하고자 했다. 이를 위해서는 약 4000원의 공비를 들여야 했다.[86]

남녀가 혼잡하게 어우러져 있는 모습은 당시만 해도 살아 지배하던 유교의 엄숙한 시선으로 용납하기 힘들었다. 실제로 탈선과 방종의 해수욕장으로 타락하는 일도 적지 않게 일어났다. 해수욕장에서 나체의 유혹은 성적 유혹으로 이어졌다. 「여름의 환락경, 해수욕장의 에로그로」라는 글을 쓴 이동원은 해수욕장에 가면 다만 한 가지 어려움이 있다고 했다.[87] 그 어려움이란 "육체미 백 퍼센트라고 하는 여성 해수욕군들이 잇따금 둘식 셋식 누구의 속을 태워보려고 그러는지 해수욕복이 찌저질 젓가슴과 엉덩이를 흔들면서 슬슬 압흐로 지내갈 때"라고 했다. 이때 그는 아득히 현기증이 났다. 의지가 조금이라도 약하거나 수양이 부족했다가는 순사한테 잡혀갈지 모를 행동을 참아야 하는 것이 그의 진정한 어려움이었다. 그런데 해수욕장의 에로스를 탐색하던 이동원은 이곳저곳에서 낯 뜨거운 장면을 수없이 볼 수 있었다. 성적 타락을 목도한 그는 이 해수욕장에 '여름의 환락경歡樂境'이라는 이름을 붙였다.

불량한 남성의 목적이 해수욕장에서 수영을 하는 것이 아니라면 헴치는 장소를 별도로 둔 들 그들의 불량함을 막을 수가 있겠는가. 남녀를 떼어놓고자 했던 의도는 바닷물을 칼로 베어내고자 하는 것만큼 어리석은 시도였다. 해수욕장의 남녀를 좌우편으로 갈라놓아도 조금만 멀리 나가면 다시 남녀가 혼합해버렸기 때문이다.[88] 궁극적으로 여자의 헴터에 쫓아가서 여자를 유혹하려는 남성의 작업은 번번이 성공을 거두었다. 그렇다면 해수욕장을 찾는 여성들에게 남성의 유혹이 미치는 정신적 악영향은 피할 수 없는 문제였다.

이로 인해 해수욕장에서 남성들이 흔히 쓰는 유혹술을 알려주고 대처하자는 견해도 있었다.[89] 남성들이 식상하게 쓰는 첫 번째 유혹술은 아는 사람을 본 듯 '모씨의 누이동생이 아니십니까' 하면서 다가서는 것이다. 괜히 부딪치면서 '아, 미안합니다'라고 말을 거는 축들도 있다. 품행이 점잖지 못한 남성들도 있다. 다짜고짜 헤엄치는데 다리를 잡아당기거나, 탈의장 경계 벽에 잠시 걸어둔 해수욕복을 감추는 대담한 남성들도 있다. 유인을 잘하는 '야타족'들도 있다. 혼자 있는 여성들에게 보트를 타고 다가서서 '타시지요'라고 유인하는 남성들이다. 유혹술의 분류는 잘되어 있는데, 그 대처 방안은 썩 효과적이지 못하다. 대체로 무시하거나 아예 못 본 체하는 것을 상책으로 제시했다. 근대 해수욕장의 짝짓기를 막는 것은 애초에 불가능하므로 이런 유혹술과 대처 방안은 그야말로 가십에 불과하지 않을까.

그러나, 바다는 위험하다

1930년대에 이르면 부산의 송도 해수욕장은 원산의 송도원 해수욕장과 함께 우리나라의 대표적인 해수욕장으로 명성을 날린다. 1935년 부산 송도 해수욕장의 입장 현황을 살펴보자. 해수욕장의 개장 일수는 63일이었으며, 송도 해수욕장에 다녀간 해수욕객은 16만 6450명이었다. 하루 평균 2630명이 왔으며, 해수욕객이 가장 많이 온 날은 2만 3000명으로, 그날 부상당한 사람만 378명에 달했다.[90] 원산의 송도원 해수욕장은 경성 사람들과 외지인들이 많이 찾은 반면, 부산의 송도 해수욕장을 찾은 이들은 부산·경남 지역민이 대부분인 것을 감안하면 매우 높은 수치다. 해수욕객의 꾸준한 증가 추세에 따라 1940년에는 송도 해수욕장을 세 배로 확장하려 했다. 송도에 있는 혈청소血淸所(동물 검역소) 서쪽 해안을 정리해 세 배가량 확장하고 무료탈의장과 기타 설비도 마련하는 한편, 송도로 오는 도로도 개선했다.[91]

그러나 해수욕객의 증가는 필연적으로 사고와 사건을 동반했다. 해수욕장에서의 사고란 대부분 목숨을 앗아가는 익사 사고로, 치명적인 일이었다. 1939년 『동아일보』 기사에서는 "수영운동의 보급에 따라 물에 빠져 죽은 자가 조선에만으로도 1개년에 4000명이나 되는 현상"이라고 적고 있다.[92] 조선시대 바다에서의 죽음은 대부분 배를 타고 가다가 익사하는 사고였는데, 이제는 해수욕장에서 수영을 하다가 죽는 경우가 더 많았던 것이다. 지금처럼 해상구조와 안전시설이 제대로 구비되지 못했으므로 갑작스런 파도에 떠밀려가거나 수영 실력을 믿고 멀리 나갔다가 영영 돌아오지 못하는 신세가 되는 것이다. 어쨌든 1년에 4000명씩 수영을 하다가 죽어나간다면 그것은 보통일이 아니었다.

　　　　　무엇보다 물가를 찾는 사람들이 스스로 노력과 주의를 기울일 필요가 있었다. 수영은 몸을 튼튼히 하는 바다 체육일 뿐만 아니라 그 자체가 자신이 죽음에서 벗어나는 방법이었으며, 아울러 물에 빠져 죽는 사람을 구할 수 있는 구조법이었다. 「수영, 물에 안 빠지는 법과 빠진 때에 살아나는 법」에서도 "이 수영이 건강과 소일에만 좋은 것이 아니라 이따만큼은 생명을 구하는 구호사업도 됩니다. 수영만 할 줄 알면 불행한 파선破船 시에나 장마 통에 물을 건느다가 미끄러져 너머지는 경우에 자기 생명을 구하는 수도 잇고 타인의 생명을 구하는 구호사업도 할 수가 잇읍니다"라고 했다.[93] 전근대 시기에는 바다와 하천을 통한 뱃길을 이용하는 경우가 많았으므로 불의의 사고로 배가 전복되면 순식간에 죽음과 맞닥뜨렸다. 개헤엄이라도 잘 친다면 빠져나올 텐데, 몇 미터를 헤엄치지 못하고 수중고혼이 되는 사례가 많았던 것이다. 한편 수영을 어설프게 하거나 자신의 실력을 과신하다가 물에 빠져 죽는 경우도 많다. 나무에 잘 오르는 놈이 떨어져 죽고 헤엄 잘 치는 놈이 빠져 죽는다는 속담도 이런 사례와 관련이 있다.

　　　　　익사사고를 줄이기 위해서는 시민을 대상으로 한 강습회를 여는 등 공공단체의 적극적인 대책이 필요해졌다. 그리하여 적십자사 조선본부에서 수상구조법 강습회를 열었다. 부산의 송도 해수욕장, 서울의 경성부영풀, 평양의 공설운동장풀 등 세 곳에서 수상구조 전문 요원을 초빙해 수상구조법 강습회를 열었다. 한편 송도 해수욕장에서는 초등학교 교원 150명을 대상으로 하는 수영 강습회가 개최되었다. 이 강습회에서는 부산고등여학교에서 근무하는 선생이 수영법뿐만 아니라 수영교수법과 구조법까지 가르쳤다. 이것은 초등학생들에게로 수영법을 전파시키고, 혹시 모를 사고에 대비하기 위함으로 보인다.[94]

그나마 송도 해수욕장은 수심이 얕고 완만해서 익사 사고가 적은 편이었다. 해수욕장보다는 보트를 타고 멀리 나갔다가 혹은 주변 바위에 앉아 있다가 사고를 당할 때가 있었다. 또한 물에 빠진 사람을 구하려다가 함께 죽는 일도 있었다. 물에 빠진 사람은 지푸라기라도 잡는 심정이므로 자신을 구하러 들어온 사람을 잡고 놔주지 않기에 한꺼번에 물고기밥이 되고 만다. 한 예로 1935년 7월 30일에는 바에서 여급으로 근무했던 시자와 경자라는 여성 두 명이 송도 해수욕장의 동쪽 작은 섬 바위에 앉아 있다가 큰 파도에 떠밀려가는 사고를 당했다. 이를 목격한 박현재라는 청년이 용감하게 바다로 뛰어들었다. 그러나 두 여성이 살려고 박현재를 잡고 발버둥 치는 바람에 이 청년까지 꼼짝없이 익사 지경에 이르렀다.[95] 다행히 부산의 수상구조원이 발견해서 범선으로 구출했지만 섣불리 구조에 나섰다가 다함께 죽음에 몰린다는 사실을 일깨워줬다.

1940~1950년대를 지나면서 송도 해수욕장을 찾는 피서객은 더욱 많아졌다. 해방과 한국전쟁으로 인해 부산부의 인구가 급증했기 때문이다. 1952년에는 부산 인구가 거의 100만에 육박했다. 해수욕장이자 유원지였던 송도에 행락객들의 발길이 더욱 잦아지자 점점 더 유흥지의 분위기를 띠어갔다. 그런데 평시가 아닌

전시철이라 송도 해수욕장의 풍기문란에 대한 비난이 거세졌다.[96] 당시 신문에서는 송도 해수욕장을 풍기문란이 극도에 달한 별천지라 불렀다. 즉 "요정에선 벽주부터 술을 마시어가며 정신없이 날뛰는 무리들이 있는가 하면 송도에 좀 외딴곳에 이르면 젊은 남녀들이 해수욕을 한다고는 할 수 없는 정도로 난잡한 행동을 연출하고 있는 것이다"라며 송도 해수욕장의 타락한 풍속에 날카롭게 대응했다. 부산 시민을 위한 보건지가 되어야 할 송도 해수욕장이 전시하인데도 불구하고 완전히 유흥지로 타락했다면서 당국의 철저한 대책이 요구된다고 했다. 송도 해수욕장의 노는 풍속이야 전쟁 전과 별다를 게 있겠는가. 전시의 눈으로 바라보니 송도 해수욕장이 더욱 타락해 보이는 것이 아니었을까.

동해남부선의 개통

송도 해수욕장이 번창하고 있을 때 해운대 해수욕장의 사정은 어떠했을까? 구한말 해운대는 일본인들이 온천을 발굴하고 여관을 세우면서 관광지로서 서서히 이름이 알려졌다. 해운대는 원래 푸른 바다를 맞는 기암절벽 위에 소나무가 울창한 대를 일컬었는데, 점차 범위가 넓어져 이 근방을 모두 해운대라 부르게 되었다. 한적한 어촌이었던 해운대는 푸른 파도가 넘실거리고, 고기잡이배가 드나들며, 백사장으로 둘러싸여 있었다. 그러던 중 온천 개발로 해운대를 찾는 사람이 많아지면서 이 백사장을 자연스럽게 해수욕장으로 이용했을 것으로 보인다. 1920년대 초반을 지나면서 해운대 해수욕장의 명성이 자연스럽게 퍼졌다. 1926년 『동아일보』의 '향토 예찬 내 고을 명물' 기사에서는 해운대를 이렇게 소

개하고 있다.[97]

우리 조선에는 온천이 드물다. 또한 조흔 해수욕장이 적다. 그러나 동래 해운대는 이 두 가지를 겸하엿다. 조흔 온천장이 잇고 아름다운 해수욕장이 있다. 온천장 해수욕장이 둘 중 하나만으로도 조흔 곳이 우리 조선에는 그리만치 못하거든 두 가지가 한 곳에 있는 해운대 야말로 동래의 명물되기에 넘칠 것이요 조선의 자랑되기에 부끄럽지 아니할 것이다.

1920년대 중반의 해운대는 동래 온천이나 송도 해수욕장에 비해 명성이 뒤처졌다. 그러나 해운대를 조선의 자랑으로 내세

일제강점기 온천 개발이 이루어지기 전 해운대의 백사장을 촬영한 사진이다. 당시 해운대는 초가집 몇 채와 어선이 있는 한적한 어촌이었다. 당시 부산의 대표적 관광지로 유명했던 송도 해수욕장과는 비교될 수 없었다. 부산박물관.

운 이 기사는 향후 해운대 해수욕장의 발전을 예고하는, 예지력이 번득이는 기사였다. 관광지로서 해운대의 특징은 온천과 해운대가 겸비된 것이었다. 따뜻한 온천을 즐기고, 시원한 바닷가에서 해수욕까지 할 수 있는 해운대는 조선 반도에서 둘째가라면 서운한 조건을 가진 셈이었다. 문제는 교통이었다. 부산 시가지에서 상당히 떨어져 있던 해운대가 관광지로 발돋움하기 위해서는 교통시설이 구축되어야 했다.

20만 인구가 피서를 위해 송도 해수욕장으로 몰려가자 한여름철의 불편과 원망은 커져가던 참이었다. 풍광이 미려하고, 흰 모래가 질펀하며, 온천도 있는 해운대까지 왕래객의 편의를 살펴야 한다는 여론이 비등했다. 이런 여론에 힘입어 드디어 1934년 7월 15일을 맞이해 동해남부선이 개통되었다. 하루에 일곱 차례 왕복하며 39분(기동차의 경우)이 걸리는, 부산과 해운대를 잇는 21킬로미터의 철도 구간이 완성된 것이다. 동해남부선의 개통으로 해수욕장의 지형도가 재편되었다. 예컨대 동해남부선 노선에 자리 잡은 수영의 해수욕장도 개시되었다.[98] 수영 해수욕장의 개시는 철도국이 주관한 것으로 향후 수만 명의 해수욕객이 밀려들 것으로 예측했다.

종래 송도 해수욕장의 집권적 체제에서 해운대 해수욕장과 수영 해수욕장을 아우르는 분권적 체제로 바뀌었으니 피서객들에게 기분 좋은 일임은 틀림없었다. 이는 필자의 추측이 아니라 실제로 그러했다. 당시 신문기사는 성대했지만 지극히 혼잡했던 동해남부선의 개통식 표정을 이렇게 말했다. "아침부터 부산역에만 1만1200명이 해운대까지 왕복 차표를 사서 초량, 부산진, 동래 등지에서 무려 1만여 명이 해운대에 밀려들어 해운대 생긴 후

처음 대혼잡을 연출했다. 이날에 해운대 온천 쪽의 대만원으로 그곳까지 왔다가 목욕도 못하고 간 사람이 많았다."[99] 이처럼 극도의 혼잡을 빚어내며 개통된 동해남부선 덕분에 해운대 해수욕장으로 가는 피서객은 점차 많아졌고, 바야흐로 '해운대의 시대'가 열렸던 것이다.

그러나 일제강점기 내내 해운대 해수욕장은 2등의 처지에서 벗어나지 못했다. 워낙 도심권에서 접근성이 뛰어난 송도 해수욕장의 우세를 이겨내지 못했던 것이다. 한국전쟁으로 도심권에 피란민이 들끓으면서 송도 해수욕장은 더욱 번창한 반면, 해운대 해수욕장은 직격탄을 맞고 쇠퇴의 길로 접어들었다. 왜냐하면 한국전쟁을 거치면서 미군이 수륙양륙선의 출입을 원활하게 하기

1920년대부터 해운대는 온천 관광지로 개발되기 시작했다. 1920년대 후반 동래와 해운대 간 도로가 확장되고, 해운대온천합작회사가 설립되면서 한적했던 어촌인 해운대는 변화하기 시작했다. 부산박물관.

위해 민간인의 백사장 출입을 통제했기 때문이다. 백사장의 해송을 베어버리고 철조망을 둘러쳤으므로 해운대 해수욕장은 썰렁하게 변해버렸다.[100] 1950년대 해운대 해수욕장은 미군들의 해수욕장으로 이용되었다.[101] 수영 해수욕장도 한국전쟁 이후에 미 제5공군이 주둔하면서 해수욕장으로서 빛을 잃었다. 수영강의 담수와 해수가 만나는 특별한 해수욕장이었지만 이후 수영만이 매립되면서 이제는 과거의 자취를 찾을 수 없어졌다.[102]

거북 할머니의 출현과 해상 청와대

1960년대가 시작되면서 해운대 해수욕장은 민간에게도 개방되었다. 1962년에는 해운대 해수욕장의 명성이 높아져 수만 명의 인파가 해운대로 밀려왔다. 그러나 미군의 해수욕장으로 오랫동안 이용된 이력 때문인지 해운대 해수욕장에는 여전히 미군의 출입이 많았다. 짝을 지은 미 군인 부부들이 해운대 해수욕장에 많아서 이국적인 풍경을 연출하기도 했다. 이때 미8군 쇼단이 악대와 함께 바닷가에 출연해 재즈곡을 연주하고 트위스트 춤도 추었다. 해운대 해수욕장은 마치 미국의 어느 비치로 생각되기에 충분한 풍경이었다. 그런데 비치파라솔 밑에 둘러앉아 이를 여유롭게 관람하는 일가가 있었다. 당시 국가재건최고회의 박정희 의장의 부인인 육영수 여사와 그 자녀들로서 휴양차 해운대 해수욕장에 내려왔던 것이다.[103]

1963년에는 대규모로 해운대 해수욕장 개발이 시작되었다. 부산시는 국내외 관광객을 유치하고 외화를 획득한다는 목적으로 해수욕장을 새로 개발하고 동백공원 조성에 착수했다. 현

대식 관광지에 맞게 배후의 시가지를 만든다는 계획도 세웠다.[104]
1963년 원대 복귀의 약속을 번복하고 대통령에 당선된 박정희는 이후 꼬이고 꼬인 정치의 셈법을 해운대에서 풀고자 했다. 휴가차 가족을 데리고 해운대 해수욕장을 찾았지만 복잡해진 머리를 쉴 수 있겠는가. 최고의 권력이 가는 곳에 반드시 정치가 뒤따랐던 것이다. 박정희 전 대통령과 가족 외에도 이후락 비서실장을 비롯해 청와대 고위 간부들이 줄줄이 해운대로 내려왔다. 그리하여 해운대 해수욕장에는 순식간에 '해상 청와대'라는 별명이 뒤따라 붙었다. 당시 언론은 박 전 대통령의 해운대 휴가를 주목하면서 그의 행보에 대해 이런 질문을 던졌다.[105]

> 박 대통령은 해수욕장에서 1킬로 떨어진 동백섬에 머물며 정치와는 숫제 담을 쌓은 채 9일 밤엔 대구 사범 옛 동창생 몇 명을 불러 술잔을 나누었다. 정치와 담을 쌓았다고는 하지만 그의 머리엔 산적한 정치과제가 꽉 차일 수밖에. 언론법에 대한 언론인들의 반발, 학원법의 처리 문제, 공화당 내의 분란, 예산 심의 등등, 해조음海潮音과 더불어 박 대통령은 이곳에서 지금 무엇을 구상하는 것일까?

1964년은 해운대 해수욕장의 역사에서 매우 중요한 해이다. 해운대 해수욕장에 해상 청와대가 세워지기 3개월 전에 귀한 손님이 다녀갔다. 나는 이 귀한 손님이 향후 해운대의 해수욕장의 변천을 예고하는 전주곡이라 생각해본다. 1964년 5월 26일 새벽, 젊은 청년이었던 최상곤과 조재경은 새벽바람을 쐬기 위해 해운대 해수욕장으로 나갔다. 해운대 해수욕장으로 밀려오는 파도와 그 위로 부는 바람을 맞으면 가슴에 쌓였던 답답한 스트레스가 한꺼번에 날려갈 것만 같았다. 그런데 파도 사이로 무언가 검은 물체가 기어 올라온 것이 보였다. 아직 동이 터오기 전이라 가까이 오기 전까지는 무엇인지 확인이 안 되었다. 용기를 내서 그 물체로 다가선 최상곤과 조재경은 화들짝 놀랐다. 크기가 1.5미터, 두께 45센티미터, 무게 약 94킬로그램(25관)에 달하는 거대한 거북이었던 것이다.[106]

거대 거북의 출현은 곧 해운대 해수욕장의 화제가 되었다. 우리나라에서 처음 보는 거대한 크기일 뿐만 아니라 나이가 250세 가까이 추정되었기에 이 거북 할머니가 왜 해운대 해수욕장에 올라왔을까 하는 수많은 의문이 제기되었다. 그런데 거북이 육지로 올라오는 것은 흉조라는 옛말이 있어 이 거북을 다시 바다로 돌려보내야 한다는 여론이 형성되었다. 이 거북 할머니를 용궁에 사는 사자로 보는 사람들도 있었다. 해운대 주민들은 거북 할머니를 그냥 보내는 것이 아니라 아주 성대한 환송식을 치러야 축복을 준다고 믿었다. 드디어 5월 28일에는 거북 할머니를 바다로 되돌려보내는 성대한 환송식이 열렸다.[107]

200년 묵은 거북을 다시 돌려보내는 서귀瑞龜 환송식이 벌어진 28일 하오 3시 해운대 해수욕장에는 약 3만 명의 구경꾼이 운집했다. 구경꾼들 중에는 "거북의 얼굴을 한번 만져보면 30년은 더 살 수 있다"고 말하면서 거북의 얼굴을 다투어 만져보려고 몰려드는가 하면 한 미국인은 현금 2만 원을 낼 테니까 자기 이름을 새긴 목걸이를 거북의 목에 걸어달라고 청해오기도 했다. 거북의 용궁龍宮행 노자에 보태 쓰라고 바쳐진 성금은 1만

5000원에 달했으며 거북에게 입혀주라고 오색 치마저고리도 헌납되었다. "관광지 해운대에 놀러와주어 기쁘다. 용궁에 돌아가거든 약진과 발전하는 이곳을 잘 보살펴주고 온천물도 잘 나오도록 해주기를 기원한다"는 해운대 관광 번영 회장의 환송사를 마지막으로 환송식이 끝나자 거북은 이날 하오 3시 반쯤 어선 해룡호(5톤)에 실려 고향인 바다로 돌아갔다.

아! 거북 할머니의 환송식은 3만여 명의 군중이 운집한, 해운대 해수욕장의 역사에 길이 남을 행사였다. 그런데 이곳에 모인 군중의 행동이 가관이었다. 장수한다는 속설을 믿고 거북의 얼굴을 만지려고 몰려들었으며, 어느 미국인은 자기 이름을 새긴 목걸이까지 걸려고 했다. 이 와중에도 해운대 관광 번영 회장의 환송사는 진심이 담긴 말이었다. 온천물도 잘 나오고 해수욕장이 약진할 수 있도록 잘 보살펴달라는 그의 말에는 해운대를 발전시켜달라는 기원이 담겨 있었다. 회장의 환송사를 뒤로한 채 두둑한 노잣돈과 예쁜 옷까지 얻은 거북 할머니는 해룡호를 타고 저 멀리 동해 바다의 용궁으로 유유히 사라졌다.

거북 할머니가 해운대를 보살펴주었는지는 모르겠지만 거북 할머니의 출현이 해운대 해수욕장에 흉조가 아닌 길조임에 틀림없었다. 그해는 유달리 더웠다. 폭염 때문이었는지 여름 바캉스가 크게 유행해 일일 피서객 100만 명의 시대가 열렸다.[108] 이전만 해도 해운대 해수욕장을 찾는 사람은 특권층으로 여겼으나 이런 인식에 균열이 가기 시작했다. 당시 언론에서는 해수욕장 레저 붐 열풍에 걱정스러운 눈길을 보냈다. "작년까지만 해도 여름철에 해변가를 찾아가는 것이 일부 부유층의 특권처럼 여겨졌으나 올 여름에는 너도나도 바닷가로, 물가로 더위를 피해 떠나는 휴가 가족들이 부쩍 늘어났는데 일부에서는 허영심의 소치라는 소리도 높다."[109] 하기야 당시 값비싼 해운대 호텔이 이미 8월 20일까지의 객실 예약이 전부 끝나버렸으니 1964년의 바캉스 붐은 예전의 상식을 뛰어넘은 열폭풍이었던 것이다. 무더위 탓이기도 하지만 여름철을 맞아 근로기준법에 명시된 휴가를 활용해 해운대 해수욕장으로 떠나는 바캉스족이 늘어났다.

해운대의 역전과 송도의 운명

1960년대 중반부터 해운대 해수욕장의 명성이 송도 해수욕장을 앞서기 시작한다. 바캉스족이 증가하자 호텔과 여관 등 숙박시설도 많이 들어섰다. 파도가 세고 물이 찼지만 아름다운 정경과 깨끗한 수질은 해운대의 품격을 높여주었다. 그러나 하루에 수만 명씩 다녀가는 해운대는 이제 인파로 울상을 지어야 하는 처지가 되었다. 요컨대 바다에 들어가서 바다를 보지 못하는 곳이 되어버렸던 것이다. 산에 들어가서 산을 보지 못한다는 말은 있었지만 바다에 와서 바다를 보지 못하는 곳은 해운대 해수욕장이 만든 신종어였다. 해운대 해수욕장은 7~8미터만 바다 안으로 들어가도 수심이 깊어졌으므로 모래사장과 물가를 중심으로 사람이 버글거렸기 때문이다.[110]

물보다 사람이 많은 해운대! 1967년 8월 15일자 『동아일보』는 나신의 구릿빛 물결로 출렁이는 해운대의 푸른 바다에서는 수평선의 어름(사물의 맞닿은 자리)조차 확인할 수 없다고 호들갑을 떨었다. 한꺼번에 들어가면 바다가 터질 것 같아 해수욕객들이 교

1960년대 송도 해수욕장 풍경이다. 1964년 4월에 거북섬과 서쪽 산을 잇는 420미터 거리의 케이블카가 설치되었다. 뒤이어 송림공원에서 거북섬으로 건너가는 공중줄다리도 설치되었다. 1960년대 중반까지 송도 해수욕장은 부산의 대표 해수욕장이었다.

1970년대 해운대 해수욕장의 풍경이다. 1960년대 해운대 해수욕장이 민간에 개방되고, 해수욕장으로 개발하기 시작하면서 급격히 성장했다. 특히 해운대는 외지에서 온 사람들로 붐빈 결과 '물보다 사람이 많은 곳' '서울의 해운대'라는 별칭이 붙었다.

대 교대로 들어간다고 했으니 자못 과장된 수식이다. 이런 해운대에서는 좀처럼 헤엄을 치기가 어렵다. 센 파도에서 수영을 해보려고 용을 쓰느니 차라리 사람의 물결에 끼어 튜브 타기가 나았다. 그러나 바다를 보지 못하고 헤엄을 치지 못해도, 해운대 해수욕장의 열기는 더욱 뜨거워졌다. '젊음과 낭만의 바다'가 된 해운대 해수욕장은 '시각의 피서지'라는 말을 탄생시켰다. 해운대 해수욕장에서는 아름다운 자연만큼이나 아름다운 이성을 볼 수 있는, 그래서 눈을 만족시키는 휴양지가 되었다.

  1969년 부산 바다는 하루에 40만 명이 몰리는 바캉스의 천국이 되었다. 해운대 20만, 광안리 15만, 송도 10만, 다대포 5만, 송정 5만으로 해운대가 송도를 한참 따돌리며 하루 방문객 수로도 역전시켰다.**111** 해운대의 역전은 서울 피서객들 때문이었다. 해운대 해수욕장에는 부산 사람들보다 서울 사람이 더 많다거나, '서울의 해운대'라는 별칭이 붙여진 것도 이런 이유에서였다.**112** 교통이 편리하고 도심에서 가까운 해운대 해수욕장은 여름 바캉스 열풍에 힘입어 전국의 바다로 모습을 바꾸어갔다.

  1960년대 중반, 송도 해수욕장도 한때 인기몰이를 하며 기록을 갱신하기도 했다. 1964년 부산색도索道주식회사에서 거북섬과 서쪽 산언덕을 잇는 케이블카를 설치했으며, 뒤이어 송림산에서 거북섬으로 건너가는 구름다리를 설치했다.**113** 송도 해수욕장은 한 해 여름에만 350만이 찾는 기록을 세웠으며, 신혼부부들의 신혼여행지로 각광을 받았던 때가 있었다. 그러나 송도 해수욕장의 인기는 1970년대를 지나면서 시들해졌다. 암남동 일대의 주거지에서 흘러나온 하수와 오물들이 송도 해수욕장을 서서히 죽게 했다. 결국 해수욕장으로서 부적격 판정을 받았다.**114** 악취가 풍기는 송도 해수욕장에서는 도저히 헤엄을 칠 수 없었다. 오폐수가 흐르는 송도는 유원지로서도 생명을 이어갈 수 없었다. 송도의 몰락은 도시 팽창에 따른 상하수도 시설의 미구축이란 이유도 있지만 전반적으로 부산항 주변의 바다가 오염된 탓도 있다. 어떤 때에는 원인을 알 수 없는 검은 폐유 찌꺼기가 송도 해안을 덮치기도 했다. 송도 해수욕장은 사람의 인파로 헤엄을 칠 수 없는 행복한 고민이 아니라 해수욕장의 존립 자체를 고민해야 하는, 불행한 시절을 맞았다.

그동안 송도 해수욕장은 하수구 정비와 수질 개선으로 1급수의 물을 만들었으며, 지난 2005년 재개장되었다. 송도 해수욕장이 고통스런 시절을 보낼 무렵에도 해운대 해수욕장은 우리나라 최고의 해수욕장으로서 명성을 이어왔다. 그러나 해운대건 송도건 모두 해수욕장의 기반은 자연과 물에 있다는 사실을 명심해야 할 것이다. 한여름의 바캉스족들은 무엇보다 아름다운 자연과 푸른 바다를 찾기 때문이다. 설령 파도를 가르며 헤엄을 못 친다 해도 무릇 해수욕장의 최고 조건은 자연환경이다.

주註

1부 '돌아와요 부산항에'—부산은 항구다

1 '歌王 조용필…19집 앨범 '헬로'로 또 위대한 탄생', 『매일경제』 2013년 5월 24일.
2 『신증동국여지승람』, 경상도 동래현. 이전의 기록에서는 부산을 '富山'이라 표기했다. 富山의 지명 표기가 釜山으로 바뀐 시점은 대략 조선 성종 시기다. 그렇다면 가마솥 모양을 닮아서 '釜山'이라고 이름을 지었다는 『신증동국여지승람』의 기록에는 의문이 든다. 오히려 지명을 표기하는 기록자의 의도에 따라 부의 한자가 달라졌을 가능성이 있기 때문이다. 시루같이 생겨서 지어졌다는 증산甑山이 '부산釜山'으로 이어졌다는 설도 시루甑와 가마솥釜의 생김새는 다르므로 문제가 있다. 한편 증산이란 지명은 전국에 분포해 있다. 한글로는 시루뫼, 시루봉이라고 한다. 이때 시루(시르)는 떡을 찧을 때 쓰는 시루를 가리키는 것이 아니라 "크고 높은"의 뜻을 지니고 있다고 한다. 이 설에 따르면 크고 높은 산을 지칭하는 용어가 한문으로 표기되면서 증산이 된 것이다.
3 최해군, 『해양수도 건설을 위한 내사랑 부산바다—부산항 변천사』, 부산광역시, 2001, 245쪽.
4 『경향신문』 2006년 3월 21일.
5 '다투어 부르는 돌아와요' 『동아일보』 1977년 4월 30일.
6 당시는 저작권에 대한 법과 제도가 지금처럼 정비되지 못했다. 작곡가가 한 곡을 여러 음반에 넘기거나, 한 가요를 여러 가수가 불러 취입하는 등 지금과는 완전히 달랐다. 건강한 대중문화의 발전을 위해서는 무엇보다 저작권에 대한 인식이 중요하다. 하지만 당대는 당대의 눈으로 바라볼 필요도 있다. 따지고 보면 저작권 문제에 있어 가장 큰 희생자는 조용필 자신이다. 계약을 잘못해서 조용필의 대표곡인 31곡의 저작권이 모두 음반사에 넘어갔다. 『매일경제』 2013년 5월 24일.
7 이용득, 「잘있거라 부산항'과 '돌아와요 부산항에」, 『Sea &』 9월호, 2009, 해양산업발전협의회.

8	'김종욱의 부산 가요 이야기 16'『국제신문』 2012년 6월 28일.
9	『동아일보』 1979년 9월 19일.
10	『경향신문』 1962년 12월 18일.
11	『연합뉴스』 2013년 1월 3일.
12	『동아일보』 1963년 2월 15일.
13	'브라질 이민 50년'『월간 마이더스』 2013년 2월호.
14	『경향신문』 1966년 8월 6일.
15	『동아일보』 2013년 5월 2일.
16	'김종욱의 부산 가요 이야기 11'『국제신문』 2012년 5월 24일.
17	홍호표, 『조용필의 노래 맹자의 마음』, 동아일보사, 2008, 168~169쪽.
18	'나의 젊음, 나의 사랑 가수 조용필 3'『경향신문』 1998년 11월 12일.
19	『동아일보』 1970년 1월 21일.
20	『동아일보』 1975년 7월 5일.
21	'나의 젊음, 나의 사랑 가수 조용필 4'『경향신문』 1998년 11월 13일.
22	홍호표, 앞의 글, 19~20쪽.
23	최해군, 앞의 글, 354~355쪽.
24	『매일경제』 1970년 3월 12일.
25	'歌王 조용필…19집 앨범 '헬로'로 또 위대한 탄생'『매일경제』 2013년 5월 24일.
26	이영미, 『한국대중가요사』, 시공사, 1999, 253~255쪽.
27	다시로 가즈이田代和生, 『왜관』, 정성일 옮김, 논형, 2003, 222~223쪽.
28	『선조실록』 선조 39년 9월 17일(계미).
29	『인조실록』 인조 2년 2월 10일(갑오).
30	『인조실록』 인조 2년 2월 10일(갑오).
31	『현종실록』 현종 14년 10월 19일(을묘).
32	『숙종실록』 숙종 3년 2월 12일(기미).
33	『증정교린지增正交隣志』 권3 관우館宇.
34	장순순, 「조선시대 왜관 변천사 연구」, 전북대 박사학위논문, 2001, 103쪽.
35	김동철, 「초량 왜관 그림과 그 속에 담긴 부산의 이모저모」, 『조선시대 통신사 행렬』, (사)조선통신사문화사업회·국사편찬위원회, 23쪽.
36	다시로 가즈이, 앞의 글, 182쪽.
37	부산광역시사편찬위원회, 『부산지명총람』 제1권, 1995, 127쪽.

38	김동철, 「'동래부사접왜사도'의 기초적 연구」, 『역사와 세계』 37, 효원사학회, 2010, 70~73쪽.
39	『증정교린지增正交隣志』 권3 왜사숙배식倭使肅拜式 및 이성훈, 「국립중앙박물관, 국립진주박물관 소장의 두 점의 〈동래부사접왜사도〉 연구」, 『충과 신의 목민관, 동래부사』 특별전도록, 부산박물관, 2009, 226쪽.
40	양흥숙, 「조선 후기 동래 지역과 지역민 동향-왜관 교류를 중심으로」, 부산대 박사학위논문, 2009, 53~57쪽.
41	『증정교린지』 권3 왜사숙배식.
42	양흥숙, 앞의 글, 2009, 164~166쪽.
43	양흥숙, 앞의 글, 77~80쪽.
44	노부세路浮稅는 왜관의 일본인이 수출이 금지된 품목의 납입을 조선인에게 의뢰하면서 미리 은으로 준 융자금이다. 이 말은 '노보세긴登せ銀'에서 나왔다고 한다. 왜관에서는 조선인이 먼저 일본인으로부터 은을 받은 뒤 나중에 몰래 물품을 주는 밀무역이 횡행했다. 그런데 노부세를 제대로 갚지 않은 탓에 각종 폭력 살인 사건이 일어나자 조선 정부는 노부세의 채권자와 채무자에게 모두 사형 판결을 내렸다.
45	『증정교린지』 권3 약조約條.
46	『국역 유회당집有懷堂集』 2, 권5 재도再度, 양흥숙, 앞의 글, 105~106쪽에서 재인용.
47	『증정교린지』 권3 관우館宇.
48	『증정교린지』 권3 관우 및 다시로 가즈이, 앞의 글, 72~73쪽.
49	장순순, 앞의 글, 151~153쪽.
50	Mircea Eliade, 『이미지와 상징』, 이재실 옮김, 까치, 2007, 141~164쪽.
51	『삼국사기』 권 28, 백제본기 6, 의자왕.
52	『고려사절요』 권1, 태조신성대왕, 병술 9년.
53	남도영, 『한국마정사』, 한국마사회 마사박물관, 1996, 107쪽.
54	『삼국사기』 권43, 열전 3, 김유신.
55	부산광역시사편찬위원회, 『부산지명총람』 제2권, 1996, 64~65쪽.
56	안미정, 「해방 전후 제주 잠수해녀들의 부산 정착의 사회사적 고찰」, 『탐라문화』 37호, 제주대 탐라문화연구소, 2010, 447~451쪽.
57	마을 주민들이 국수당으로 부르는 이 제당은 한문으로는 '국사당國師堂'이라 표기한다. 국사당은 해안가뿐만 아니라 전국에 분포해 있다. 국사당의 연원에 대해서는 확실히 밝혀지지 않았지만 나는 이 명

58	부산광역시시사편찬위원회, 『부산지명총람』 제7권, 2001, 207~208쪽.
59	장주근, 『한국의 향토신앙』, 을유문화사, 1984, 37~42쪽.
60	장주근, 앞의 글, 121~122쪽.
61	『경향신문』 1994년 1월 14일.
62	강용권, 「부산지방의 '별신굿' 考」, 『문화인류학』 3집, 한국 문화인류학회, 1970, 83쪽.
63	영도구 동삼동에서도 매년 동해안별신굿을 치르지만 음력 3월 초에 약식으로 하루 동안만 한다.
64	류정아, 『축제인류학』, 살림, 2003, 5~7쪽.
65	류정아, 앞의 글, 53~55쪽.
66	제관이 조신하지 않았다가 마을에 큰일이 나면 제관에게 그 탓이 돌아가므로 엄격한 금기를 지키지 않을 수 없다. 마을마다 제관이 지켜야 할 금기 기간은 다르다. 예전 두호마을에서는 제관에게 3년 동안 금기를 시켰다고 한다. 제관들의 반발이 심하자 마을 회의를 열어 1년으로 축소시켜주었다.
67	부산광역시시사편찬위원회, 『부산지명총람』 제8권, 2002, 141~142쪽.
68	부산광역시시사편찬위원회, 『부산지명총람』 제7권, 2002, 96쪽.
69	이는 우리나라 모든 굿에 해당된다.
70	『삼국지三國志』 「위서魏書」 '동이東夷전' 마한馬韓조에서는 '오월이 되어 씨를 뿌리고 나서 신령에게 제사를 올릴 때에는 모여서 술 마시고 함께 춤을 춘다'고 했다. 수십 명이 한꺼번에 일어나 서로 뒤를 따르면서 땅을 밟고 높이 추는 '탁무鐸舞'라는 춤이었다. 이 탁무는 농사일이 끝나는 10월에 또 춘다고 했다.
71	『경향신문』 1994년 1월 14일. 35박의 동해안 굿거리장단은 신묘하다는 칭송을 받으며 많은 국악인이 김석출로부터 전수받아갔다고 한다.
72	이천마을의 동해안별신굿은 김석출 양중을 볼 수 있는 마지막 기회였다. 2005년 7월 25일 김석출 양중은 향년 83세로 별세했다.
73	『경향신문』 1970년 8월 12일.

2부 굳세어라 금순아 — 피란과 실향의 부산

1	『매일경제신문』 2011년 6월 17일.

2	『헤럴드경제신문』 2012년 1월 6일.
3	김동리, 『나를 찾아서』, 민음사, 1997, 266쪽.
4	김동리, 『밀다원 시대』, 문이당, 2006, 147~186쪽.
5	김동리, 앞의 글, 1997, 269~271쪽.
6	김병익, 『한국문단사 1908~1970』, 문학과지성사, 2001, 274~275쪽.
7	강준만·오두진, 『고종, 스타벅스에 가다』, 인물과사상사, 2012, 23~31쪽.
8	이봉구, 「한국최초의 다방-카카듀에서 에리자까지」, 『세대』 제2권(통권 11호), 1964.4, 세대사, 339쪽.
9	강준만·오두진, 앞의 글, 44~45쪽.
10	김병덕, 「현대소설에 나타난 다방의 심리지리」, 『비평문학』 제34호, 한국비평문학회, 2009, 33쪽.
11	『경향신문』 1948년 11월 27일.
12	서만일, 「한국전쟁기 부산지역의 피란민 유입과 정부의 대책」, 동아대 석사학위논문, 2009, 14쪽.
13	『경향신문』 1952년 5월 24일, 『동아일보』 1953년 7월 24일.
14	『동아일보』 1953년 7월 24일.
15	『경향신문』 1952년 4월 24일.
16	『동아일보』 1951년 1월 15일.
17	『동아일보』 1952년 5월 105일.
18	김행선, 『6.25 전쟁과 한국사회 문화변동』, 선인, 2009, 115쪽.
19	강준만·오두진, 앞의 책, 71~72쪽.
20	1939년 6월 1일, 「이여전 교수가 다방, 미국대학 출신의 두 부부」, 『삼천리』 제11권 제7호.
21	'여성싸롱' 『경향신문』 1952년 1월 28일.
22	『경향신문』 1956년 2월 19일.
23	『동아일보』 1957년 2월 9일.
24	김행선, 앞의 글, 114~115쪽.
25	강준만·오두진, 앞의 글, 64~67쪽.
26	부산일보사, 『임시수도 천일』, 1985, 566~567쪽.
27	『동아일보』 1955년 5월 16일.
28	『국제신보』 1953년 5월 27일(부산시 중구, 2006, 『피란시절 부산의 문화』, 135쪽에서 재인용).
29	김동리, 앞의 글, 2006, 175쪽.
30	김동리, 앞의 글, 1997, 274쪽.

31 부산시 중구, 『피란시절 부산의 문화』, 2006, 155~164쪽.
32 김동리, 앞의 글, 1997, 『270쪽.
33 '문단이면사' 『경향신문』 1983년 11월 26일.
34 김동리, 앞의 글, 2006, 182~184쪽.
35 김병익, 앞의 글, 275쪽.
36 부산시사편찬위원회, 『부산시사 4권』, 1991.
37 '환도 이후의 부산' 『경향신문』 1953년 9월 14일.
38 『동아일보』 1995년 6월 13일.
39 김동리, 앞의 글, 1997, 286쪽.
40 '지역감정 부추겨 김영삼 당선돕자' 『한겨레신문』 1992년 12월 16일.
41 조정민·양흥숙, 「복원과 개발로 만들어지는 부산의 문화지형-영도대교와 롯데타운을 중심으로」, 『코기토』 72, 부산대 인문학연구소, 2012, 372~375쪽.
42 『동아일보』 1926년 8월 15일.
43 『동아일보』 1927년 2월 5일.
44 이 안은 트랜스포터브리지Transporter Bridge, 즉 리프트와 같이 철주를 양쪽에 세우고 철선으로 연결한 다음에 곤돌라를 매달아 여기에 사람, 우마차, 화물을 태워 보내는 것이다. 『국제신문』 2012년 11월 6일.
45 김재승, 「해제: 우리들 기억 속의 영도다리」, 『우리들 기억속의 영도다리 사진첩』, 한국해양대 해양박물관, 2007, 13~16쪽.
46 『동아일보』 1934년 11월 22일.
47 『동아일보』 1934년 11월 10일.
48 『동아일보』 1934년 11월 26일.
49 『동아일보』 1934년 11월 30일.
50 『동아일보』 1938년 12월 10일. 영도다리가 개통될 당시에는 하루에 오전 3번, 오후 4번으로 총 7번을 들고 내렸다. 소요 시간은 20분이었다. 7개월이 지나자 15분으로 단축시켰다. 김재승, 앞의 글, 16~17쪽.
51 여기서는 본항의 기준을 따랐다. 남항의 경우는 켜지는 등의 색깔이 다르다.(1935년 6월 24일 경상남도령 제16호, 부산대교의 선박항행 취체규칙[김재승, 앞의 글, 17쪽])
52 『동아일보』 1938년 5월 6일.
53 『동아일보』 1936년 7월 25일.
54 『동아일보』 1938년 12월 10일.

55	『동아일보』 1934년 12월 7일.
56	『동아일보』 1936년 1월 17일.
57	정승화, 「식민지 시기 자살에 대한 사회적 책임론의 형성」, 『사회와 역사』 제96집, 한국사회사학회, 2012, 40~43쪽.
58	『동아일보』 1940년 6월 10일.
59	『조선중앙일보』 1935년 10월 27일.
60	『매일신보』 1937년 1월 8일.
61	『부산일보』 2010년 5월 6일.
62	『경향신문』 1997년 5월 24일.
63	김만태, 「한국 맹인 점복자의 전개양상」, 『역사민속학』 제28호, 역사민속학회, 2008, 262~263쪽.
64	『경향신문』 1997년 5월 24일.
65	『한겨레신문』 1995년 12월 27일.
66	'김종욱의 부산가요 이야기 1' 『국제신문』 2012년 3월 8일.
67	『경향신문』 1958년 6월 2일.
68	『동아일보』 1959년 7월 29일.
69	『동아일보』 1952년 10월 7일, 『동아일보』 1952년 11월 29일.
70	정승화, 「1950~1960년대 한국사회 경제구조와 가족동반자살」, 『내일을 여는 역사』 제42호, 내일을여는역사, 2011, 185~186쪽.
71	『경향신문』 1957년 10월 3일.
72	『경향신문』 1959년 10월 27일.
73	정승화, 앞의 글, 191쪽.
74	『경향신문』 1962년 3월 9일.
75	"……일반 가정에서나 사회에서나 자살자 속출을 방지하기 위하여서는 좀 더 항구적인 정신보건에 치중할 필요가 있다고 본다. 즉 자살자의 심경은 일종의 정신병환자라고 규정하여야 될 것이기 때문이다. 생활환경이 복잡하여지면 복잡해질수록 비정상적인 정신병, 반드시 광인을 의미하는 것이 아니고 환경에 전적으로 적응하지 못하는 사람 수가 늘어가는 것이다. 그러므로 현대학교에서는 체육과에다가 정신보건과를 겸하도록 하여야 될 것이다. (…) 우리는 육체자살 행위를 개탄하는 것보다도 우리 중생이 갈망하는 바는 정신자살을 감행하여 국가민족에 그 독소를 끊임없이 발산하는 악귀들의 횡포를 저지하여야 될 것이며 이 자들을 철저히 퇴치하는 방법이 강구되어야 할 것이다. 여기에 정신개조 또는 인간개조가 필요한 것이니 우리는 모두 다시 한번 자기비판과 자기반성이 있어야 할 것을 거듭 강조하는

76	에밀 뒤르켐, 『자살론』, 황보종우 옮김, 청아출판사, 2012, 63~67쪽.
77	『동아일보』 1959년 12월 25일.
78	『경향신문』 1961년 7월 4일.
79	『경향신문』 1961년 7월 4일.
80	『경향신문』 1962년 4월 29일.
81	『경향신문』 1962년 5월 13일.
82	『경향신문』 1962년 11월 27일.
83	『경향신문』 1957년 12월 5일.
84	『경향신문』 1966년 8월 25일.
85	『동아일보』 1973년 10월 26일.
86	『동아일보』 1931년 11월 22일.
87	박채린·권용석·정혜정, 「냉면의 조리사적 변화 양상에 관한 고찰-1800년대~1980년대까지 조리법 자료를 중심으로」, 『한국식생활문화학회지』 262, 한국식생활문화학회, 2011, 133쪽.
88	『동국세시기』 11월조 월내月內.
89	이상영·함승시, 「우리나라 막국수와 일본 소바면의 식문화적 비교고찰 1-메밀과 메밀면에 대한 식문화적 의의」, 『농업과학연구소 논문집』 제4집, 1992, 강원대학교 농업과학연구소.
90	한복진, 『우리가 정말 알아야 할 우리 음식 백가지 1』, 현암사, 2003, 98~99쪽.
91	박채린·권용석·정혜정, 「냉면의 조리사적 변화 양상에 관한 고찰-1800년대~1980년대까지 조리법 자료를 중심으로」, 『한국식생활문화학회지』 262, 한국식생활문화학회, 2011, 136쪽에서 재인용.
92	『매일신보』 1936년 7월 23일.
93	『매일신보』 1937년 7월 8일.
94	『동아일보』 1933년 6월 30일. 『매일신보』 1939년 4월 27일.
95	『별건곤』 제24호, 1929년 12월 1일.
96	국립민속박물관, 『한국세시풍속사전』 겨울편, 2006, 215쪽.
97	『매일신보』 1936년 7월 23일.
98	『동아일보』 1931년 6월 1일.
99	『별건곤』 제48호, 1932년 2월 1일.
100	윤서석, 「한국의 국수문화의 역사」, 『한국식문화학회지』, 한국식생활문화학회, 1991, 85쪽.
101	국립민속박물관, 『KOREA 1952, 찰스 버스턴 기증 사진집』, 2011,

	163쪽.
102	박훈하 외, 『부산의 음식-생성과 변화』, 부산발전연구원, 2010, 103쪽.
103	오카다 데쓰岡田哲, 『국수와 빵의 문화사』, 이윤정 옮김, 뿌리와이파리, 2006, 170~171쪽.
104	백두현, 『음식디미방 주해』, 글누림, 2006, 62쪽.
105	부산남구민속회, 『남구의 민속과 문화』, 2001, 450~454쪽.
106	차철욱·공윤경, 「한국전쟁 피란민들의 정착과 장소성-부산 당감동 월남 피란민마을을 중심으로」, 『석당논총』, 동아대 석당학술원, 2010, 293~295쪽.
107	김행선, 『6.25 전쟁과 한국사회 문화변동』, 선인, 2009, 71~72쪽.
108	『국제신문』 2001년 3월 2일.
109	김상애, 「밀면에 관한 연구결과 보고서」, 부산시, 2006, 14~16쪽.
110	윤제균, 2009.7.28(www.cine21.com)
111	부산영상위원회 홈페이지(www.bfc.or.kr)
112	배미애, 「부산시 거주공간분화의 시대사적 함의」, 『한국지역지리학회지』 제13권 제5호, 한국지역지리학회, 2007, 488쪽.
113	물만골의 역사와 공동체 운동에 대해서는 '이희찬, 「물만골 공동체: 도시생태마을을 향한 꿈」, 『도시와 빈곤』 통권 51호, 한국도시연구소, 2001' 참조.
114	흔들리는 신화 '물만골 공동체'『국제신문』 2006년 9월 1일.
115	김필남, 「'부산영화'로 보는 부산공간의 의미」, 『로컬리티 인문학』 제2호, 부산대 한국민족문화연구소, 2009, 207~208쪽.
116	김정하, 「부산의 일본귀신전설에 대한 도시민속학적 고찰」, 『동북아문화연구』 17, 동북아문화학회, 2008, 48쪽.
117	부산구술사연구회, 『이향과 경계의 땅, 부산의 아미동 사람들』, 2011, 38~39쪽.
118	부산광역시사편찬위원회, 『부산지명총람』 제1권, 1995, 252쪽.
119	부산광역시사편찬위원회, 『부산지명총람』 제4권, 1998, 12쪽.
120	손은하·차철욱, 「환경색채의 변화를 통해 본 마을 이미지: 부산시 사하구 감천2동 태극마을을 중심으로」, 『인문콘텐츠』 제22호, 인문콘텐츠학회, 2011, 115쪽.
121	최수연, 『산동네 공부방, 그 사소하고 조용한 기적』, 책으로여는세상, 2010.
122	인천광역시 동구청, 『추억 속의 동구 이야기, 아! 옛날이여』, 2008,

21~22쪽.
123 김상학, 「달동네 공동화장실의 애환」, 『부산 사람, 부산 이야기』, 부산발전연구원, 1997, 150~151쪽.
124 우에타 가즈히로 외, 『도시의 개성과 시민생활』(도시재생을 생각한다 3), 윤현석 외 옮김, 2011, 한울.
125 박재환 외, 『부산의 산동네』, 부산발전연구원, 2008, 174~176쪽.
126 『CNB News』 2011년 12월 3일.

3부 '~라구요'— 부산 문화의 탄생

1   『경향신문』 1995년 7월 22일.
2   박명규, 「부산항시와 영도대교 관련 해양 대중가요의 역사적 고찰 中」, 『월간 海技』 2001년 7월호, 한국해기사협회, 22~23쪽.
3   『동아일보』 1973년 3월 29일.
4   차철욱·공윤경·손영삼, 「1950~60년대 대중가요 속의 부산 장소성」, 『문화역사지리』 제21권 제2호, 문화역사지리학회, 2009, 2~3쪽.
5   『스포츠 동아』 2008년 6월 20일.
6   이영미, 『한국 대중 가요사』, 시공사, 1999, 177~178쪽.
7   『동아일보』 1992년 1월 17일.
8   '일본바람이 부는가 1' 『동아일보』 1984년 10월 19일.
9   '일본바람이 부는가 2' 『동아일보』 1984년 10월 20일.
10 『경향신문』 1990년 12월 19일.
11 노래방의 탄생과 기술의 진화에 대해서는 '송도영, 1997, 「문화산업의 구조와 일상적 문화소비 양식: 노래방의 사례」, 『한국인의 소비와 여가생활』, 한국정신문화연구원' 참조.
12 『조선일보』 2009년 4월 11일, 『국제신문』 2012년 1월 31일. 노래 오락 기계가 처음으로 출현한 장소와 일시 등에 대해서는 여러 설이 있다.
13 위의 『국제신문』에 따르면 최초로 노래방 영업을 한 곳이 '하와이비치 노래연습장'이라고 한다.
14 『동아일보』 1992년 1월 17일.
15 송도영, 「문화산업의 속도성과 도시적 일상문화 성격의 형성—방문화를 중심으로」, 『한국 문화인류학』 33, 한국문화인류학회, 2000, 62~63쪽.
16 『경향신문』 1995년 7월 22일.

17	강산에의 음악적 특징에 대해서는 이영미, 『세시봉, 서태지와 트로트를 부르다』, 두리미디어, 2011, 256~267쪽 참조.
18	『일요신문』 2010년 6월 29일.
19	『해사일기海槎日記』 1763년 8월 22일(병오).
20	김재승, 「조엄의 고구마 전파와 재배법 연구자」, 『조엄연구논총』, 원주시, 2004, 72~78쪽.
21	『해사일기』 1763년 9월 8일(임술).
22	『해사일기』 1763년 10월 6일(기축).
23	『해사일기』 1763년 10월 7일(경인).
24	『해사일기』 1764년 6월 18일(무술).
25	『해사일기』 1763년 8월 20일(갑진).
26	농촌진흥청, 『고구마 재배』, 2006, 30쪽.
27	김승일, 『인간을 지배한 음식 21가지』, 예문, 1997, 79~85쪽.
28	김재승, 앞의 글, 65~66쪽.
29	『해사일기』 1764년 6월 18일(무술).
30	손진태, 「감저전파고」, 『손진태선생전집』 2권, 1981, 태학사, 193쪽.
31	노성환, 「조선통신사와 고구마의 전래」, 『동북아문화연구』 제23집, 동북아시아문화학회, 2010, 549~551쪽.
32	김재승, 앞의 글, 61쪽.
33	부산광역시사편찬위원회, 『부산지명총람』 2권, 1996, 79~80쪽.
34	원재영, 「조엄과 고구마 관련 사료 역주·해제」, 『조엄연구논총』, 원주시, 2004, 330쪽.
35	손진태, 앞의 글, 180~181쪽
36	원재영, 앞의 글, 339~340쪽에서 재인용.
37	『해사일기』 1764년 6월 18일(무술).
38	『정조실록』 권41, 정조 18년 12월 25일.
39	『한성일보』 1950년 2월 16일.
40	『해사일기』 1764년 6월 18일(무술).
41	『부산일보』 1953년 3월 9일.
42	알레브 라이틀 크루티어, 『물의 역사』, 윤희기 옮김, 예문, 1997, 181~182쪽.
43	『신증동국여지승람』 제23권, 경상도 동래현.
44	『동래부지』, 1740.
45	부산광역시사편찬위원회, 『부산지명총람』 제2권, 1996, 311쪽.
46	『세종실록』 세종 20년 3월 1일.

47 부산박물관, 『사진엽서, 부산의 근대를 이야기하다』, 2007, 84쪽.
48 車相瓚, 「南隊」, 『별건곤』 제22호, 1929.
49 김승, 「일제강점기 해항도시 부산의 온천개발과 지역사회의 동향」, 『지방사와 지방문화』 14권 1호, 역사문화학회, 2011, 219~220쪽.
50 다케쿠니 도모야스, 『한국 온천 이야기』, 소재두 옮김, 논형, 2006, 39쪽.
51 김승, 앞의 글, 225~226쪽.
52 김승·양미숙 편역, 『신편 부산대관』, 한국해양대 국제해양문제연구소 편, 2010, 722쪽.
53 『세종실록』 세종 4년 10월 2일.
54 『국민보』 1913년 8월 13일.
55 다케쿠니 도모야스, 앞의 글, 30~32쪽.
56 설혜심, 『온천의 문화사』, 한길사, 2011, 231~271쪽.
57 김남주 金南柱, 「東萊溫泉情話」, 『별건곤』 제24호, 1929.
58 『동아일보』 1932년 1월 27일.
59 김승, 앞의 글, 245~252쪽.
60 김원일, 「깨끗한 몸」, 『마음의 감옥, 히로시마의 불꽃 외』(김원일 소설전23집), 강, 2012.
61 '한국에만 있는 '때밀이 수건' 이태리타올은 언제 누가 만들었을까' 『국민일보』 2006년 1월 10일.
62 『매일경제』 1991년 10월 4일.
63 『동아일보』 1991년 10월 23일.
64 『동아일보』 1995년 5월 15일.
65 김무경, 「찜질방: 숨은 광장?」, 『문화와사회』 제10권, 2011, 13~14쪽.
66 설혜심, 앞의 글, 120~121쪽.
67 『신당서』, 권220, 동이열전 제145, 신라.
68 『연산군일기』 연산군 12년 5월 12일.
69 『비변사등록』 179책, 정조 15년 7월 16일.
70 다케쿠니 도모야스, 앞의 글, 146~150쪽.
71 『매일신보』 1912년 8월 18일.
72 『매일신보』 1913년 7월 19일.
73 『매일신보』 1915년 6월 30일.
74 이길용, 「炎天의 修養 등산과 수영, 하기휴가특집」, 『동광』 제15호, 1927.
75 『동아일보』 1926년 6월 16일.

76 최능진, 「수영, 물에 안빠지는 법과 빠진 때에 살아나는 법」, 『동광』 제24호, 1931.
77 『동아일보』 1926년 6월 18일.
78 다케쿠니 도모야스, 앞의 글, 140~141쪽.
79 부산광역시사편찬위원회, 『부산지명총람』 1권, 1995, 264쪽.
80 부산박물관, 『사진엽서, 부산의 근대를 이야기하다』, 2007, 112쪽.
81 '내 지방의 여름 명물: 송도 해수욕장' 『동아일보』 1938년 7월 20일.
82 '경원선의 여름을 찾아' 『동아일보』 1926년 9월 9일.
83 이은숙, 「명사십리의 정혼」, 『삼천리』 제8권 제8호, 1936.
84 『동아일보』 1926년 7월 4일.
85 『동아일보』 1926년 6월 20일.
86 『동아일보』 1927년 6월 2일.
87 이동원, 「여름의 환락경, 해수욕장의 에로그로」, 『별건곤』 제53호, 1932.
88 '경원선의 여름을 찾아' 『동아일보』 1926년 9월 10일.
89 '해수욕장의 유혹술' 『삼천리』 제7권 제7호, 1935.
90 『동아일보』 1935년 9월 4일.
91 『동아일보』 1940년 6월 21일.
92 『동아일보』 1939년 6월 10일.
93 최능진, 앞의 글.
94 『동아일보』 1940년 6월 9일.
95 『동아일보』 1935년 8월 2일.
96 『경향신문』 1952년 8월 19일.
97 『동아일보』 1926년 8월 21일.
98 『동아일보』 1934년 7월 12일.
99 『동아일보』 1934년 7월 17일.
100 부산광역시사편찬위원회, 『부산지명총람』 제3권, 1997, 238쪽.
101 『경향신문』 1957년 8월 15일.
102 부산광역시사편찬위원회, 앞의 글, 238·252쪽.
103 『동아일보』 1962년 7월 26일.
104 『경향신문』 1963년 1월 15일.
105 『동아일보』 1964년 8월 10일.
106 『동아일보』 1964년 5월 27일.
107 『동아일보』 1964년 5월 29일.
108 『동아일보』 1964년 7월 27일.

109 『경향신문』 1964년 8월 5일.
110 『동아일보』 1967년 8월 15일.
111 『매일경제신문』 1969년 8월 11일.
112 『경향신문』 1970년 7월 27일.
113 부산광역시사편찬위원회, 『부산지명총람』 제1권, 1995, 265쪽.
114 『동아일보』 1974년 3월 7일.

부산은
넓 다

항구의 심장박동 소리와
산동네의 궁핍함을 끌어안은 도시
ⓒ유승훈

1판 1쇄 | 2013년 10월 14일
1판 6쇄 | 2021년 1월 4일

지은이 | 유승훈
펴낸이 | 강성민
편집장 | 이은혜
촬영 | 김춘호
마케팅 | 정민호 김도윤
홍보 | 김희숙 김상만 함유지 김현지 이소정 이미희
독자모니터링 | 황치영

펴낸곳 | (주)글항아리 | 출판등록 2009년 1월 19일 제406-2009-000002호
주소 | 10881 경기도 파주시 회동길 210
전자우편 | bookpot@hanmail.net
전화번호 | 031-955-2696(마케팅) 031-955-8897(편집부)
팩스 | 031-955-2557

ISBN | 978-89-6735-072-7 03900

이 책의 판권은 지은이와 글항아리에 있습니다.
이 책 내용의 전부 또는 일부를 재사용하려면 반드시 양측의 서면 동의를 받아야 합니다.

글항아리는 (주)문학동네의 계열사입니다.

이 도서의 국립중앙도서관 출판예정도서목록(CIP)은 서지정보유통지원시스템 홈페이지
(http://seoji.nl.go.kr)와 국가자료종합목록 구축시스템(http://kolis-net.nl.go.kr)에서 이용하실
수 있습니다. (CIP제어번호 : CIP2013016910)

잘못된 책은 구입하신 서점에서 교환해드립니다.
기타 교환 문의 031-955-2661, 3580

geulhangari.com